회사법입문

이동헌 지음

KSI 한국학술정보[주]

책소개

이 책은 상법의 회사 편과 직접적인 상관이 없다. 제목으로 인한 착오가 없었으면 한다. 우선 이 책은 회사의 법률관계에 관심이 있는 분들을 위한 것이라는 점을 먼저 밝힌다. 그래서 제목이 '회사'로 시작한다. 또한 이 책은 '법률'에 대한 책이다. 좀 더 구체적으로 말하자면 '회사에서 다루는 법률'에 대한 책이다. 마지막으로 이 책은 초심자들을 염두에 두고 만들었다. 그래서 '입문'이다.

필자는 회사에 입사하여 대부분의 시간을 법률문제를 다루는 부서에서 근무하였다. 어느듯 중견사원이 되었다. 해마다 누군가의 멘토가 되어 신입직원 OJT 과정에서 많은 숙제를 주고 답안을 확인하였다. 모두 훌륭한 자질을 가진 분들이었지만 현실의 문제와 교과서 사이에 간극이 존재했다. 그 틈을 메우기 위한 책들은 많지 않고 입문자에게 기본부터 친절한 책은 더욱 많지 않다. 특히 이 책은 4년간 법률을 공부했고 회사에 입사하기 전까지 법을 좀 안다고 폼 잡다가 막상 회사에 와서 선배들의 쉬운 질문에도 대답이 막히는 분들을 생각하며 만들었다. 그러나 재주와 노력이 모자라 여러 가지 면에서 부족함이 많다는 것을 미리 밝혀 둔다. 그나마 쓸모 있는 내용은 훌륭한 많은 분들께서 연구한 내용을 부지런히 옮겨 놓은 것에 불과하다. 부끄럽다.

혹시 출처를 누락시킨 것이 있다면 너그럽게 혜량하여 주시기 바란다.

책의 내용은, 법률관계가 시작되는 계약서의 작성과 그 법률상 제한이라 할 수 있는 약관규제법과 하도급법 및 계약을 대표하는 국가계약, 은행여신계약, 전자상거래계약에 대한 소개를 한 부분으로 한다. 그 다음으로는 부동산등기법 중 중요한 내용과 부동산등기부등본을 비교적 자세히 설명하고 부동산유치권, 부동산실명제, 부동산신탁을 또 한 부분으로 구성하였다. 회사의 도산과 관련한 법률문제를 하나의 주제로 기업구조조정촉진법과 채무자회생법을 하나의 장으로 소개하였다. 그리고 분쟁의 해결수단으로서 ADR, 특히 중재제도에 대해서 지면을 배분하였다. 마지막으로는 필자가 느낀 불합리한 법률문제 중 몇 가지를 언급하였다.

밝혀 두고 싶은 것은 이 책은 회사법률의 종합이나 완결 편이 아니라 최소한이라는 점이다. 여기에 없는 것들은 하루라도 빨리 선배에게 묻든 배우든 혼자 깨우치든 해야 한다. 분쟁은 어설픈 그대가 준비할 때까지 기다려 주지 않는다. 법학과를 우수한 성적으로 졸업만 한 그대를 채용했다는 사실에 안도하고 있는 가엾은 회사를 생각해 보라. 마지막으로 제도권에서 너무나 당연하게 인식하고 있는 것들에 대해서 군데군데 조금 삐딱한 필자의 견해도 언급하였다. 다소 표현이 눈에 거슬리는 부분은 넓은 이해 있으시기 바란다.

단군왕검이 개국한 이래 가장 많은 교육을 받았고 최고로 똑똑하고 잘생긴 청년들이 시대를 잘못 타고나 대학졸업과 동시에 백수가 된다. 어느 나라 젊은이보다 경쟁력이 있는 우리 후배들이 어쩌다가 이 지경이 되었는가? 한편으로는 공무원을 꿈꾸거나 청담동에 카페 차리는 것이 청춘들의 목표가 되어 버렸다는 이야기도 들었다. 최고의 자질을 타고나서 헌신적인 교육을 받았지만 결국은 안일하고 소박한 밥벌이를 추구하는가? 미래는 꿈꾸는 자의 것이다. 회사에 입사하는 것이 인생의 목표일 수는 없다. 월급쟁이가 되었다는 것은 자랑거리도 아니다. 그렇지만 꿈은 버리지 말자. 끊임없이 도전하며 살자. 대통령도 꽤 오랫동안 월급쟁이였다.

어려서부터 부모님의 기대를 외면하고 살았다. 이제 두 아이의 아버지가 되어 생각해 보면 못난 아들놈으로 인해 자존심도 많이 상하셨을 것이다. 참으로 불효가 많았다. 죄송스러울 따름이다. 이 책으로 부모님께 철없던 때의 잘못에 용서를 빌어 본다. 살아오면서 많은 선생님들과 Roll-Model을 만났다. 가르쳐 주고 지도해 주셨으며 행동으로 보여 주신 학업과 인생의 스승님들께 깊이 머리 숙인다. 아울러 회사에 입사하면서부터 훌륭한 선배님들과 후배님들에게서 분에 넘치게 많은 사랑과 믿음을 받았다. 감사의 말씀을 올린다.

사랑하는 아내에게 늘 고맙게 생각하고 있음을 이 책의 지면을 빌려 고백한다. 나의 아이들 소현이, 상민이도 건강하게 잘 자라서 사회 발전에 기여하는 사람이 되었으면 좋겠다. 이 책이 나오기까지 많은 도움을 준 이고은 과장에게 고마움을 표시하고자 한다. 부군과 새로 태어난 애기와 함께 늘 행복하기를 소망한다. 옆자리에서 근무하는 후배 김영찬도 꼼꼼하게 읽어 주고 많은 점을 지적해 주었다. 빨리 결혼하여 가정을 꾸리길 바란다.

꿈이 없는 자는 죽은 자이다. 꿈을 버린 자는 늙은이다. 꿈을 가지고 살자. 목표를 정하고 살자. 소년은 늙기 쉽고 학문은 이루기 어렵다.

2011. 12.

瑞雪을 기다리며 전문건설회관에서

이동헌 씀

CONTENTS

CONTENTS

CONTENTS

CONTENTS

CONTENTS

제1편 계약의 체결과 규율

제1장 계약서 작성

제1절 들어가는 말

1. 계약에 대한 일반적인 이야기

계약이라 함은 사법상의 일정한 법률효과의 발생을 목적으로 하는 2인 이상 당사자의 의사표시의 합치, 즉 합의에 의하여 성립하는 법률행위를 말한다.[1)]

계약자유의 원칙을 채택하고 있는 현행 법률체계 하에서 당사자 간의 사적 자치를 최대한으로 보장하고 국가의 간섭을 최소한으로 줄이고자 당사자의 의사가 분명하지 않은 경우에 민법의 규정이 적용된다.

민법 교과서에서는 계약을 민법 제3편 제2장에 규정된 14종의 전형계약과 비전형계약으로 구분하고, 당사자 쌍방이 부담하는 채무의 대가성을 기준으로 쌍무계약과 편무계약, 의사표시의 합치만으로 계약이 성립하는지 여부에 따라 낙성계약과 요물계약, 급부의 실현이 시간적 계속성을 갖느냐에 따라 계속적 계약과 일시적 계약, 계약의 쌍방당사자가 서로 대가적 의미를 가지는 출연 내지 출재를 하느냐에 따라 유상계약과 무상계

---

1) 곽윤직, 『채권각론』 p.11. 박영사(1988)

약, 어떤 법률행위의 효력이 그 기초가 되는 법률관계가 무효·취소 기타의 사유로 실효된 경우에 계약도 그에 영향을 받는지 여부에 따라 무인계약과 유인계약 등으로 나누어 기술하고 있다.

민법의 내용은 회사가 체결하는 계약의 중요한 이론적 바탕이 된다. 기업이 다른 기업과 계약을 체결하는 경우에 민법의 내용을 기초로 하여 각 회사의 사업내용과 업무특성에 따라 계약서를 미리 작성해 두고 있는 경우가 대부분이다. 새로운 내용의 계약서가 작성이 되는 경우에도 최종 날인하기 전에는 법무담당부서 또는 준법감시부서의 확인을 받는 것이 보통이다. 중요한 계약의 경우에 자문변호사나 로펌에 의뢰하여 검토를 받는 경우도 있다.

그러나 우리나라에서는 대체로 계약체결 당시에는 계약서의 내용에 대해 면밀히 검토하기보다는 당사자 간의 신뢰관계로 인해 계약서 작성의 중요성과 그 내용에 대해 간과하고 있다가 추후 분쟁이 발생할 조짐이 보이거나 분쟁이 구체적으로 발생하는 경우에 부랴부랴 계약서의 내용을 검토하기 시작하는 경우도 많다. 또한 대표이사의 말 한마디에 의해 움직이는 일정 규모 이하의 회사이거나 회사의 체계가 제대로 잡혀 있지 않은 경우에 이러한 일들이 많다.

또한 계약서의 중요성에 대해 인식하고 있는 경우에도 인터넷을 통해 검색이 되는 허술한 계약서를 다운로드받아 각각 자신의 기준에 맞게 일부 내용을 변경하여 사용하는 경우도 많다. 이 경우 정작 필요한 내용은 포함되어 있지도 않고 심지어 계약내용이 상호 모순되는 경우도 있어 구체적인 분쟁 앞에서 이미 작성된 계약서는 아무런 도움이 되지 못하고 그제야 당사자가

계약서의 의미에 대해 언쟁을 하게 되는 사단이 발생하기도 한다.[2)]

또한 계약서를 작성하는 경우에도 특히 원·하도급자간 거래처럼 상대적으로 우월한 지위에 있는 일방과 열등한 지위에 있는 다른 일방이 계약을 체결하는 경우에, 우월한 지위에 있는 자가 제시하는 계약서에 날인할지 하지 않을지의 자유만을 가

---

2) 윤희원, 「한국인의 정서와 계약관념」, 비교사법 제16권 4호 pp.171-173. 일상적인 거래에 있어 계약을 체결하는 경우에도 계약서가 작성되는 것은 상당히 드물다. 그리고 계약서가 작성되는 경우에도, 형식적인 내용이 많고, 대개 성의협의조항 또는 원만한 해결조항과 같은 약관이 삽입되는 경우가 많다. 이러한 약관은 계약의 양당사자 간에 장래 어떠한 분쟁이 생기는 때는 성의로써 화합한다든가, 협의에 의해 원만하게 해결을 기도하는 취지를 명언하는 것이다. 그 결과, 「계약」은 정규의 방식에 따라 체결되어 있더라도, 그것만으로는 어떻게 될지가 확실하지 않게 된다. 이러한 계약은 계약당사자가 자신들 간에 어떠한 문제가 생길 때마다 끊임없이 시발점으로 돌아오게 되는 결과, 그 효과가 심히 불안정하다는 것을 여러분도 쉽게 짐작할 수 있을 것이다.
그렇지만 근래로 들어오면서, 전혀 면식이 없는 국외자(局外者)와의 사이에 거래가 많아지면서 계약서를 작성하는 것이 점점 빈번하게 되어가고 있다. 이러한 경우에 계약서의 조항은 극히 자주 아주 세밀한 데까지 미치고, 특히 부합계약에 있어서는 도대체 그 약관은 극히 가늘고 작은 글씨로 인쇄되어 계약서 중에 삽입되어 있는 경우가 많다. 그래서 법률가에 있어서조차 주의 깊게 그 내용을 모두 다 읽어서 파악하는 것이 결코 용이하지 않다. 법의 전문가가 아닌 일반인의 경우에는 더욱더 그러할 것이다. 그렇지만, 약관에 의한 부합계약이 되는 경우에, 일반인은 그러한 부합계약을 제대로 확인조차 하지 않은 채, 상대방의 일반적인 설명이나 제3자의 전언을 그대로 믿고 그러한 계약서에 서명을 하여 계약을 체결하는 경우가 많아지고 있다. 이러한 경우, 사후에 분쟁이 야기되는 때에 상대방이 자신을 기망하였다고 주장하면서 계약 자체를 부인하려고 한다. 물론 이러한 경우에 평균인인 계약자가 부합행위에 따라 자신이 상대방에 대해 법적으로는 어떠한 약속을 하였는가를 일반적으로 알지 못한다고 하는 것은 이해하기 어렵지 않다. 그러나 계약체결 자체의 의미를 가볍게 생각하면서 너무나 부주의하게 체결하는 태도에도 문제가 없는 것은 아니라고 할 것이다. 이렇듯이, 입법자가 유럽대륙법의 계약개념을 충실히 모방하여 구성하고 있는 실정법 및 실정법학상의 「계약」 개념과 이러한 개념이 한국인의 사회생활에서 수행하는 기능과의 사이에는 상당한 간극이 있다는 것을 분명히 알 수 있다. 그런데 이러한 간극은 어떠한 이유에서 생기고 있는 것일까?

지고 있는 경우도 많다. 열등한 지위에 있는 자는 사실상 계약내용의 변경을 요구할 수도 없거니와 계약체결 그 자체가 목적인 경우도 있다.[3)]

예를 들어 우리나라를 대표하는 전자회사나 건설회사와 계약을 체결하는 경우에 그 기업의 협력업체로서 원만하게 협력관계를 유지한다는 점에서 오는 기업 이미지 제고와 제3자에 대한 신뢰성으로 인해 계약이 다소 불공정하다고 해도 거래관계의 단절을 결심한 경우이외에는 이 문제를 거론할 여지가 없다고 보아야 할 것이다.

이러한 이유로 상대적으로 우월한 지위에 있는 자가 열등한 자에게 유리한 문구를 삽입하여 두고 그 계약서에 따라 체결을 사실상 강제하는 경우도 있다. 그리고 문제가 발생하지 않는 한 불공정한 계약도 이행되어 그 목적을 달성하는 경우도 많다.

국가에서는 공정한 하도급거래질서를 확립하여 원사업자와 수급사업자가 대등한 지위에서 상호보완하며 균형 있게 발전할 수 있도록 함으로써 국민경제의 건전한 발전에 이바지함을 목적으로 「하도급거래 공정화에 관한 법률(이하 하도급법이라 한다)」을 제정하여 하도급거래에서 오는 불공정을 해소하기 위하여 노력하고 있다. 공정거래위원회에서는 불공정한 계약 및 하도급관행을 시정하기 위하여 많은 노력을 기울이고 있다. 아래 통계자료를 보면 하도급법위반으로 인한 신고건수는 꾸준히 증가하는 추세에 있고 직권조사는 꾸준히 감소하는 추세에 있음을 확인할 수 있다.

---

3) 임정섭, 『을의 생존법』, 쌤 앤 파커스, 사회생활을 처음 시작하시는 분들은 꼭 읽어 보시기를 권하고 싶다.

〈공정거래위원회의 하도급법 위반 관련 제소 및 직권조사 현황[4]〉

연도	신고	직권조사	합계
2007	532	1,305	1,837
2008	746	1,017	1,763
2009	980	889	1,869
2010	1,044	224	1,268
합계	2,258	3,211	5,469

또한 공정거래위원회에서는 매년 하도급거래와 관련한 실태조사를 실시한다. 아래의 표는 공정거래위원회에서 2009년도 하반기 중 하도급 거래 관련법 위반 및 제도운영 실태에 대해 10만 개의 사업자(원사업자 5천 개, 수급사업자 95천 개)를 조사한 내용이다.

〈조사대상 원사업자의 업종〉

구분	제조업	건설업	용역업	합계
조사업체 수(개)	4,000	200	800	5,000

※ 응답업체는 4,941개(응답율 98.8%)

조사결과 하도급거래가 있다고 응답한 3,580개 업체 중 1,682개 업체가 하도급법을 위반한 것으로 응답하여 법위반 혐의업체비율은 2009년에는 47.0%로 전년(42.9%)대비 4.1%p 증가하였다.

4) 공정거래위원회 각 연도별 통계연보.

〈하도급거래업체 중 법위반 혐의업체 비율 추이〉

(단위 : %)

조사 대상 연도	1999	2000	2001	2002	2003	2004	2005	2006	2007	2008	2009
법위반 혐의 업체 비율	81.9	71.1	65.0	62.8	65.8	58.5	55.0	54.5	43.9	42.9	47.0

위반의 유형을 보면 대금관련으로는 지연이자 미지급과 어음할인료 미지급이 많은 비중을 차지하고 있다. 비대금 관련으로는 서면 미발급, 서면 미보존이 가장 많은 비중을 차지하고 있다. 비대금 관련 중 서면 미발급이 차지하는 것으로 볼 때 아직도 원사업자가 수급사업자에게 계약서면을 교부하지 않고 구두에 의한 주문이나 작업지시가 많음을 보여 주고 있다. 법률에서 상정하고 있는 바와 달리 계속적이고 빈발한 거래가 이루어지거나 매일 매일 작업환경이 달라지는 건설산업의 특성상 서면을 그때그때 교부한다는 것이 어려운 것도 사실이다.

〈행위 유형별 점유율(유형별 법위반 건수/전체 법위반 건수)〉

(단위 : %)

위반유형 / 조사대상연도	합계	대금관련					비대금관련					
		부당감액	지연이자미지급	어음할인료미지급	기타	소계	서면미발급	서면미보존	부당발주취소	부당하도급대금결정	기타	소계
2009	100	0.3	6.5	6.0	8.0	20.8	24.4	15.0	11.4	3.6	24.8	79.2

국가에서는 계약의 내용과 관련한 분쟁이나 보통거래약관과 관련한 문제점을 시정하고 당사자 간의 실질적인 평등관계를 설정하기 위하여 「약관의 규제에 관한 법률(이하 약관규제법이라 한다)」을 제정하고 약관내용에 대해 일정한 규제를 가하기도 한다.

또한 상대적으로 열등한 지위에 있는 하수급자를 보호하기 위하여 표준계약서, 표준하도급계약서, 표준가맹계약서를 제정하여 보급함으로써 당사자 사이의 대등한 관계를 설정할 수 있도록 제도를 운영하고 있다. 밝은 면이 있으면 어두운 면이 있는 것처럼 좋은 의도에서 제정된 표준계약서 제도에도 불구하고 이 「약관규제법」이 영악한 일방당사자의 사악한 잔꾀로 인해 악용되기도 하고 때때로 도덕적 해이를 부채질 하는 경우도 있다.

그러나 전체적으로 보았을 때 공정한 거래를 위한 지속적인 계도와 단속 및 법률체제의 정비 등 국가의 노력, 윤리경영의 광범위한 도입, 지속가능한 성장을 목표로 기업이미지 관리 등 재계의 노력으로 인해 불공정한 계약관행이 과거에 비해 많이 시정된 것도 사실이다.[5)]

2. 논의의 순서

계약의 중요성은 아무리 강조해도 지나침이 없다. 대학에서도 이 점은 수차례에 걸쳐 배웠을 것이다. 어른들이나 선배들로

5) 거짓말 같지만 예전에 모 그룹에서 하도급대금을 모래로 지급하는 일이 있어 당해 그룹의 회장님께서 국정감사에 출석하셔서 추궁 당하신 경우도 있었고, 다른 그룹에서는 기성대금 지급일에 모 회장님께서 하도급자들을 골프장으로 불러 모아 내기 골프를 치신 일도 있었다고 한다. 이 내기 골프에서 돈은 누가 땄을까?

부터 도장 함부로 놀리다가는 패가망신한다는 말을 수없이 들었을 것이다. 이것은 특히 빚보증, 즉 보증계약으로 인해 피눈물 흘린 사람들이 많다는 이야기다. 그만큼 계약의 체결은 중요하다.

먼저 교과서에는 없지만 실무상 계약서 작성 시 유의점과 함께 각 기업들이 실제로 사용하고 있는 계약서의 내용을 살펴보고, 계약자유의 원칙으로 인한 불공정을 시정하기 위해 제정된 약관규제법과 공정한 하도급질서의 확립을 위해 제정된 하도급법의 내용을 살펴본다. 나아가 계약을 대표하는 국가계약을 살펴보고자 한다. 약관을 대표하는 은행여신거래 기본약관과 인터넷 쇼핑몰 약관에 대해 간단하게 라도 살펴보자. 아마도 이들 약관에 대해 읽어 본 사람은 약관을 만든 사람을 제외하고는 거의 없을 것이므로 같이 읽어 보는 것도 의미 있다고 생각한다.

제2절 계약서 작성의 필요성

1. 계약서 작성 목적

계약서라 함은 당사자 사이에 일정한 법률효과를 발생시킬 목적으로 작성한 서면을 말한다. 당사자 사이에 매매에 대한 의사표시의 합치가 성립한 이상 매매계약서가 작성되지 않아도 그 계약은 유효하다. 서면으로 작성하지 않은 계약이 무효가 되거나 성립하지 않는 것은 아니지만 인간의 기억력에 한계가 있고 계약당사자 간 입장 차이에 따라 계약의 내용도 그 객관적인 의미와는 상관없이 당사자의 편의에 따라 왜곡하는 경우가 있으므로, 계약내용을 서면으로 작성하여 법률관계를 명확히 하고 분쟁을 사전예방하며, 분쟁이 발생할 경우에는 그 증거로 삼고자 서면으로 계약서를 작성한다고 할 수 있다.

그러나 서면으로 계약서의 작성을 의무화한 경우도 있다. 증여의 의사가 서면으로 표시되지 아니한 경우에는 각 당사자는 이를 해제할 수 있고(민법 제555조), 주식인수의 청약(상법 제302조)이나 사채청약서(상법 제474조) 등은 이를 서면에 기명날인하지 않으면 청약으로서의 효력이 없으며, 근로계약(근로기준법 제22조 이하), 건설공사도급계약(건설산업기본법 제22조)도 서면에 의해 계약서를 작성할 것을 법률에 규정하고 있다. '하도급법' 제3조에서는 원사업자의 서면교부의무를 법률이 부과하고 있으며, 같은 법 제3조의 2에서는 표준계약서의 작성과 사용을 권장하고 있다.

계약서를 작성할 경우에 계약서에 반드시 포함되어야 하는 내용과 유의해야 하는 점은 아래와 같다.

2. 계약서 작성 시 포함되어야 할 사항

가. 계약의 목적

「국가를 당사자로 하는 계약에 관한 법률(이하 국가계약법이라 한다)」 제11조 제1항에서는 '각 중앙관서의 장 또는 계약담당공무원은 계약을 체결하고자 할 때에는 계약의 목적・계약금액・이행기간・계약보증금・위험부담・지체상금 기타 필요한 사항을 명백히 기재한 계약서를 작성하여야 한다'고 정하고 있어 국가가 체결하는 계약에서는 그 계약의 목적이 반드시 계약서에 표시되어야 함을 법률로서 정하고 있다. 그만큼 중요하다는 뜻이다.

「정부입찰 · 계약 집행기준」(회계예규 2200.04-159-12, 2009. 9. 21)에서 '신기술(특허공법) 사용협약서' 제1조(목적)에서 '이 협약은 (○○○○○○공사)에 대하여 '갑'은 발주자로서 '을'은 신기술(특허공법) 보유자로서 위 신기술(특허공법)을 위 공사의 낙찰자가 위 공사에 사용할 수 있도록 사용협약을 체결하는 것을 목적으로 한다'고 그 목적을 밝히고 있으며, 「공동수급표준협정서(공동이행방식)」에서는 제1조(목적)에서 '이 협정서는 계약을 공동수급체의 구성원이 재정, 경영 및 기술능력과 인원 및 기자재를 동원하여 공사 · 물품 또는 용역에 대한 계획 · 입찰 · 시공 등을 위하여 일정 출자비율에 따라 공동 연대하여 계약을 이행할 것을 약속하는 협약을 정함에 있다'고 하여 공동수급협정서를 작성하는 목적을 밝히고 있다.

이 목적을 밝히지 않거나 기재하지 않는다고 해서 계약의 효력이 없는 것은 아니지만 계약의 내용 중 서로 모순되거나 의사표시에 대한 해석이 문제될 경우에는 이 목적조항이 그 모순점과 해석의 문제를 해결하는 기준점이 되는데 존재이유가 있다고 생각한다. 따라서 계약서를 작성할 경우에 그 목적을 분명하게 표시하는 것은 무엇보다 중요하다.

나. 용어의 정의

계약서에서 사용하는 용어에 대한 정의는 반드시 필요하다. '용역계약일반조건'(회계예규 200.04- 161-7, 2009. 9. 21)에서는 계약담당공무원, 계약상대자, 공사감독관, 설계서, 공사시방서, 설계도면, 현장설명서, 물량내역서 등의 용역계약 전반에 대해 사용하는 용어에 대해 총칙에서 정의하고, 다시 감리용역계약조건, 소프트웨어사업 계약조건에서 각각 용어를 정의하고 있다.

용어에 대한 정의가 없는 경우에, 예를 들면 종류채권인 경우 민법 제375조 제1항에서 같은 종류에 속하는 품질에 상・중・하의 차등이 있는 경우에 채무자가 급부해야 할 품질의 기준에 대해 '채권의 목적을 종류로만 지정한 경우에 법률행위의 성질이나 당사자의 의사에 의하여 품질을 정할 수 없는 때에는 채무자는 중등품질의 물건으로 이행하고 채무자가 이행에 필요한 행위를 완료하거나 채권자의 동의를 얻어 이행할 물건을 지정한 때에는 그때로부터 그 물건을 채권의 목적물로 한다'고 정하고 있다.

그렇다면 중등품이라는 것은 어떤 정도의 성상을 갖춘 것이 중등품인가? 계약의 각 당사자가 생각하는 중등품은 과연 동일한 것일까? 이러한 경우에 중등품에 대해 정의하지 않고 단순히 중등품으로 한다고 정하고 있으면 이로 인한 분쟁은 계약과 동시에 발생하고 있다.

A화학(주)에서는 품질과 규격에 대해 그 기준을 아래와 같이 정의하고 있다.

품질이나 규격은 「계약물품의 품질 및 규격에 관한 시방서[6]」에, 계약물품의 검사기준 및 방법은 「검사기준 및 방법에 관한 시방서」에, 계약물품의 단가는 「단가결정합의서」에 의한다.

또한 용어의 정의를 할 때에 중요한 것은 '계약의 이행이 곤란하다고 인정하는 경우' 등과 같이 일방당사자의 주관이 개입될 여지가 많은 내용은 배제하는 것이 좋다. 일방당사자의 恣意를 최소화하도록 합리적이고 객관적인 기준을 정하는 것이 중요하다.

다. 계약서와 부속서류와의 우열관계

일정규모 이상의 건설공사계약인 경우에 계약문서는 계약서, 설계서, 유의서, 공사계약 일반조건 및 용역계약 특수조건, 산출내역서로 구성이 되고, 용역계약인 경우에는 계약서, 설계서, 유의서, 용역계약 일반조건 및 용역계약 특수조건, 과업내용서, 산출내역서 등으로 구성이 된다.

그렇다면 이러한 계약서와 설계서, 유의서, 공사계약일반조건 및 특수조건 등 각각의 계약문서 사이의 우열관계는 어떻게 되나? 일반조건과 특수조건이라는 어감으로만 본다면 일반에 우선하는 특수라는 뜻으로 보아 특수조건이 일반조건에 우선하는 것으로 인식할 수도 있다.

6) 시방서에는 설계・제조・시공 등 도면으로 나타낼 수 없는 사항을 문서로 적어서 규정한 것으로 일반적으로 사용재료의 재질・품질・치수 등, 제조・시공 상의 방법과 정도, 제품・공사 등의 성능, 특정한 재료・제조・공법 등의 지정, 완성 후의 기술적 및 외관상의 요구, 일반총칙사항 등 구체적인 시공의 방법들이 기재된다. 도면과 함께 설계의 중요한 부분을 이룬다.

이에 대해 회계예규(2200.04-104-21, 2009. 9. 21) 중 공사계약일반조건에서는 각 계약문서 간의 우열관계는 인정하지 않고 상호보완적 효력을 가진다고 정의함으로써 당사자 사이에 발생할 수 있는 해석상의 문제점을 해결하였다[7].

이와 관련하여 대법원은 일반조건에서 이미 정한 내용을 특약으로 다시 정한 경우에 그 해석방법에 대해, '원고와 ○○건설 사이의 법률관계에는 원칙적으로 일반조건이 우선적으로 적용되나, 원고와 ○○건설 사이의 합의로 특약사항을 정한 경우에는 그 특약사항은 일반조건에 우선하여 적용된다는 일반적인 원칙을 선언한 것에 불과할 뿐, 일단 일반조건에서 규정한 사항에 대하여는 어떠한 경우라도 특수조건에서 그와 달리 규정할 수 없다는 취지를 선언한 것이라고 볼 수는 없으므로, 특수조건에서는 일반조건에서 규정한 사항을 구체화하여 규정할 수 있고, 그러한 경우 특수조건은 일반조건에 우선하여 적용된다'고 판시한 바 있다.[8]

라. 착수의 시기와 완성의 시기

착수의 시기와 완성의 시기는 분명히 표시되어야 한다. 착수와 완성의 시기가 표시되어야 이행지체에 따른 계약의 해제·해지와 손해배상을 받을 수 있다. 단기간에 이행이 되거나 단발성으로 계약이 이행되는 경우에는 이 조항이 특별한 의미가 없

---

7) 제3조(계약문서) ① 계약문서는 계약서, 설계서, 유의서, 공사계약일반조건, 공사계약특수조건 및 산출내역서로 구성되며 상호보완의 효력을 가진다. 다만, 산출내역서는 이 조건에서 규정하는 계약금액의 조정 및 기성부분에 대한 대가의 지급 시에 적용할 기준으로서 계약문서의 효력을 가진다.

8) 대법원 2009. 7. 9. 선고 2009다9034 판결.

을 수 있다. 그러나 비교적 장기간에 걸쳐 이행이 되는 경우에는 반드시 필요하다.

정해진 기간까지 실행에 착수하지 않는 경우에는 착수지연으로 인한 계약의 해제·해지에 관하여 정해야 한다. 정해진 기간까지 이행이 되지 않는 경우에는 그로 인한 계약해제·해지도 언급되어야 하고 손해배상으로서의 지체상금의 문제도 반드시 언급이 되어야 한다. 지체상금이 부당히 과다한 경우에 법원이 적절히 감액할 수 있다.

이와 관련하여 ○○公社에서는 아래와 같이 정하고 있다.

> (용역의 착수 및 보고)
>
> ① 계약상대자는 계약문서에서 정하는 바에 따라 용역을 착수하여야 하며, 公社가 관련법령에서 정한 서류 및 다음 각 호의 사항이 포함된 착수신고서의 제출을 요구하는 경우에는 이를 제출하여야 한다.
>
> 1. 용역공정예정표
> 2. 인력 및 장비투입계획서
> 3. 기타 계약담당자가 지정한 사항
>
> ② 계약상대자는 계약의 이행 중에 과업내용의 변경 등으로 인하여 제1항의 규정에 의하여 제출한 서류의 변경이 필요한 때에는 관련서류를 변경하여 제출하여야 한다.
>
> ③ 계약담당자는 제1항 및 제2항의 규정에 의하여 제출된 서류의 내용을 조정할 필요가 있다고 인정될 경우에는 계약상대자에게 이의 조정을 요구할 수 있다.
>
> ④ 계약담당자는 용역의 전부 또는 일부의 진행이 지연되어 소정의 기간 내에 수행이 불가능하다고 인정되는 경우에는 주간공정현황을 제출토록 하는 등 계약상대자에게 필요한 조치를 할 수 있다.

마. 검사

검사라 함은 계약상대방의 급부에 대해 그 급부의 실현을 확인하기 위하여 실시하는 행위를 말한다. 계약상대방이 계약서·설계서·도면 기타 계약문서에 의하여 구조·품질·수량·규격 등이 계약내용에 적합한가를 확인하는 행위이다.[9] 검사에 합격하는 경우 수급인은 도급인에게 대가의 지급을 청구할 수 있다.

B 건축자재회사에서는 아래와 같이 검사에 대해 정하고 있다.

> (계약물품의 검사)
>
> 1. 을은 갑에게 계약물품을 납품함에 있어서 계약물품의 규격과 품질을 항상 유첨1 '계약물품의 품질 및 규격에 관한 시방서'상의 기준에 따른 최상의 상태로 유지하여야 하며, 계약물품의 인도시 갑과 을이 별도 합의한 양식에 의한 검사성적서를 첨부하여야 한다.
> 2. 갑은 계약물품의 검사를 계약물품의 수령 후 즉시 실시하여야 한다. 단, 계약물품의 특성상 검사에 시일을 요하는 경우에는 상호 협의하여 검사기일을 결정한다.
> 3. 갑은 유첨2 '검사 기준 및 방법에 관한 시방서'에 의거하여 인도된 계약물품을 검사하고 정당한 사유가 있는 경우를 제외하고는 계약물품을 수령한 날로부터 10일 이내에 당해 검사결과를 을에게 통보한다.
> 4. 위 제3항에 따른 계약물품의 검사에서 불합격된 물품은 갑이 발급한 물품수령증에 기재된 수량에서 제외되며, 을은 갑의 반품통지를 받은 날로부터 _____일 이내에 합격품으로 교체하여 납품하여야 한다. 단, 반품 및 교체 납품에 따른 모든 비용은 을이 부담한다.

9) 남진권, 『정부공사 계약조건 실무해설』 p.322. 예문사(2010)

바. 지체상금

도급인과 수급인이 계약을 체결함에 있어서 수급인이 약정된 기일 내에 계약을 이행하지 못하는 등 계약에 따른 의무이행을 지체하는 경우에 도급인에게 지급해야 할 손해배상액을 미리 정해둔 것을 지체상금이라 한다. 지체상금을 약정하는 방법에는 일정한 금액으로 정하는 방법과 지체기간의 장단에 비례하여 정하는 방법이 있다. 통상 계약금액의 일정비율(0.1-0.3%)에 지체일수를 곱하여 산출한 금액으로 약정한다.

대법원은, 지체상금의 법률적 성격에 대하여 '이 사건 분양계약상의 지체상금에 관한 약정은 특별한 사정이 없는 한 손해배상액의 예정으로서의 성격을 갖는다고 할 것인 바, 민법 제398조 제2항의 규정에 따라 계약당사자의 지위, 계약의 목적과 내용, 지체상금을 예정한 동기, 실제의 손해와 그 지체상금액의 대비, 그 당시의 거래관행 및 경제상태 등 제반 사정을 참작하여 약정에 따라 산정한 지체상금액이 일반 사회인이 납득할 수 있는 범위를 넘어 부당하게 과다하다고 인정되는 경우에는 이를 적당히 감액할 수 있다'고 판시한 바 있다.[10)]

○○公社에서는 아래와 같이 지체상금에 대해 정하고 있다.

> (지체상금)
> ① 계약상대자는 계약서에 정한 용역수행기간 내에 용역을 완료하지 아니한 때에는 매 지체일수마다 계약서에 정한 지체상금율을 계약금액(장기계속용역계약의 경우에는 연차별 계약금액)에 곱하여 산출한 금액(이하 '지체상금'이라 한다)을 현금으로 납부하여야 한다.

10) 대법원 2008. 7. 10. 선고 2008다15940,15957 판결.

② 계약담당자는 제1항의 경우에 제22조의 규정에 의하여 기성부분에 대하여 검사를 거쳐 이를 인수(인수하지 아니하고 관리 · 사용하고 있는 경우를 포함한다. 이하 이 조에서 같다)한 때에는 그 부분에 상당하는 금액을 계약금액에서 공제한다. 이 경우 기성부분의 인수는 그 성질상 분할할 수 있는 용역에 대한 완성부분으로 인수하는 것에 한한다.

③ 계약담당자는 다음 각 호의 1에 해당되어 용역수행이 지체되었다고 인정할 때에는 그 해당일수를 제1항의 지체일수에 산입하지 아니한다.

1. 제24조에서 규정하는 불가항력의 사유에 의한 경우
2. 公社의 책임으로 용역착수가 지연되거나 용역수행이 중단되었을 경우
3. 계약상대자의 부도 등으로 연대보증인이 보증이행을 할 경우
4. 계약상대자의 부도 등으로 보증기관이 보증이행 업체를 지정하여 보증이행할 경우
5. 기타 계약상대자의 책임에 속하지 않는 사유로 인하여 지체된 경우

④ 제3항 제3호의 규정에 의하여 지체일수에 산입하지 아니하는 기간은 부도 등이 확정된 날(부도,파산,해산 등의 사유로 사실상 용역이행을 할 수 없었던 날)부터 보증이행을 지시한 날까지로 한다. 다만, 공동계약에 있어 공동이행방식에 의하는 경우는 공동수급체 구성원 중 마지막으로 남은 구성원의 부도 등이 확정된 날을 기준으로 하고, 분담이행방식에 의하는 경우는 분담구성원의 부도 등이 확정된 날을 기준으로 한다.

⑤ 제3항 제4호의 규정에 의하여 지체일수에 산입하지 아니하는 기간은 公社로부터 보증채무이행 청구서를 접수한 날부터 보증이행 개시일 전일까지(단, 30일 이내에 한한다)로 한다.

⑥ 계약담당자는 제1항의 규정에 의한 지체일수를 다음 각 호에 따라 산정하여야 한다.

1. 용역수행기한내에 용역목적물 또는 용역완료보고서를 제출한 때에는 제20조의 규정에 의한 검사에 소요된 기간은 지체일수에 산입하지 아니한다. 다만, 용역수행기한 이후에 제20조 제3항의 규정에 의한 시정조치를 한 때에는 시정조치를 한 날부터 최종 검사에 합격한 날까지의 기간(검사기간이 제20조의 규정에 정한 기간을 초과한 경우에는 동조에 정한 기간에 한한다. 이하 같다)을 지체일수에 산입한다.

2. 용역수행기한을 경과하여 용역목적물 또는 용역완료보고서를 제출한 때에는 용역수행기한 익일부터 검사(시정조치를 한 때에는 최종 검사)에 합격한 날까지의 기간을 지체일수에 산입한다.
3. 용역수행기한의 말일이 공휴일(관련규정에 의하여 公社의 휴무일인 경우를 포함한다)인 경우 지체일수는 공휴일의 익일 다음날부터 기산한다.

⑦ 계약담당자는 제1항 내지 제5항의 규정에 의하여 산출된 지체상금을 계약상대자에게 지급될 대가, 대가지급지연에 대한 이자 또는 기타 예치금 등과 상계할 수 있다.

사. 대금의 지급시기 · 방법 및 금액

1) 원칙

유상계약의 경우 대금의 지급시기와 방법 및 금액을 특정하는 것은 매우 중요하다.

결제대금은 국내거래인 경우에는 원화로 결제가 이루어 질 것이다. 이 경우에도 지급수단은 현금인지, 어음인지 어음인 경우에는 몇 개월 어음인지가 표시되어야 한다.[11] 국제거래인 경우에는 결제대금으로 사용할 외화의 종류와 환율의 문제[12]도 언급이 되어야 한다.

○○公社에서는 이에 대해 다음과 같이 정하고 있다.

---

11) 하도급법 제13조(하도급대금의 지급 등) 제1항에서는 원사업자가 수급사업자에게 제조 등의 위탁을 하는 경우에는 목적물 등의 수령일부터 60일 이내의 가능한 짧은 기한으로 정한 지급기일까지 하도급대금을 지급하여야 한다고 정하고 있다.

12) 외국과의 거래에 있어서 환율위험도 반드시 고려해야 할 사항이다. 환율로 인해 신용불량자가 된 병원장님들이 참 많다. 왜 그럴까?

(대가의 지급)

① 계약상대자는 용역을 완성한 후 제20조의 규정에 의한 검사에 합격한 때에는 소정의 절차에 따라 대가지급을 청구할 수 있다.

② 계약담당자는 제1항의 청구를 받은 때에는 그 청구를 받은 날로부터 5일(공휴일 및 토요일은 제외한다. 이하 이조에서 같다) 이내에 그 대가를 지급하여야 하며, 동 대가지급기한에도 불구하고 자금사정 등 불가피한 사유가 없는 한 최대한 신속히 대가를 지급하여야 한다. 다만, 계약당사자와 합의에 의하여 5일을 초과하지 아니하는 범위 안에서 대가의 지급기간을 연장할 수 있는 특약을 정할 수 있다.

③ 천재 · 지변 등 불가항력의 사유로 인하여 대가를 지급할 수 없게 된 경우에는 당해 사유가 존속되는 기간과 당해사유가 소멸된 날로부터 3일까지는 대가의 지급을 연장할 수 있다.

④ 계약담당자는 제1항의 청구를 받은 후 그 청구내용의 전부 또는 일부가 부당함을 발견한 때에는 그 사유를 명시하여 계약상대자에게 당해 청구서를 반송할 수 있다. 이 경우에는 반송한 날로부터 재청구를 받은 날까지의 기간은 제2항의 지급기간에 이를 산입하지 아니한다.

(대가지급지연에 대한 이자)

① 계약담당자는 대가지급청구를 받은 경우에 제26조 및 제27조에 따른 대가지급기한까지 대가를 지급하지 못하는 경우에는 지급기한의 다음날부터 지급하는 날까지의 일수(이하 '대가지급지연일수'라 한다)에 당해 미지급금액에 대하여 지연발생시점의 금융기관 대출평균금리(한국은행 통계월보상의 금융기관 대출평균금리를 말한다)를 곱하여 산출한 금액을 이자로 지급하여야 한다.

② 천재 · 지변 등 불가항력의 사유로 인하여 검사 또는 대가지급이 지연된 경우에 제20조 제2항 단서 및 제27조 제3항의 규정에 의한 연장기간은 제1항의 대가지급지연일수에 산입하지 아니한다.

하도급법에서 정하는 하도급거래에 해당하는 경우에, 하도급 대금을 어음으로 지급할 경우에는 일정한 제한이 있다.

즉, 하도급법 제13조 제1항에서는 목적물 등의 수령일부터 60일 이내의 가능한 짧은 기한으로 정한 지급기일까지 하도급대금을 지급할 것을, 제2항에서는 하도급대금의 지급기일이 정하여져 있지 아니한 경우에는 목적물 등의 수령일을 하도급대금의 지급기일로 보고, 목적물 등의 수령일부터 60일이 지난 후에 하도급대금의 지급기일을 정한 경우에는 목적물 등의 수령일부터 60일이 되는 날을 하도급대금의 지급기일로 보며, 제3항에서는 원사업자가 발주자로부터 제조·수리·시공 또는 용역수행행위의 완료에 따라 준공금 등을 받았을 때에는 하도급대금을, 제조·수리·시공 또는 용역수행행위의 진척에 따라 기성금 등을 받았을 때에는 수급사업자가 제조·수리·시공 또는 용역수행한 부분에 상당하는 금액을 그 준공금이나 기성금 등을 지급받은 날부터 15일(하도급대금의 지급기일이 그 전에 도래하는 경우에는 그 지급기일) 이내에 수급사업자에게 지급하여야 하며, 제4항에서는 원사업자가 수급사업자에게 하도급대금을 지급할 때에는 원사업자가 발주자로부터 해당 제조등의 위탁과 관련하여 받은 현금비율 미만으로 지급하여서는 아니되는 제한이 있다. 제5항에서는 발주자로부터 원사업자가 받은 어음의 지급기간(발행일부터 만기일까지)을 초과하는 어음을 지급하여서는 아니 되며, 제6항에서는 하도급대금을 어음으로 지급하는 경우에 그 어음은 법률에 근거하여 설립된 금융기관에서 할인이 가능한 것이어야 하며, 어음을 교부한 날부터 어음의 만기일까지의 기간에 대한 할인료[13]를 어음을 교부하는 날에 수급사업자에게 지급하여야 한다는 것과 제7항에서는 원사업자

13) 연 100분의 40 이내에서 법률에 근거하여 설립된 금융기관에서 적용되는 상업어음할인율을 고려하여 공정거래위원회가 정하여 고시한다.

는 하도급대금을 어음대체결제수단을 이용하여 지급하는 경우에는 지급일(기업구매전용카드의 경우는 카드결제 승인일을, 외상매출채권 담보대출의 경우는 납품 등의 명세 전송일을, 구매론의 경우는 구매자금 결재일을 말한다)부터 하도급대금 상환기일까지의 기간에 대한 수수료(대출이자를 포함한다)[14]를 지급일에 수급사업자에게 지급하여야 한다는 것을 제8항에서는 원사업자가 하도급대금을 목적물 등의 수령일부터 60일이 지난 후에 지급하는 경우에는 그 초과기간에 대하여 연 100분의 40 이내에서 「은행법」에 따른 은행이 적용하는 연체금리 등 경제사정을 고려하여 공정거래위원회가 정하여 고시하는 이율에 따른 이자를 지급하여야 한다는 것을 정하고 있다.

대금의 지급에 대해 법률에서 매우 소상하게 규정하고 있는 이유는 무엇일까? 생각해 보자.

2) 어음제도 폐지론

과거 IMF 관리체제를 겪으면서, 어음으로 결제대금을 수령할 경우에 어음발행인의 부도로 많은 수급자들이 연쇄 도산하여 사회적인 문제가 된 적이 있었다. 이러한 문제점으로 인하여 어음제도를 폐지해야 한다는 여론이 강하게 일어났었다. 결제수단으로 광범위하게 사용되는 어음제도는 부실한 발행인으로 인하여 선량한 협력업체 마저 도산에 이르게 한다는 점에서 문제점을 내포하고 있는 무서운 제도이다.

---

14) 수수료율은 연 100분의 40 이내에서 법률에 근거하여 설립된 금융기관에서 적용되는 어음대체결제수단에 대한 수수료율 또는 대출이자율 등을 고려하여 공정거래위원회가 정하여 고시한다.

통상 어음은 원격지 거래나 물건의 수수와 결제에 있어 차이가 있는 현실을 감안하여 위 대금의 지급을 후일로 미루고 이를 인정하는 증서로 발행된 것이다. 요즘 어음은 약속어음과 환어음 등이 발행되고 있는데 적어도 이젠 약속어음제도는 폐지되어야 한다. 왜냐하면, 강자가 약자를 활용하는 수단으로 변질되었기 때문이다.

현재, 위 약속어음은 거의 대기업이나, 강자가 약자에게 대금지급의 유예를 얻은 제도나, 사채업자가 돈을 빌려주면서 약속어음을 공증 받아 집행하는 제도로 기능하고 있을 뿐, 본래의 기능을 발휘하지 못하고 있는 실정이다. 공정거래위원회의 하도급 분쟁의 주된 포인트도 이런 대금지급문제다. 그래서 최근 하도급업체에 바로 대금결제를 가능하도록 제도를 바꾸었다. 여기에 대기업들이 반발이 있다. 이는 이런 약속어음이 자신들에게 유리하기 때문이다. 바로 대금결제를 하지 않고, 90일 만기로 주면 위 90일 간의 이자를 따먹을 수 있기 때문이다.

요즘은 전부 은행 간의 대체결제가 발달되어 있다. 자신의 계좌에 돈이 있지도 않으면서 어음을 발행하는 제도는 잘못 되었다. 이 때문에 약속어음제도만 없어도 기업부도는 80%는 줄 것으로 본다. 대기업 하나가 부도나면 다들 연쇄 부도나게 되어 있다. 이유는 간단하다. 대기업의 어음이 연쇄부도나기 때문이다. 피해는 누가 볼까? 답은 뻔하다. 대기업이 피해보지 않는다. 약자인 중소기업이 망한다. 이런 제도가 요즘 시절에 필요할까? 하루빨리 약속어음제도 없애야 한다. 약속어음제도가 없어져도 대한민국의 경제활동에는 아무런 문제가 없다. 오히려 경제가 투명해진다.

이제 정부는 빨리 이 약속어음제도 빨리 폐지하여야 한다. 현행 어음법을 개정해서 약속어음부분만 폐지하고 환어음(신용장)과 관련된 부분만 남기면 된다. 국제무역은 아무래도 선적과 하역에 있어 원격지 거래의 특성상 시차가 있으므로 위 현실상 환어음은 필요하다고 하겠다. 그리고 위 약속어음은 선진국에는 거의 없는 제도다. 폐지하는 것이 빠를수록 좋다.[15)]

한편, 아래의 자료는 중소기업청에서 부도의 원인에 대해 분

15) 출처 : 함석헌평화포럼, 이 세상에서 없어져야 할 것들 세 가지. (http://blog.ohmynews.com/hamsh01313/330319)

석한 자료이다.

〈부도의 원인 분석〉16)

(기업 수 : 개, 비중 : %)

	판매부진	판매대금회수지연	거래기업 및 관련기업 도산	투자실패	적자누적	재무관리실패	방만한 경영	환경변화 대응능력 부족	기타	계
주원인	237	70	37	31	26	35	40	7	23	506
비중(%)	46.8	13.8	7.3	6.1	5.1	6.9	7.9	1.4	4.5	100.0
부원인	37	107	17	22	105	55	31	55	19	448
비중(%)	8.3	23.9	3.8	4.9	23.4	12.3	6.9	12.3	4.2	100.0

부도의 주원인으로서 큰 비중을 차지하는 것은 판매부진, 판매대금 회수지연, 거래기업 및 관련기업 도산 등의 순서이다. 부원인으로 큰 비중을 차지하는 것은 판매대금 회수지연, 적자누적의 순이다.

기업의 운영에 있어서 판매부진이 도산에 이르게 하는 가장 큰 원인이 되고 판매대금 회수지연은 부원인에서 제일 큰 비중을 차지한다. 미수금에 대한 적절한 관리가 이루어지지 않는 경우에는 도산에 이르게 된다는 실증으로서 이 통계는 의미가 있다.

기업의 도산원인중 하나로 지목되는 판매대금 회수지연과 거래기업의 도산은 자신의 잘못보다는 거래상대방으로 인하여 발생하는 것으로, 계약상대방을 결정하는 자유도 그 자신에게 있고 거래상대방을 제대로 선택하지 못한 경우에는 자신도 도산할 수 있으

16) 「06.1/4분기 부도기업의 부도원인 분석 결과」, 중소기업청.

므로 거래처에 대한 대금수령 위험을 심각하게 고려해야 한다.

어음제도와 연쇄도산은 판매대금 회수지연과 거래기업 및 관련 기업 도산과 관계있다. 따라서 수급인이 도급인과 계약을 체결할 경우에 대가의 위험에 대해 항상 고려해야 함을 의미한다. 어음제도가 연쇄도산을 불러오는 제도인 것은 틀림이 없는 사실이다.

그러나 우리나라의 경제여건과 관행을 볼 때 불가피한 면도 있음을 부정할 수는 없다. 어음제도가 폐지된다고 해서 중소기업자가 대기업으로부터 판매대금을 전액 현금으로 지급받게 될 것이라는 예상은 소박한 희망이다. 오히려 외상거래와 대금지급 지연이 증가할 것이고 어음실물이 없어짐으로 인하여 자금의 융통이 불가능하게 될 수도 있다. 매출채권의 이중·삼중 양도[17]가 발생하여 아예 자금조달의 길이 막힐 가능성도 배제할 수 없다고 본다. 어쩌면 필요악이거나 최선이 아니라는 것은 알지만 차선을 선택한 것이라고 해야 할지도 모르겠다.

어음으로 인한 연쇄도산의 위험은 신용상태가 불량한 상대방과 거래를 했다는 것에 기인하는 것이지 어음제도 자체에 문제가 있는 것은 아니었다. 이러함에도 어음이 문제라고 하니 그 어음은 얼마나 억울하겠나?

---

17) 우리 민법은 채권의 이중양도가 가능하다는 것을 전제하고 있는 것으로 생각된다. 그렇지만 곰곰이 생각해 보면 채권자가 채권을 양수인에게 양도하여 이미 채권이 양수인에게 이전하여 채권자는 아무런 채권도 가지고 있지 않은데 어떻게 다른 제3자에게 같은 채권을 이중으로 양도할 수 있는가? 의문이다. 이에 대해 지원림 교수님은 채권양도계약의 효력은 계약만으로 곧 발생하고, 대항요건은 양수인이 채권을 주장하기 위한 적극적 요건이 아니며 그 흠결은 채무자 또는 제3자가 주장하여야 비로소 문제된다고 한다. 따라서 채무자가 채권양도계약의 효력을 인정하는 것은 무방하며, 채무자는 양수인에게 유효한 변제를 할 수 있다고 한다. 민법강의 제9판 p.1258.

3) 어음제도를 보완하기 위한 금융상품들

계약자유의 원칙을 채택하고 있는 우리나라에서 계약체결의 자유와 상대방 선택의 자유는 그에 따른 대가의 위험을 다른 일방 당사자가 부담한다는 것을 의미한다(대표이사가 결정할 내용 중 가장 중요한 사항이다). 계약을 체결할지 체결하지 않을지, 누구와 계약을 체결할지 등에 따른 위험은 모두 당사자에게 귀속한다. 요즘 대부분의 금융회사들은 거래처 신용정보에 대한 조회서비스를 제공하고 있다. 물론 공짜는 아니다.

신용보증기금이나 중소기업협동조합 중앙회 등 금융기관에서는 계약을 이행하고도 대금을 제대로 지급받지 못할 것에 대비하여 매출채권 보험상품 및 어음 보험상품[18]을 개발하여 판매하고 있으며 건설공사의 경우에는 하도급대금지급보증[19]이라는 상품이 개발되어 서울보증보험이나 건설관련 공제조합에서 판매되고 있다.

한편, 하도급거래인 경우에는 하도급법이 적용되어 하도급자에 대한 대금의 수령에 일정한 국가의 후견적 감독이 따른다.

---

18) 매출채권보험은 중소기업이 물품 또는 용역을 제공하고, 구매기업으로부터 취득한 매출채권을 보험에 가입하면 구매기업이 외상대금을 지급하지 못하더라도, 신용보증기금이 보험금을 지급하는 제도로서, 직전사업연도 매출액이 300억 이하인 기업으로 1년 이상 영업실적이 있는 기업이 가입대상이며, 최대 20억 원 한도로 외상매출채권의 80%까지 보상받을 수 있다. 어음보험제도는 중소기업이 물품이나 용역을 제공하고 판매대금으로 받은 어음이 부도날 것에 대비해 가입하는 보험이다. 이 보험에 가입하게 되면 어음이 부도처리 됐을 경우 보험금을 지급, 어음거래로 인한 피해를 최소화하는 제도이다. 자세한 내용은 신용보증기금과 중소기업협동조합 중앙회 홈페이지를 참조하기 바란다.

19) 자세한 내용은 하도급거래 공정화에 관한 법률 제13조의 2, 건설산업기본법 제34조.

보통 하도급거래인 경우에는 모두 이 법률이 적용되어 법률상의 보호를 받는 것으로 오인하는 경우가 있으나 일정한 경우에 한하여 하도급법이 적용되므로 주의를 요한다.[20]

수급인의 계약이행에 대한 위험은 계약이행보증보험 등의 상품이나 연대보증을 통해 위험을 회피하고자 한다.

4) 어음을 대체하기 위해 고안된 현금성 결제수단

하도급법에서는 원사업자가 하도급대금을 지급할 때 어음을 대체하여 사용하는 결제수단으로서 기업구매전용카드[21], 외상매출채권 담보대출(이에 대해서도 상환청구권을 누가 부담하는가와 관련해서 문제의 소지가 있다)[22], 구매론[23] 등의 상품을 열거하고 있다(하도급법 제2조 제14항 참조).

아. 계약의 해제 및 손해배상에 관한 조항

일정한 상황이 발생하여 계약을 이행하지 못하는 경우 예를

---

20) 하도급거래 공정화에 관한 법률 제2조.

21) 원사업자가 하도급대금을 지급하기 위하여 「여신전문금융업법」에 따른 신용카드업자로부터 발급받는 신용카드 또는 직불카드로서 일반적인 신용카드가맹점에서는 사용할 수 없고, 원사업자 · 수급사업자 및 신용카드업자 간의 계약에 따라 해당 수급사업자에 대한 하도급대금의 지급만을 목적으로 발급하는 것.

22) 수급사업자가 하도급대금을 받기 위하여 원사업자에 대한 외상매출채권을 담보로 금융기관에서 대출을 받고, 원사업자가 하도급대금으로 수급사업자에 대한 금융기관의 대출금을 상환하는 것으로서 한국은행총재가 정한 조건에 따라 대출이 이루어지는 것.

23) 원사업자가 금융기관과 대출한도를 약정하여 대출받은 금액으로 정보처리시스템을 이용하여 수급사업자에게 하도급대금을 결제하고 만기일에 대출금을 금융기관에 상환하는 것.

들면 당좌거래 정지, 회생절차의 신청 등 계약의 정상적인 이행을 기대하기 어려운 사정이 발생하는 경우에 대비하여 계약의 해제에 관한 조항을 미리 정하는 것이 중요하다. 그러나 계약해제 조항을 구체적으로 정할 수도, 포괄적으로 정할 수도 있겠지만 자의적인 경우에는 오히려 문제가 생길 수 있다.

민간건설공사 표준도급계약서에서 정하고 있는 계약의 해제 사유를 살펴보자.

계약서 제31조에서는 '도급인의 계약해제 등'이라는 제목 하에 ① '수급인'이 정당한 이유 없이 약정한 착공기일을 경과하고도 공사에 착수하지 아니한 경우, ② '수급인'의 책임 있는 사유로 인하여 준공기일 내에 공사를 완성할 가능성이 없음이 명백한 경우, ③ 지체상금이 계약보증금 상당액에 도달한 경우로서 계약기간을 연장하여도 공사를 완공할 가능성이 없다고 판단되는 경우, ④ 기타 '수급인'의 계약조건 위반으로 인하여 계약의 목적을 달성할 수 없다고 인정되는 경우에게 계약의 전부 또는 일부를 해제 또는 해지할 수 있다고 정하고 있다.

계약서 제32조에서는 '수급인의 계약해제 등'이라는 제목 하에 ① '도급인'이 공사내용을 변경함으로써 계약금액이 100분의 40 이상 감소된 때, ② '도급인'의 책임 있는 사유에 의한 공사의 정지기간이 계약서상의 공사기간의 100분의 50을 초과한 때, ③ '도급인'이 정당한 이유 없이 계약내용을 이행하지 아니함으로써 공사의 적정이행이 불가능하다고 명백히 인정되는 때에 계약의 전부 또는 일부를 해제 또는 해지할 수 있다고 정하고 있다.

도급인과 수급인이 모두 계약해지권을 보유하고 있다는 것을 명백히 한 이 계약서의 내용은 바람직하다. 또한 도급인 입장에서는 정해진 기간 내에 이행이 완료되는 것이 주된 관심이므로 정해진 기간까지 이행이 되지 않는 경우에는 계약해지권을 행사하는 것이 타당한 것이다. 수급인 입장에서는 이행을 하고 그 대가를 지급받는 것이 목적이므로 정해진 기간 내에 대금을 지급받지 못하거나 당초 정해진 금액에서 대폭 감액되고 공사 정지기간이 길어진 경우에 계약을 해지할 수 있다는 점에서는 당사자 누구에게도 치우치지 않는 중립적인 계약서를 작성하여 사용을 권장하는 것은 옳다고 생각한다.

그런데 여기에서 의문이 드는 것은, 계약해지 사유 중에서 '정당한 사유'와 '명백한 경우'는 어떤 것인가? 어떻게 해석하는 것이 정당하고 명백한가? 정당하고 명백한 경우에 해당한다는 사실은 누가 판단을 해주는가? 정당하고 명백한 판단의 기준은 무엇이 되는가? 하는 점이다.

계약이 해제 또는 해지되는 경우 그로 인한 손해배상의 문제가 발생하는데 손해를 배상할 책임이 있는 당사자가 손해배상을 당하지 않기 위해 '정당하고 명백한' 계약해지 사유가 발생한 것이 아니라 '약간 정당하지만 흔히 발생하는, 덜 명백한 사실'이 발생했다고 우겨보는 것은 어떨까?

분쟁의 소지가 있어 보이는 조항에 대해서는 정의조항에서 구체적인 기준을 마련해 분쟁을 미리 차단하는 것이 합당한 것이다. 이러한 점에서 행정관청이 작성한 계약서가 분쟁을 예정하고 있다는 점에서, 당사자의 지위에서 벗어나 중립적인 의도에서 작성이 되었음에도 불구하고 문제점은 존재한다고 생각한다. 이 점은 국가계약도 마찬가지이다.

한편, A화학(주)의 계약서에서는 계약의 해제・해지조항에서 아래와 같이 해제사유를 정하고 있다.

> 1. 양 당사자는 다음의 각 경우에 해당하는 때에는 책임 있는 상대방에게 사전 통보 후 이 계약을 해지 또는 해제할 수 있다.
> 가. 을이 납품한 계약물품의 품질, 규격 등이 시방서의 내용과 상이하여 계속적인 거래가 곤란할 때
> 나. 을이 계약 기간 중 제5조의 납품기일을 _____회 이상 지연할 때
> 다. 을이 계약 기간 중 제8조의 불합격품을 _____회 이상 발생시켰을 때
> 라. 갑 또는 을이 발행한 수표, 어음 등이 부도되거나 거래 중지된 때
> 마. 갑 또는 을이 가압류, 가처분, 압류, 경매, 체납처분 기타 강제집행 또는 파산, 회사정리, 화의 등의 신청을 당하여 계속적인 거래가 곤란할 때
> 바. 갑 또는 을이 이 계약에 부속하여 체결한 사용대차계약서 또는 비밀 준수 계약서 등을 위반한 경우
> 사. 을은 갑의 상표가 부착된 계약물품, 갑이 제조방법・설계 또는 아이디어를 제공한 계약물품, 독점공급을 약정한 계약물품, 갑이 을에게 임대한 설비 등으로 제조한 계약물품, 갑이 원부자재를 무상으로 공급한 경우의 계약물품을 갑의 사전 서면 동의에 의하지 아니하고 제3자에게 임의로 판매한 경우
> 아. 제19조에 따라 갑과 을이 합의한 분기별 평가의 결과 계약 해지 사유에 해당하는 경우
> 자. 갑 또는 을이 이 계약을 위반 또는 불이행하여 이 계약의 목적을 달성할 수 없을 때
> 2. 위 제1항 나 호, 다 호의 사유로 갑이 이 계약을 해지 또는 해제할 때에는 을은 갑에게 일금 ______________원 (₩______________)의 위약금을 지급하여야 한다.
> 3. 갑은 위 제2항의 위약금을 을에게 지급할 의무가 있는 계약물품의 대금과 상계할 수 있으며, 을은 상계 후에도 부족분이 있을 경우에는 그 부족분을 지체 없이 현금으로 갑에게 지급하여야 한다.

재화가 공장에서 표준화된 방식으로 생산이 되고 공급이 되는 물품 공급계약에서는 비교적 쉽게 계약해지사유를 정할 수 있지만, 작업이 실외에서 이루어져 외부환경에 비교적 많은 영향을 받고 선행 및 후행공정으로 연결되어지는 건설공사 계약인 경우에는 이를 정하기가 어렵다.

계약을 이행하지 못하고 중도에 해제 또는 해지하는 경우에 그 손해를 배상받고자 위약금 또는 손해배상액을 예정하는 방법을 취하는 것이 보통이다. 이 경우에 도급인은 그 손해액을 일일이 입증하기가 곤란하고, 계약이행의 확실성을 담보함과 아울러 계약불이행에 따른 손해배상의 문제점을 간명하게 해결하기 위하여 손해배상액을 미리 예정해 둔다.

그 손해배상액에 대해서는 서울보증보험 등 보험회사나 은행 등 금융회사를 통해 보험을 가입하고 보험증권을 상대방에게 교부하는 방식으로 이행이 이루어진다. 이행보증 보험증권을 발급받은 수급인에게 채무불이행이 발생한 경우에 도급인은 보증보험회사에 보험금을 청구하고 보증보험회사는 채무불이행 사실을 조사하여 수급인에게 채무불이행의 책임이 있다고 인정되면 도급인에게 보험금을 지급하고 다시 수급인에게 구상권을 행사하게 된다.

자. 천재 · 지변에 대한 사항

누구에게도 불이행책임을 지우기 곤란한 천재지변이 발생한 경우에 대비하여 예를 들면, 전쟁, 지진, 해일, 풍수해 등 외부의 급격한 변동에 대비한 조항을 미리 약정해 두어야 한다. 그리고 이로 인한 손해의 분담에 대해서도 정해야 한다.

여기서 의문이 드는 것은 전쟁이면 어떤 전쟁을 의미하는 것인지? 전면전만 해당하는 것인가 국지전을 포함하는 것인지? 전쟁의 기간은 또 어떠한 것인지? 지진이라면 그 강도 및 피해의 정도와 지역적인 연관성은 어떠한 것인지? 전쟁 또는 지진과 아무 상관없는 곳에서 이행이 되는 계약에 대해서도 전쟁과 지진을 이유로 계약을 해제하는 것이 가능한 것인지? 자연재해는 어떠한 것이 있으며 단순히 그러한 사건이 발생했다는 것이 중요한 것인지? 그로 인해 피해를 입어야 하는지? 그 피해의 정도는 어떠해야 하는지 등이다.

이에 대해 「회계예규(2200.04-104-21, 2009. 9. 21)」의 계약문서에는 불가항력이라는 제목 하에 아래와 같이 정의하고 있다.

> 第32조(불가항력) ① 불가항력이라 함은 태풍 · 홍수 기타 악천후, 전쟁 또는 사변, 지진, 화재, 전염병, 폭동 기타 계약당사자의 통제범위를 초월하는 사태의 발생 등의 사유(이하 '불가항력의 사유'라 한다)로 인하여 계약당사자 누구의 책임에도 속하지 아니하는 경우를 말한다. 다만, 이는 대한민국 국내에서 발생하여 공사 이행에 직접적인 영향을 미친 경우에 한한다.
>
> ② 제1항에서 규정한 불가항력의 사유로 인하여 다음 각 호에 발생한 손해는 발주기관이 부담하여야 한다.
>
> 1. 제27조의 규정에 의하여 검사를 필한 기성부분
> 2. 검사를 필하지 아니한 부분 중 객관적인 자료(감독일지, 사진 또는 비디오테이프 등)에 의하여 이미 수행되었음이 판명된 부분
> 3. 제31조제1항 단서 및 동조 제3항의 규정에 의한 손해
>
> ③ 계약상대자는 계약이행 기간 중 제2항의 손해가 발생하였을 때에는 지체 없이 그 사실을 계약담당공무원에게 통지하여야 하며, 계약담

당공무원은 통지를 받았을 때에는 즉시 그 사실을 조사하고 그 손해의 상황을 확인한 후 그 결과를 계약상대자에게 통지하여야 한다. 이 경우 공사감독관의 의견을 참작할 수 있다.

④ 계약담당공무원은 제3항의 규정에 의하여 손해의 상황을 확인하였을 때에는 별도의 약정이 없는 한 공사금액의 변경 또는 손해액의 부담 등 필요한 조치를 계약상대자와 협의하여 이를 결정한다. 다만, 협의가 성립되지 않을 때에는 제51조의 규정에 의해서 처리한다.

회계예규에서 말하는 불가항력에 해당하기 위해서는 태풍·홍수 기타 악천후, 전쟁 또는 사변, 지진, 화재, 전염병, 폭동 기타 계약당사자의 통제범위를 초월하는 사태의 발생 등의 사우로 인하여 계약당사자 누구의 책임에도 속하지 아니하는 경우일 것, 대한민국 국내에서 발생할 것, 공사이행에 직접적인 영향을 미칠 것이라는 요건을 갖추어야 한다. 이 경우에 불가항력으로 인한 손해는 기성검사를 필한 부분이나 이미 이행이 완료된 부분 및 계약상대자의 책임 없는 사유로 인하여 발생한 경우와 인수한 공사목적물에 대한 손해는 발주기관이 부담하여야 한다고 정하고 있다.

대법원은, 97.8밀리의 집중폭우가 사고지역에서 통상 예견할 수 없을 정도의 이변에 속하는 자연현상으로서 도로의 안전성을 위하여 필요한 시설을 갖추었다고 하여도 절개지의 붕괴를 방지할 수 없었다고 인정되지 않는 한 97.8밀리의 집중폭우가 있었다는 사실만으로 불가항력이라 단정할 수 없다는 판결도 있고[24], 천재지변이나 이에 준하는 경제사정의 급격한 변동 등 불가항력으로 인하여 목적물의 준공이 지연된 경우에는 수급인

24) 대법원 1982. 8. 24. 선고 82다카348 판결.

은 지체상금을 지급할 의무가 없다고 할 것이지만, 이른바 IMF 사태 및 그로 인한 자재 수급의 차질 등은 그와 같은 불가항력적인 사정이라고 볼 수 없다는 판결도 있다.[25)]

나아가 주택공급사업자가 입주지연이 불가항력이었음을 이유로 그로 인한 지체상금 지급책임을 면하려면 입주지연의 원인이 그 사업자의 지배영역 밖에서 발생한 사건으로서 그 사업자가 통상의 수단을 다하였어도 이를 예상하거나 방지하는 것이 불가능하였음이 인정되어야 한다는 것이 대법원 판례이다.[26)]

한편, 풍수해 등 위험에 대하여 국가계약법에 의한 '정부입찰·계약집행기준'에서는 추정가격이 200억 원 이상인 공사로서 일정한 경우에는 보험가입을 의무화하고 있다.

차. 계약내역 또는 물가변동 등에 기인한 계약과 대금의 변경에 관한 사항

비교적 장기간에 걸쳐 이행이 되는 계약의 경우에 당사자가 예상하지 못한 외부 경제여건의 변경이 생기거나 계약내역의 변경 등으로 인한 계약과 대금의 변경에 대하여 미리 정해둘 필요성이 있다.

행정관청 등과 계약을 체결함에 있어서 국가계약법을 적용하는 계약에서는 「정부입찰·계약 집행기준」(회계예규 2200.04-159-13, 2010. 1. 4.)에 따라 입찰 당시의 계약금액과 현재의 금액을 비교하여 계약금액을 조정한다.

---

25) 대법원 2002. 9. 4. 선고 2001다1386 판결.

26) 대법원 2007. 8. 23. 선고 2005다59475, 59482, 59499 판결 등.

하도급법 제16조(설계변경 등에 따른 하도급대금의 조정) 제1항에서는 원사업자는 제조 등의 위탁을 한 후에 일정한 사유가 발생하여 그가 발주자로부터 증액 받은 계약금액의 내용과 비율에 따라 하도급대금을 증액하여야 할 의무를 부과하였다. 또한 원사업자가 발주자로부터 계약금액을 감액 받은 경우에는 그 내용과 비율에 따라 하도급대금을 감액할 수 있다고 정하고 있다. 같은 법 제16조의 2(원재료의 가격 변동에 따른 하도급대금의 조정) 제1항에서는 수급사업자는 제조 등의 위탁을 받은 후 목적물 등의 제조 등에 필요한 원재료의 가격이 변동되어 하도급대금의 조정이 불가피한 경우에는 원사업자에게 하도급대금의 조정을 신청할 수 있다고 정하고 있다.

그러나 행정관청이 발주한 계약이 아닌 경우에는 현실적으로 계약에 있어서 우월한 지위에 있는 자의 의사에 따라 물가변동에도 불구하고 대금의 증액은 일체 없다는 등의 내용이 정해지는 경우가 많다. 이 경우에 열등한 지위에 있는 자는 물가변동으로 인하여 예상하지 못한 손해를 입게 되는데 손해의 보전을 두고 당사자 사이에 분쟁이 발생하는 경우가 많다.

A자재회사에서는 이에 대하여 아래와 같이 정하고 있다.

> (물가변동 등으로 인한 계약금액의 조정)
>
> 1. 산출내역서, 원가검토서, 견적서 등에 포함되어 있는 품목의 가격 또는 요금의 급격한 변동이 있는 경우 계약체결 후 60일 이상 경과하고 잔여 납품물량에 대하여 다음 각 호에 해당하는 사유가 발생한 경우에는 갑 또는 을은 계약금액의 조정을 신청할 수 있으며, 신청이 있은 날로부터 30일 이내에 상호 협의하여 계약금액을 조정한다.

30일 이내 조정에 이르지 못한 경우 갑 또는 을은 하도급분쟁조정협의회에 조정을 신청할 수 있다. 다만, 원재료 가격이 급등하는 등 계약금액을 조정하지 않고서는 계약이행이 곤란하다고 인정되는 경우에는 계약체결일(계약체결 후 계약금액을 조정한 경우 그 조정일)부터 60일 이내에도 계약금액을 조정할 수 있다.

A. 산출내역서, 원가검토서, 견적서 등에 포함되어 있는 품목의 가격 또는 요금 등의 변동으로 인한 등락액이 잔여 납품물량에 해당하는 계약금액의 100분의 5 이상인 때

B. 계약금액에서 차지하는 비중이 100분의 10 이상인 납품물량의 원재료 가격이 100분의 30 이상 증감된 경우

2. 제1항의 규정에 의하여 계약금액의 조정을 요청하고자 하는 자는 조정요건에 해당하는 사유를 명시하여 증빙자료와 함께 서면(전자서면포함)으로 상대방에게 요청하여야 한다.

3. 제1항 내지 제3항의 규정에 의한 계약금액의 조정은 물가변동 기준일 이후에 반입한 재료와 제공된 역무의 대가에 적용하되, 제조 착수 전에 제출된 납품예정공정표상 물가변동기준일 이전에 이미 계약이행이 완료되었어야 할 부분을 제외한 잔여부분의 대가에 대하여만 적용한다. 다만, 갑의 귀책사유 또는 천재지변 등 불가항력으로 인하여 지연된 경우에는 그러하지 아니하다.

카. 하자담보책임기간 및 담보방법

이행이 완료된 경우에 장차 발생할 수도 있는 당해 목적물에 대한 하자에 관해서도 하자의 보수의무와 보수기간에 관하여 미리 정하여 두어야 한다. 그런데 하자보수의무와 보수기간에 대해서는 법률에서 정하고 있는데 정작 하자가 무엇인지에 대해서는 정하지 않고 있다는데 문제가 있다.

그렇다면 하자란 무엇인가? 보통 하자를 정의하자면, 일의 결과가 수급인이 보증한 성질을 가지지 않거나 통상적으로 또

는 당사자가 계약에 의하여 정한 일의 품질과 성능 등에 대하여 기대한 일정한 성상을 완전하게 구비하지 않은 불완전한 점을 말한다. 또한 수급인이 완성한 일이 거래관념상 보통 갖추어야 할 품질과 성능을 갖추지 않으면 하자가 된다. 이 말을 그대로 받아들이면 머릿속에서 희미하게나마 하자란 이런 것이라는 점이 그려지기는 하는데 그렇다고 해도 개별·구체적인 분쟁 앞에서는 여전히 추상적이다.

건설공사의 경우에 보통 서울보증보험 등에 하자보증보험에 가입하는 것으로 하자책임을 담보한다. 특히 아파트의 경우 아파트입주자대표회의에서 건설회사와 하자보증회사를 상대로 많은 소송을 제기하고 있다. 이름 하여 기획소송이라고. 부실시공에 제일 많은 책임이 있겠지만, 하자로 인해 이득을 보는 자가 너무 많다. 나의 하자가 다른 자에게는 돈벌이 수단이 되고 있다. 입주자대표회의, 구조진단업체와 일부 몰염치한 변호사가 결탁을 해서 소송을 제기하는 이른바 기획소송이 남발되고 있다. 이제는 너무나 보편적인 이벤트가 되었다. 물론 부실시공으로 인해 발생하는 하자가 대부분일 것이다. 그러나 지나치게 긴 하자담보책임기간, 관리주체에게 부여된 보수의무와의 경합, 자연스러운 마멸과 이로 인한 성능저하 등도 고려되어야 한다.

한편, 하자담보책임과 관련하여 B건축자재회사에서는 제조물책임이라는 제목 하에 아래와 같이 정하고 있다.

(제조물책임)
'을이 공급한 계약물품의 결함(물품이 통상 갖추어야 하는 안전성을 결하고 있는 것)에 의하여 이를 사용한 갑의 완제품에 결함이 발생하고 이에 따라 제3자의 생명, 신체, 재산에 손해를 준 사고가 발생하였을

때는 갑과 을은 양 당사자의 책임의 정도에 따라 피해자에게 손해를 배상한다.'

'양 당사자의 책임 정도가 명확하지 않을 경우에는 균등한 것으로 간주한다. 계약물품의 결함으로 인하여 확대손해가 발생하거나 발생할 우려가 있어 갑 또는 을이 손해의 확산을 방지하기 위해 필요한 조치를 취한 경우, 갑과 을은 각자의 책임 정도에 따라 공정하게 책임 및 손해를 분담하도록 한다.'

'을이 공급한 계약물품의 결함으로 인하여 을이 부담하게 될 손해배상 금액을 담보하기 위하여 갑이 을에게 생산물배상책임보험에 가입할 것을 요구할 경우, 을은 갑을 피보험자(보험수익자)로 하는 생산물배상책임보험에 가입한 후, 보험증권의 사본을 갑에게 제출하여야 한다.'

'갑이 을을 대신하여 제3자에게 손해배상을 한 경우에 갑은 그 손해배상금액을 을에게 지급할 의무가 있는 계약물품 대금과 상계할 수 있다. 다만, 을이 단순 유통업자, 단순 판매업자 등 생산물배상책임보험에 가입할 필요가 없는 자일 경우에는 그러하지 아니하다.'

타. 분쟁발생 시 분쟁의 해결방법에 관한 사항

당사자 사이에 분쟁이 발생한 경우에 그 분쟁의 해결은 법원에서 할 것인지, 중재에 의할 것인지를 정해야 한다. 중재의 경우에는 중재합의가 있어야 하므로 이 점에 대해 계약서에 중재합의 조항이 있어야 한다. 관할에 대한 합의가 없는 경우 보통은 피고의 주소지를 관할법원에 관할이 있겠지만 당사자의 합의에 의하여 합의관할이 생길 수도 있다. 특정한 법원에서 분쟁을 해결하고자 할 경우에는 관할에 관한 합의가 있어야 한다.

당사자가 일방적으로 관할을 정한 경우에 대법원은 '대전에 주소를 둔 계약자와 서울에 주영업소를 둔 건설회사 사이에 체결된 아파트 공급계약서상의 본 계약에 관한 소송은 서울민사

지방법원을 관할법원으로 한다'는 관할 합의조항은 약관의 규제에 관한 법률 제2조 소정의 약관으로서 민사소송법상의 관할법원 규정보다 고객에게 불리한 관할법원을 규정한 것이어서 사업자에게는 유리할지언정 원거리에 사는 경제적 약자인 고객에게는 제소 및 응소에 큰 불편을 초래할 우려가 있으므로 약관의 규제에 관한 법률 제14조 소정의 '고객에 대하여 부당하게 불리한 재판관할의 합의조항에 해당하여 무효라고 보아야 한다'고 판시하였다.[27]

파. 당사자의 기명 · 날인 또는 서명

1) 거래당사자의 확정

자연인과 계약을 체결하는 경우에는 계약의 상대방에게 행위능력이 있어야 한다. 사업자등록증상 대표자가 2인 이상인 개인사업자와 거래하는 경우에는 2인 모두와 계약을 체결하거나 그들 중 1인과 계약을 체결하고 다른 대표자를 연대보증인으로 입보시키는 것이 바람직하다.

법인의 명칭은 법인등기부에 표시된 대로 기재하여야 한다. 법인과 계약을 체결하는 경우에는 법인등기부등본을 확인하여 그 대표자와 계약을 체결하여야 한다. 법령, 정관 또는 규약 등에 의하여 대표권의 제한여부를 확인하여야 한다. 법인등기부등본에 '공동대표이사'로 등재되어 있는 경우에 대표권은 공동으로 행사되어야 하는 제한이 있는 것이므로 반드시 공동대표

27) 대법원 1998. 6. 29. 선고 98마863 결정.

이사 모두와 계약을 체결하여야 한다.

대리인에 의하여 계약이 체결되는 경우에는 위임장과 위임사실 및 위임장에 표시된 대리인과 위임의 내용 및 범위를 확인해야 한다.

학교법인, 의료법인, 종교법인과의 거래는 법인의 대표자와 하며, 법인등기부 등본, 법인인감증명서, 이사회의사록 및 정관 등에 의하여 대표권의 제한·허가사항을 확인하여 거래해야 한다.

법인격이 없는 조합 및 단체와의 거래는 전체 구성권으로부터 업무집행을 위임받은 대표자와 하되, 정관, 규약 등에서 정한 의사결정권한이 있는 기구 등에 의한 대표자 선임에 대한 자료를 받아 확인해야 한다. 종친회, 학회, 교회, 동문회 등 권리능력 없는 사단과의 거래 시 거래상대방은 그 대표자로 하고, 규약, 정관, 회칙 등을 통해 그 권한을 확인하여야 하지만, 사단의 존재여부, 대표자 및 그 권한 등의 확인이 곤란한 경우에는 대표자 개인과 거래한다. 필요에 따라 단체내의 유력자를 연대보증인으로 입보시키는 것이 바람직하다.

2) 낙성·불요식 행위

대부분의 계약은 낙성·불요식 행위이다. 당사자의 의사표시의 합치만으로 성립하는 것이지만 국가계약인 경우에는 그러하지 아니하다. 국가계약법 제11조 제2항에서는 '계약서를 작성하는 경우에는 그 담당공무원과 계약상대자가 계약서에 기명·날인 또는 서명함으로써 계약이 확정된다'고 정하고 있다.[28]

---

28) 학교에서 당연히 도급계약은 낙성·불요식 계약이라고 배웠다. 100만 톤

B2B 거래 등 전자계약에 의한 경우에 서명, 서명날인 또는 기명날인을 요하는 경우 전자문서에 공인전자서명이 있는 때에는 이를 충족한 것으로 본다(전자서명법 제3조 제1항).

3) 업무의 범위

부장, 지점장 기타 상업사용인과의 거래는 지배인 등기여부를 확인하여 그 등기된 권한 범위 내인 경우에 한하여 계약을 체결하여야 한다. 건설회사 현장소장의 통상적인 업무의 범위는 그 공사의 시공에 관련한 자재, 노무관리 외에 그에 관련된 하도급계약 계약체결 및 그 공사대금지급, 공사에 투입되는 중기 등의 임대차계약체결 및 그 임대료의 지급 등에 관한 모든 행위이고, 아무리 소규모라 하더라도 그와 관련 없는 새로운 수주활동을 하는 것과 같은 영업활동은 그의 업무범위에 속하지 아니한다는 대법원의 판결이 있다.[29)]

4) 당사자 표시

계약의 권리의무 귀속주체가 되는 당사자는 정식명칭을 사용하여 정확하게 표시하여야 한다. 아래의 경우에 권리의무의 귀속주체는 명백히 다르다. 차이점을 설명해 보라.

유조선 건조계약이나 1조 원짜리 고속철도 건설공사계약이 단순히 도급계약이라는 이유로 낙성·불요식 계약이라고 생각 없이 말할 수 있는가?

29) 대법원 1994. 9. 30. 선고 94다20884 판결.

삼성물산 이건△ (인)	삼성물산(주) 이건△ (인)	삼성물산(주) 대표이사 이건△ (인)	삼성물산(주) 대표자 이건△ (인)

3. 계약서 작성 시 유의사항

가. 명확하되 쉽고 평이한 용어의 사용

계약서에 사용할 용어는 어법에 맞고 평이하며 당사자 사이에 어느 한 가지 뜻으로 해석될 수 있어야 하고 누구나 쉽게 그 의미를 파악할 수 있도록 작성하여야 한다. 또한 3,000,000원의 경우와 같이 금액을 표시하는 경우에는 숫자로 기재하는 외에 '삼백만 원' 혹은 '參百萬圓'으로 표시하는 것이 좋고, 정의(定義, 正義, 情誼)와 같이 여러 가지 의미로 해석될 수 있는 용어를 사용하는 경우에는 그 의미의 혼선을 방지하기 위하여 한자를 병용하여 기재하는 것이 좋다.

법제처에서는 법령문에서 한자를 한글화하고, 어려운 한자어와 일본식 표현 등을 쉬운 우리말로 바꾸고 복잡한 조항은 간결하게 다듬어 현행법령을 누구나 쉽게 읽고 이해할 수 있도록 함으로써 국민 중심의 법률문화로 바꾸기 위한 알기 쉬운 법령 만들기 5개년 사업(2006-2010)을 추진하였다. 현행 법률 1,000여 건, 하위법령 1,020여 건의 어려운 한자어나 일본식 용어, 전문용어 등을 쉬운 용어로 바꾸고, 길고 복잡한 법령 문장 등을 간결하고 명확하게 고쳐왔다. 2011년 이후에는 정비되지 않고 남은 하위법령 2,000여 건에 대한 정비를 추진할 예정이다.

국회에서도 법률용어 표준화 기준을 마련하였다. 법률용어가 어렵다는 것은 아마도 일본법의 영향으로 인해 일반인들은 알기 어려운 일본 법률용어들이 그대로 자리 잡았기 때문이라고 생각한다.[30]

그렇지만 법률용어를 한글화하는 목적은 쉽게 이해할 수 있도록 하는 것에 목적이 있는 것이다. 이것은 정확한 용어를 사용하는 것과는 동의어는 아니다. 한글화하여 이해하기 쉽고 정확한 용어를 사용하여 누구에게나 같은 의미로 읽힐 수 있어야 한다.

나. 계약의 무효 또는 취소사유의 배제

계약이 무효 또는 취소되지 않도록 주의하여야 한다. 특히 약관규제법에서는 신의성실의 원칙을 위반하여 공정성을 잃은 약관 조항 등은 무효라고 정하고, 하도급법에서는 일정한 행위를 금지하고 있다. 상대적으로 우월한 지위에 있는 자가 지나치게 자신의 입장만을 관철시키고자 의욕이 앞선 나머지 불공정한 계약서를 작성하여 당해 계약조항이 무효로 되는 무모한 어리석음은 피해야 한다. 또한 회사의 대표이사가 공정거래위원회에 불려 다니고 신문에 회사의 이름이 오르내려 수 년 동안 막대한 비용을 들여 쌓아올린 이미지를 한꺼번에 훼손시키는 행위는 하지 않아야 한다.

---

30) 군형법에 鷄姦이라는 죄를 접하고는 왜 하필이면 많은 동물 중에 鷄이라는 동물이 姦 행위와 관련이 있는지 궁금했던 적이 있었다. 지금도 그 이유를 모르겠다. 아시는 분?

다. 채무불이행에 대한 대비

계약은 이행이 되어야 하지만 여러 가지 사정으로 이행되지 못하게 되는 경우 그로 인한 손해를 줄이기 위한 방법들이 마련되어야 한다. 계약이 해제 또는 해지될 경우에 대비한 손해배상액의 예정과 그 담보방법, 이행이 지체될 경우에 대비한 지체상금의 약정, 하자의 발생과 그 보수에 필요한 비용을 담보하기 위한 하자보증금의 약정과 확보방안, 계약의 이행과정 중 발생할 수 있는 제3자의 손해에 대한 보험의 가입, 근로자의 재해에 대비한 산재보험과 근로자재해보험의 가입 등이 필요하다. 수급인에게는 대금확보방안과 물가변동에 따른 대금의 증액관련 조항을 계약에 반영하는 것이 가장 중요하다고 생각한다.

라. 마치면서

이상의 내용들은 계약서를 작성하는 경우에 기본적으로 포함되어야 하는 최소한을 이야기한 것이지, 최대한을 이야기 한 것은 아니다. 이 점 착오 없기 바란다. 아마도 당사자의 업종, 계약의 형태와 목적에 따라 필요한 내용이 추가되어야 할 것이다.[31)]

---

31) 계약서를 작성하는 것은 어려운 작업이다. 현재에서 미래를 예측해야 하기 때문일 것이다. 한때 우리나라에서 MOU, LOI를 작성하여 교환하는 것이 유행처럼 자리 잡은 적이 있었다. 법무법인에 MOU, LOI를 작성을 의뢰하면서 몇 천만 원씩 갖다 주고, 기자들 모아서 최대한 즐거운 표정을 지으면서 사진 찍고. 겉멋이나 홍보, 기업이미지를 높이는 것도 중요하지만 계약을 체결함에 있어서는 무엇보다 기본이 중요하다. 대표이사가 이러한 행위를 좋아한다고 해서 실무자까지 여기에 부화뇌동해서는 아니된다. 실무자는 항상 기본에 충실해야 한다. 기본으로 돌아가자.

4. 당사자에게 유리한 계약서의 작성[32)]

판매자와 구매자가 계약을 체결할 경우에 판매자에게 유리하거나 구매자에게 유리한 계약의 내용에 관하여 로앤비닷컴(http://www.lawnb.com) 에서는 이를 구분하여 소개하고 있다.

가. 판매자에게 유리한 계약의 내용

1) 연체이율의 약정
2) 기한이익의 상실
3) 소유권의 유보
4) 물품운반비용의 부담
5) 판매자의 담보 책임
6) 계약해제의 특약

계약서의 내용 중에 위에서 언급한 내용이 포함될 경우에는 판매자에게 유리하다고 한다.

나. 구매자에게 유리한 계약의 내용

1) 대금지급
2) 위약금
3) 사후관리
4) 매매비용의 부담

---

32) http://www.lawnb.com/business/info_buss_manual_searchlist.asp에서.

5) 권리양도 및 권리설정의 금지
6) 위험부담
7) 분쟁의 해결 (합의관할)

이러한 내용이 계약서에 포함될 경우에는 구매자에게 유리하다고 한다.

그 이유는 예를 들면 판매자가 물건을 납품하고도 대금을 지급받지 못한 경우에 판매자 입장에서는 매매대금을 정해진 날짜까지 지급하지 않는 경우에 연체이자를 부담해야 한다는 내용을 삽입하면 좋을 것이나 구매자의 입장에서는 대금 지급이 지연되어도 매매대금중 원금만 지급할 수 있도록 계약서가 작성이 되면 자신에게 유리하다고 보는 것이다. 나머지 것들도 모두 마찬가지이다.

다. 협상력(Bargaining Power)의 차이

그러나 현실의 계약에서는 일방당사자에게 유리한 계약조항이 삽입되는지 여부는 양 당사자중 누가 상대방에 비해 우월한 지위에 있는지 그 여부에 따라 결정된다고 본다. 일반적으로는 물건을 구입하면서 대가를 지불하는 자에게 협상력이 있다고 보아도 무방하다. 그리고 범용적인 재화와 많은 수의 판매자가 존재하는 경우에는 상대적으로 구매자에게 협상력이 있을 것이고, 독·과점 상품, 특별한 기술이나 특허로 인해 공급자가 소수인 경우에는 판매자에게 협상력이 있을 것으로 생각된다.

그러나 중요한 것은 계약서에 유리한 내용을 삽입하고 불리한 내용을 삭제하는 계약서 작성의 기술이 아니다. 무엇보다 중요한 것은 먼저 상대방 선택을 신중하게 하여 채무불이행의 위험을 제거하는 것이다. 그 다음으로는 계약이 이행되도록 적극 노력하여야 하고 혹시도 발생할 수 있는 분쟁을 미리 예방하기 위한 방안이 계약서에 반영되도록 작성하는 것이 중요하다. 그리고 작성한 계약서에 따라 성실하게 자신의 의무를 이행하는 것이 알량한 지식보다 비중 있게 다루어져야 한다.

또한 거래계에서는 공정거래위원회에서 작성한 표준계약서를 사용하고 있으므로 한쪽 당사자에게만 일방적으로 유리한 내용을 삽입할 수 있는 가능성은 조금 낮아 졌다고 보아야 한다. 물론 우월적 지위에 있는 자의 권유 혹은 강권에 따라 주계약과는 별개의 특약이나 이면합의가 존재할 가능성은 완전히 배제할 수는 없지만.

5. 계약서 작성의 실제

아래의 내용은 건설회사에서 사업부지로 사용할 부동산을 매수하는 경우 검토해야 하는 사항을 정한 것이다. 실제 계약을 체결하는 과정에서 회사의 실무자들이 검토하는 내용이므로 그 내용에 대해 살펴보자.[33)]

---

33) 이 자료는 주택사업을 영위하는 모 건설회사에 근무하시는 분께서 주신 자료이다. 이 내용을 외부에 공개하는 것에 대하여 회사의 방침이 어떤지를 몰라 실명을 거론하며 감사의 뜻을 표시하지는 못하는 것이 유감이다. 주택건설 사업을 영위하는 회사가 대지를 구입할 때에 검토해야 하는 중심사항이다. 각 회사의 특성에 맞게 계약서를 작성해야 한다는 점에서 시사점이 많은 자료라고 생각한다.

〈매매계약 시 착안사항〉

1. 매매대상물의 명확한 기재

사업부지로 사용할 부동산은 주로 토지로서, 토지는 공유 지분 또는 토지 위에 지장물(등기된 건물 또는 미등기건물, 구축물, 입목)이 소재하고 있어 이에 대하여 명확하게 기재하여야 하며, 토지상에 소재하는 분묘의 처리에 대하여 반드시 처리하여야 함.

2. 매매면적의 정산

공부상의 면적과 실제면적의 차이가 발생하는 사례가 종종 있으므로 이에 대하여 사후에 어떻게 정산할지 매매계약서에 기재하여야 함.

3. 매매대금의 지급

계약금만 지급하는 경우 위약금을 지급하고 매매계약을 해제할 수 있음. 중도금을 지급한 후에는 당사자의 이행지체가 없는 경우 일방적으로 매매계약을 해제할 수 없는 것이 일반적인 법리인바, 계약금 및 1차 중도금을 지급하는 것으로 계약을 체결하는 것이 매도인의 일방적인 매매계약 해제를 방지할 수 있는 방안이 될 수 있음.

4. 토지거래 허가

토지거래허가구역에서 토지거래허가를 받지 않은 매매계약은 유동적 무효의 계약이며, 비로소 토지거래허가를 받아야만 확정적 매매계약이 됨. 만일 토지거래 허가 불허가처분을 받는다면 동 매매계약은 무효의 매매계약이 되게 됨. 그렇다 하더라도 매매부동산이 토지거래허가구역에 언제 지정되었는지 확인하여 토지거래허가구역 지정 이전에 체결된 매매계약이라면 토지거래 허가여부와 관련 없이 유효한 계약임.

5. 잔금지급과 소유권 이전 서류의 교부

매도인이 매수인에게 토지의 소유권 이전 서류의 현실적 교부와 매수인의 토지매매대금 잔금의 지급이 동시에 이루어져야 하는 것이지 어느 일방의 의무가 먼저 이행되고 다른 당사자의 의무가 이행되어야 하는 것은 아님.

또한 매매대금을 전부 지급하고 등기 이전에 필요한 서류를 전부 수령하였다 하더라도 행정법상의 제한으로 소유권이전등기를 못하는 경우가 발생하게 되고 이 경우 매도인이 교부한 서류의 시효(특히 인감증명 등)가 도과되어 소유권이전등기가 가능한 시점에 등기를 못하는 사례가 발생할 수 있으므로 매도인이 교부한 서류가 흠결이 생겨 새로이 서류의 교부를 요청하는 경우 매도인은 이에 응하도록 매매계약서에 기재하도록 하여야 함.

6. 타 권리의 말소

부동산에 설정된 권리관계(압류, 가압류, 가처분, 가등기 등의 채권관계와 근저당권 및 전세권, 지상권 등의 물권)는 등기부등본을 발급받아 보면 잘 알 수 있으나, 부동산에 표시되지 않는 법정지상권, 유치권 등은 매매토지를 방문하여 확인한 후 매매계약을 체결하여야 함.
부동산에 설정된 권리는 2차 중도금 또는 잔금 지급 이전에 말소하는 것으로 규정하고 부동산에 설정된 권리가 규정된 시기에 말소되지 않는 경우 매도인에게 지급할 2차 중도금 또는 잔금으로 매수인이 이를 말소할 수 있도록 하는 것이 유리함.

7. 지장물의 철거

매매토지 위에 소재한 지장물은 대부분 당사의 사업에 필요치 않은 경우가 많으므로 매도인이 지장물을 철거하도록 하는 것이 사업 진행에 유리함. 또한, 매수인이 지장물을 철거하는 것보다 매도인이 철거하는 것이 수월한 경우가 있으며, 만일, 매도인이 이를 거부하는 경우가 있다면 지장물에 대한 매도인의 책임을 규정하는 것이 장래를 위하여 유리함.
가령, 산업폐기물 등을 땅속에 매립하여 매수인이 이를 철거하는 비용이 증대되어 사업 진행에 부담이 될 수 있음. 지장물의 철거시기 또는 2차 중도금 또는 잔금 지급 이전으로 규정하고 지장물이 철거되지 않는 경우 매도인에게 지급할 중도금 또는 잔금으로 이를 처리할 수 있도록 하는 것이 유리함.

8. 매매계약체결시 매도인에게 징구할 서류

당사는 공동주택사업을 위해 토지를 매수하는 것이 대부분인 바, 매매 계약체결과 동시에 매도인에게 토지사용 승낙서 및 토지거래허가 신청서, 토지거래허가 위임을 위한 매도인인감증명서를 징구하도록 하여야 함.

9. 제세공과금의 처리

대부분 잔금 지급일을 기준으로 잔금 지급일 이전의 제세공과금은 매도인이 부담하고, 잔금지급일 이후 제세공과금은 매수인이 부담하는 것으로 함. 또한, 양도소득세 등은 특별한 언급을 하지 않는 것으로 하여 매도인이 부담하는 것으로 처리하면 되지만, 만일 매도인이 이를 거론하는 경우 법인의 어려움을 들어 거부하도록 하여야 함.

10. 매수인의 권리보전

계약금 지급 후 당사의 권리를 보전하기 위해 매매 부동산에 가등기, 매매대금 상당의 근저당권 설정, 처분금지가처분 등을 할 수 있도록 하고 이를 위해 필요한 경우 매도인이 필요서류를 당사에 교부하는 것으로 하여야 함.

11. 매매계약의 목적

당사는 주택사업을 목적으로 토지를 매수하는 것이 일반적이므로 매매 계약서에 이러한 내용을 명기하여 향후 분쟁이 발생하는 경우 동 사항을 근간으로 매매계약을 해석할 수 있도록 하여야 할 것임.

12. 매수인의 지위변경

사업추진 중 사업주체가 변경될 경우도 있으므로 매수인이 원하는 경우 제3자에게 매수인의 권리를 이전하는데, 매도인이 동의하도록 매매 계약서에 기재하도록 하여야 함.

13. 매매계약의 해제

매도인은 매수인(당사)의 동의가 없는 경우 일방적인 매매계약을 해제할 수 없다는 조항을 넣어 매도인의 일방적인 매매계약 해제를 방지할 수 있도록 함. 매도인의 이행지체가 있는 경우 매매계약을 해제할 수 있고 또한 11항에서 규정한 대로 공동주택사업이 불가능한 경우 매매계약을 해제할 수 있도록 하여 회사의 손실을 최소화 하도록 하여야 함.

14. 손해배상 및 위약금

위약금에 관한 조항만을 두고 별도의 손해배상 항목을 두지 않는 경우 위약금은 손해배상액의 추정으로 보는 바, 위약금 이상으로 손해가 발생했다 하더라도 별도의 손해배상을 청구하는데 어려움이 있을 수 있음. 따라서 위약금은 매매대금 중 계약금 해당액으로 규정하고 별도로 손해배상 조항을 두어 매매계약이 해제되는 경우 당사의 손해를 배상받아야 함.

그러나 손해배상액의 산정이 어려운 경우 매매대금이나, 사업수익 등을 기초로 하여 그 예정액을 정하는 것이 한 가지 방법이 될 수 있으나 그 금액이 과다한 경우 손해배상을 해 주어야 할 측에서 법원을 통해 감액을 청구할 수 있는 바, 적정한 금액을 정해야 할 것임.

또한, 매매계약이 해제되는 경우 매매대금을 수령한 매도인은 매수인에게 반환할 금원에 이자를 계산하여 지급하여야 하도록 민법에 규정되어 있는 바, 그 이율은 연5%인바, 계약서에 그 이율을 적정히 변경 · 조정할 수 있음.

15. 합의관할

통상 매매목적물의 소재지 법원이나, 매수인의 본점이 소재하는 법원을 합의관할로 하지만, 경우에 따라서 서울중앙지방법원 등 당사의 소송에 유리한 곳을 합의관할로 지정할 수 있으므로 적절히 선택할 수 있도록 하여야 함.

6. 분쟁사례

가. 일체의 민·형사상 책임을 부담하지 않기로 한다는 조항

계약이 체결되면 당사자 사이에 이행이 완료되어 의도한 목적을 달성하는 것이 가장 이상적이다. 그러나 실제 기업 간 거래에서는 계약을 중도에 합의해제·해지하는 경우도 빈번하다. 이 경우에 당사자 사이에 합의서가 작성된다. 당사자 사이에 이미 이행이 완료된 부분에 대한 정산서와 함께 추후 손해배상의 문제에 대비하기 위하여 '일체의 민·형사상 책임을 묻지 않기로 한다'는 문구가 함께 기재된다. 이 경우에 영악한 일방에 의해 어리석은 다른 일방에게 예상치 못한 손해가 발생하기도 한다. 주의를 요한다.

갑과 을이 하도급계약을 체결하고 계약을 이행하던 중 을에게 수인의 한도를 넘어서는 손해가 발생하였다. 을은 갑에게 손해의 보전을 요구하였으나 갑은 이를 거절하고 일방적으로 계약을 해지한 후 다른 업체와 하도급계약을 체결하였다. 을은 갑으로부터 일정 정도의 손해만 보전 받으면 계약관계를 유지할 의사가 있었으나 갑이 일방적으로 계약을 해지하자 공정거래위원회에 제소하였는데 공정거래위원회에서 아래와 같이 합의서를 작성하고 진정을 취하하였다.

합 의 서

– 중략 –
갑은 이 사건 하도급계약과 관련하여 을에게 공사비 조정금액으로 금 30,000,000원을 지급하고, 을은 공정거래위원회에 제출한 진정을 취하하며 앞으로 이와 관련하여 민, 형사상 어떠한 이의도 일체 제기하지 않기로 한다.
– 이하 중략 –

위와 같이 합의서를 작성하고 갑은 을에게 3천만 원을 지급한 후 이 계약에 대해 이행증권을 발행한 보증보험회사를 상대로 이행보증보험금을 청구하였다. 보증보험회사는 갑과 을 사이에 민·형사상 어떠한 이의도 일체 제기하지 않기로 했음을 이유로 이행보증보험금의 지급을 거절하였다. 이에 대해 갑은 공정거래위원회에 제출한 진정 건에 대해 합의하고 이에 대해 민·형사상 이의를 제기하지 않기로 한 것일 뿐 보험금과는 상관이 없다고 주장하였다. 결국 갑이 보증보험회사를 상대로 소송을 제기하였는데 법원에서는 합의서의 내용과 증인들의 증언 등 이 합의서를 작성할 당시의 사정을 종합하여 원고승소 판결을 선고하였다.

이 사건에 대한 법원의 판단은 아래와 같다.

'원고가 이 사건 하도급계약을 해제하자 곧 이에 반발하여 1996. 9. 17. 공정거래위원회에 원고를 상대로 원고가 공사대금을 정산하지 않은 상태에서 다른 업체와 재계약을 하여 공사를 진행하고 있다는 내용으로 진정을 제기하였는데, 공정거래위원회에서는 건설하도급분쟁조정협의회에 조정을 의뢰하여, 이에 따라 원고와 을은 공사대금을 중심으로 하여 절충한 끝에 1996. 11. 25. 위와 같이 합의에 이르렀고, 위 합의 과정에 있어 계약보증금의 청구에 관하여는 별개로 취급되어 문제가 되지 않은 사실을 인정할 수 있는 바, 위 인정사실에 의하면, 원고와 을 사이의 위 합의는 그로써 이 사건 하도급계약에 의한 채권, 채무관계가 모두 종결된 취지로 볼 것은 아니고 을이 원고로부터 이 사건 하도급공사와 관련하여 공사비로 금30,000,000원을 더 받는 조건으로 을은 이 사건 하도급계약의 해지를 수용하고 더 이상 이에 대하여 이의를 제기하지 않기로 하겠다는 취지의 것으로 볼 것이다.'[34]

이 경우에 보증보험금을 지급한 보험회사는 을에게 구상권을 행사하게 된다. 갑에게 을이 3천만 원을 더 지급받는다고 한들 몇 억 원에 이르는(이 사건에서 보증보험금은 334백만 원이었다) 구상금액에 대한 책임을 부담한다면 이 합의서가 무슨 소용이 있으랴?

계약이 일방적으로 해지된 것에 대한 손해와 보증보험금에 대한 구상채무를 부담하게 된 을은 그때서야 분개했다. 합의서를 작성하면서 내용을 면밀히 검토를 했으면 손해를 줄일 수 있었을 것이다. 합의서 작성 당시 내용에 대해 여러 차례 검토했어야 할 것인데 결국 회생불가에 이르고 말았다. 계약서에서 물가변동이나 계약내역의 변동에 따른 계약금액의 조정항목이 있었을 경우에 그 대가를 정당하게 요구할 수도 있었을 것이다. 그러한 내용을 정하지 않은 경우에 합의서나마 잘 작성했으면 이런 문제는 예방했을 텐데 지나고 보면 아쉽다.

이러한 일이 발생하는 것을 예방하기 위해서 위 합의서는 어떻게 변경되어야 하는지 생각해 보자.

---

34) 서울고등법원 1998. 10. 14. 선고 98나27014 판결.

나. 각종 보증서에 대한 책임

> 합의서
>
> 공사명: 거제-남원 간 확장공사 2공구 중 토공사 및 가시설 공사, 교량공사
>
> 1. 乙건설 주식회사가 상기현장에서 투입한 금원 중 미지급금(노무비, 자재비, 장비비, 기타 경비 등(만기 미도래 어음 포함) 및 기타(노무자 퇴직금, 민원 등) 미확정채무에 대한 모든 것을 甲산업 주식회사가 채권자들과 별도 협의 후 책임지고 변제하고, 乙건설 주식회사에 구상권을 청구하지 아니한다.
> 2. 추후 상기 금원에 대해 채권자들로부터 乙건설 주식회사로 구상권이 청구될 시에도 甲산업 주식회사가 책임지고 변제하도록 한다.
> 3. 乙건설 주식회사가 丙보험회사에서 발급하여 甲산업 주식회사에 제출한 각종 보증서는 어떠한 보증서도 청구하지 않기로 한다.
> 4. 또한 A종합건설 주식회사의 어떠한 문제제기에 대해서도 甲산업 주식회사에서 책임지고 처리한다.
>
> – 이하 중략 –

위 사례의 경우에 甲과 乙이 합의서를 작성하고 계약관계를 마무리하였으나, 甲이 丙보증보험회사를 상대로 보험금 청구를 하면서 문제가 발생하였다. 乙인 ○○건설(주)는 甲인 ○○산업(주)에게 제출한 각종 보증서는 어떠한 보증서도 청구하지 않기로 한다고 합의하였으므로 甲의 청구에 응할 수 없다는 입장이다. 甲은 위 합의서에 공사현장과 공사의 명칭을 특정하였으므로 거제-남원 간 확장공사 2공구와 관련한 각종 보증서는 청구하지 않기로 했지만 다른 현장의 공사에 대해서 보험금을 청구

하지 않기로 합의한 사실은 없다고 주장하고 있다.

합의서의 내용을 볼 때 누구의 주장이 타당성이 있으며, 그 이유는 무엇인가? 또한 위와 같이 합의서를 작성할 경우에 어떠한 문구를 삽입하거나 수정하는 것이 각각 갑과 을에게 유리할 것인가? 혹은 중립적인 입장에서 분쟁을 예방하기 위해서는 어떻게 합의서를 작성해야 하는가? 각자 작성해서 친구랑 비교해 보라.

제2장 약관의 통제

제1절 개관

1. 약관규제법에 대한 일반적인 이야기

현대인에게 있어서 법률관계의 형성은 약관에 의한 계약이라는 형태를 벗어날 수가 없다. 선남선녀가 예식장에서 결혼을 해서 신혼여행을 떠나고, 출산을 위해 병원에 입원을 하고, 은행에 예금통장을 만들고, 자동차를 구입하고, 한푼 두푼 모아 건설회사와 분양계약을 체결하고, 부족한 돈을 메우기 위해 은행에서 대출을 일으키고, 살던 집에서 분양을 받은 새집으로 이사를 하고, 아이가 커서 학원을 보내고, 인터넷 쇼핑몰에서 상품을 주문하고, 영화를 보고, 콘도로 놀러가고, 신용카드를 발급받고, 골프장이나 세탁소를 이용하고, 유선방송을 이용하고, 정수기를 렌털하고 등등 이 모든 것들이 약관과 관련이 있다. 약관이라는 것은 거창하게 약관이네 계약이네 하는 것에서부터 식당이나 찜질방에서 한번 쯤 보았을 법한 귀중품 분실에 대해 책임을 지지 않는다는 면책문구만을 기재해 놓은 것도 약관이다. 이처럼 현대인의 생활과 아주 가까운 곳에 약관이 있다.

계약자유의 원칙이 적용되는 계약법에서는 각자 자기의 이익을 추구하는 당사자들끼리 개별적인 협상을 통하여 얻어지는 결과야 말로 법이 추구하는 정의의 이념에 가장 적합하리라는 기대 아래 일체의 법률관계의 형성을 당사자 간의 계약에 맡김을 원칙으로 하고 있다. 그런데 약관에 의한 계약에 있어서는 적어도 경제적·사회적 관점에서 보는 한 당사자들은 평등하지도 자유롭지도 아니할 뿐더러 당사자 간의 자유로운 흥정·협상이라는 것은 근원적으로 배제되어 있어서 정의 합치에의 기대는 하나의 허상에 불과한 것으로 나타난다. 이리하여 약관은 경제적 강자가 경제적 약자를 상대로 한 거래에서 자신의 이익을 극대화하기 위한 도구로 추락하고 마는 문제점을 노정하였으며, 여기에 약관법이라는 특별법리가 논의되게 된 바탕이 있다.[35)]

약관규제법[36)]은 그 목적이 계약내용에 있어서 경제적 약자인 고객의 힘으로는 되찾기 어려운 고객의 진정한 의사 즉, 경제력이 대등하였다면 고객이 의도하였을 진정한 계약내용을 국가가 회복하여 줌으로써 고객을 보호하여 계약의 공정을 기하고자 하는데 있다. 특히 이 법은 민법의 이익형평의 원칙을 구체화한 것으로 민법이 임의법규로 규정한 것을 강행법규로 하였다는

---

35) 금융거래법 p.145. 사법연수원(2010)

36) 약관규제법 前文에 천명된 시장의 공정경쟁을 위한 불공정한 경제 질서의 시정과 소비자 보호는 각각 독립적인 목표가 아니라 하나의 과제를 두 측면에서 바라본 바를 표현한 의미상의 동의어라고 볼 수 있다. 왜냐하면 불공정한 경제 질서의 시정을 통해 궁극적으로 목표하고 있는 것은 시장의 공정경쟁인 바, 이러한 공정경쟁 질서를 규제하는 기본법은 독점규제 및 불공정경쟁방지법이라고 볼 수 있다. 그럼에도 약관거래를 중심으로 한 소비자 계약을 사후적·사법적(司法的)으로 구제하기 위한 수단으로 확보하기 위한 수단들 중의 하나가 바로 소비자 보호시책이라고 볼 수 있기 때문이다. 따라서 약관규제법은 소비자 보호를 위해서 특화된 소비자 보호 법률이라고 할 수 있다. 김대규, 「약관편입통제 조항의 기능성 연구」, 비교사법 제11권 1호, p.252.

점이 특징이다.

약관규제법은 모두 6개의 장, 32개조로 구성되어 있다. 약관규제법은 경제계에서 기업과 개인, 기업과 기업들 사이에 사용되는 약관이나 정부가 사적 경제주체로서 사용하는 약관에 관해 규율하는 법으로, 국민경제적인 관점에서 건전한 거래질서를 확립하기 위하여 국가가 당사자 간의 법률관계에 대하여 규제를 가하고 있는 것이므로 경제법적 성격도 가진다. 사업자가 불공정 약관을 사용하는 경우에 시정조치를 할 수 있다(법 제17조의 2). 또한 이 시정조치를 어긴 경우에는 벌칙(법 제32조)이 부여된다.[37)]

2. 약관이란

가. 정의

약관법에 따라 약관을 정의하면 '그 명칭이나 형태 또는 범위에 상관없이 계약의 한쪽 당사자가 여러 명의 상대방과 계약을 체결하기 위하여 일정한 형식으로 미리 마련한 계약의 내용'을 말하고 그 목적으로는 '기업이 특정한 종류의 계약을 대량으로 반복하여 체결할 것에 대비하여 계약의 내용으로 될 사항을 미리 정형적으로 정하여 둔 것'이라 할 수 있다. 약관법은 그 적용대상으로서의 약관의 정의를 분명히 하고 있다. 이 규정의 요건에 해당하는 것만이 약관이며, 이에 해당하지 않는 것은 비록

37) 윤용석・이병준・가정준, 『약관심사제도 발전방향 연구』 p.15. 공정거래위원회(2007. 9.)

약관과 비슷한 작용을 하고 있더라도 약관이 아니다.[38)]

나. 약관법상 약관으로 인정되기 위한 요건

1) 약관은 계약일방 당사자가 일정한 형식에 의해 미리 마련한 것이다

따라서 쌍방 당사자가 합의하여 작성한 것이라면, 비록 그것이 약관이라는 명칭을 사용하거나 인쇄된 것이어서 약관과 유사한 형태를 가진다 하더라도 일반 계약일 뿐 약관은 아니다.

2) 계약의 내용이 되는 것이어야 한다

당사자 간 합의에 근거하여 계약내용으로 되는 것이므로, 거래의 조건을 정하는 것이라도 그것이 법규로서 규정된 것이라면 약관은 아니다. 약관조항 중 법규의 내용을 그대로 옮겨 적은 것도 법규이지 약관은 아니다.

3) 약관은 계약의 일반당사자가 다수의 상대방과 계약을 체결하기 위하여 작성한 것이어야 한다

얼마만큼이 다수인가는 획일적으로 결정할 수 없고 거래의 성질에 따라 결정되어야 할 것이다. 하나 또는 소수와의 특정 계약을 위하여 작성된 것은 일반당사자에 의하여 마련된 것이

---

38) 손지열, 『민법주해[XII]』 pp.300-302. 재구성, 박영사(2001)

라도 약관으로 되지 않는다.

4) 약관이기 위해서는 그 명칭 또는 그 범위를 불문한다

약관인가 아닌가는 명칭이나 외관에 의하여 결정되는 것이 아니고, 그 거래조건의 실질에 의하여 결정된다. 형태를 불문하므로 부동문자로 인쇄되는 것이 보통이나 손으로 쓴 것이라도 약관이 될 수 있다. 입장권이나 승차권 등의 이면에 기재되거나 영업소에 게시되는 약관조항도 있을 수 있고 계약 중 특별사항 특히 면책문구[39]만을 규정하는 약관도 있다.

다. 약관의 해석원칙

1) 개별약정 우선의 원칙

약관 또는 약정서에서 정하고 있는 사항에 관하여 고객과 다르게 합의한 사항이 있을 때에는 합의내용이 약관에 우선하여 적용된다는 것을 말한다.

2) 통일적 · 객관적 해석의 원칙

약관은 모든 고객에게 똑같이 해석되어야 하며, 당사자의 주관적인 의사나 이해능력에 관계없이 약관의 문언에 따라 거래관행 등을 기준으로 객관적으로 해석되어야 한다는 것을 말한다.

---

39) 맡기지 않은 귀중품 분실에 대한 책임은 부담하지 않습니다 등.

3) 작성자 불리의 원칙

약관의 뜻이 불분명하여 그 해석상 의문이 있는 경우에는 작성자에게 불리하도록 해석하여 그 불명확함으로 인한 불이익은 약관작성자가 부담하여야 한다는 것을 말한다.

4) 제한해석의 원칙

약관의 내용이 약관작성자의 책임을 면제·경감하거나 고객의 권리행사를 제한하는 조항은 좁게 해석해야 한다는 것을 말한다.

5) 의외조항 배제의 원칙

거래의 외관과 형태에 비추어 약관의 내용이 심히 이례적인 것이어서 계약의 상대방이 이를 고려할 필요가 없는 약관의 조항은 계약의 내용이 되지 않는다는 것을 말한다.

6) 신의성실의 원칙

계약 당사자 간의 이익이 형평을 유지할 수 있도록 공정하게 해석되어야 한다는 것을 말한다.

3. 약관과 개별약정

계약당사자 사이에 개별적으로 흥정된 사항은 약관으로 되지 않는다. 약관에 포함된 사항이라도 계약체결에 즈음하여 당사자 사이에서 그 사항에 대한 구체적 합의가 성립했다면, 그 사항은 더 이상 약관이 아니며 이른바 개별약정 또는 개별적 합의로 된다.

계약의 일방 당사자가 다수의 상대방과 계약을 체결하기 위해서 일정한 형식에 의하여 미리 계약서를 마련하여 두었다가 어느 한 상대방에게 이를 제시하여 계약을 체결하는 경우에도 그 상대방과 특정 조항에 관하여 개별적인 교섭(또는 흥정)을 거침으로써 상대방이 자신의 이익을 조정할 기회를 가졌다면, 그 특정 조항은 약관의 규제에 관한 법률의 규율대상이 아닌 개별약정이 된다고 보아야 하고, 이때 개별적인 교섭이 있었다고 하기 위해서는 비록 그 교섭의 결과가 반드시 특정 조항의 내용을 변경하는 형태로 나타나야 하는 것은 아니라 하더라도, 적어도 계약의 상대방이 그 특정 조항을 미리 마련한 당사자와 거의 대등한 지위에서 당해 특정 조항에 대하여 충분한 검토와 고려를 한 뒤 영향력을 행사함으로써 그 내용을 변경할 가능성은 있어야 한다.[40]

40) 대법원 2008. 7. 10. 선고 2008다16950 판결.

제2절 약관의 불공정성 통제

1. 약관규제법의 구조

약관은 언제든지 불공정할 수 있고 이 불공정한 약관은 언제든지 작성자의 목적을 위해 사용될 수 있다. 특히 사업자는 자신에게 유리한 조항을 약관에 삽입하고 이를 사용하고자 하는 유혹에 빠지기 쉽다. 이에 약관규제법에서는 약관조항의 내용이 고객에게 부당한 불이익을 주고 있는가를 심사하여 그 조항의 효력 유무를 결정한다. 즉 거래당사자 사이의 계약의 내용을 무효로 하는 약관규제법의 강행법규의 성격이 드러나는 부분으로 약관의 불공정성 통제는 약관규제법의 핵심이 되는 중요한 부분이다.

〈약관규제법상 통제구조〉41)

<table>
<tr><td rowspan="7">약관의 통제</td><td rowspan="5">간접적 통제</td><td rowspan="2">편입통제</td><td colspan="2">약관의 명시 · 설명의무(제3조)</td><td rowspan="7">구체적 내용 통제 (법원)</td></tr>
<tr><td colspan="2">개별약정 우선원칙(제4조)</td></tr>
<tr><td rowspan="3">해석통제</td><td colspan="2">공정해석원칙(제5조 제1항 전단)</td></tr>
<tr><td colspan="2">객관적 해석의 원칙 (제5조 제1항 후단)</td></tr>
<tr><td colspan="2">불명확성의 원칙(제5조 제2항)</td></tr>
<tr><td rowspan="2">직접적 통제</td><td rowspan="2">불공정성 통제</td><td>일반원칙(제6조)</td><td rowspan="2">추상적 내용통제 (공정거래위원회)</td></tr>
<tr><td>개별금지조항 (제7조-제14조)</td></tr>
</table>

41) 황진자, 「약관규제법 정비방안 연구」 p.14. 한국소비자원(2009. 12)

2. 일반규제와 개별금지규정

불공정 약관조항의 사법상의 효과를 부인하는 입법 방식에는 일반조항에 의하여 무효로 하는 방식과 무효조항을 개별적, 구체적으로 열거하는 방식의 두 가지가 있을 수 있는데, 우리 약관규제법은 두 가지 모두 사용하고 있다.

약관규제법 제6조 일반규정과 제7조에서 제14조까지 개별금지규정의 관계는, 일반규정의 의하여 무효로 되는 중요한 사항에 대하여 구체적으로 예시하여 열거한 것으로 볼 수 있다. 따라서 약관심사에 있어서는 제6조는 제7조 내지 제14조에 대하여 보충적으로 적용되므로 먼저 개별금지규정을 적용하여 그 효력을 판단하여야 한다. 약관규제법 제7조 제1호, 제9조 제1호, 제13조 등 3개 항목은 절대적 무효조항이며, 나머지 조항은 '상당한 이유 없이', '부당하게'라는 표현 등을 사용함으로써 상대적 무효조항임을 나타내고 있다.

3. 약관규제법상 불공정 약관조항

가. 일반원칙(제6조)

약관규제법 제6조 제1항은 신의성실의 원칙에 반하는 공정을 잃은 약관조항은 무효라고 규정함으로써 약관의 내용통제를 위한 일반원칙을 규정한다. 제6조 제1항의 기준은 추상적이기 때문에 판단이 용이하지 않아 이를 구체화할 필요가 있어서, 제2항에서 3가지를 예시하여 불공정한 것으로 추정하고 있다. 고객에게 부당하게 불리한 조항(제1호), 고객이 계약의 거래형태 등 관련된 모든 사정에 비추어 예상하기 어려운 조항(제2호), 계약의 목적을 달성할 수 없을 정도로 계약에 따르는 본질적 권리를 제한하는 조항(제3호)은 공정을 잃은 것으로 추정한다.

나. 면책조항의 금지(제7조)

약관규제법 제7조는 계약당사자의 책임에 관하여 정하고 있는 약관 중, 사업자, 이행 보조자 또는 피고용자의 고의 또는 중대한 과실로 인한 법률상의 책임을 배제하는 조항(제1호), 상당한 이유 없이 사업자의 손해배상 범위를 제한하거나 사업자가 부담하여야 할 위험을 고객에게 떠넘기는 조항(2호), 상당한 이유 없이 사업자의 담보책임을 배제 또는 제한하거나 그 담보책임에 따르는 고객의 권리행사의 요건을 가중하는 조항(제3호), 상당한 이유 없이 계약목적물에 관하여 견본이 제시되거나 품질·성능 등에 관한 표시가 있는 경우 그 보장된 내용에 대한 책임을 배제 또는 제한하는 조항(제4호)의 어느 하나에 해당하는 내용을 정하고 있는 조항은 무효로 한다.

다. 손해배상액의 예정(제8조)

약관규제법 제8조는 고객에게 부당하게 과중한 지연 손해금 등의 손해배상 의무를 부담시키는 약관 조항은 무효로 한다. 이 조항은 부당한 손해배상액의 예정에 관한 규정이다.

임차인의 월차임 연체에 대하여 월 5%(연 60%)의 연체료를 부담시킨 계약조항 및 임차인의 월차임 연체 등을 이유로 계약을 해지한 경우 임차인에게 임대차보증금의 10%를 위약금으로 지급하도록 한 계약조항이, 임차인에게 부당하게 불리한 조항으로서 공정을 잃은 것으로 추정되어 신의성실의 원칙에 반하거나 부당하게 과중한 지연손해금 등의 손해배상의무를 부담시키는 약관조항으로서 약관의 규제에 관한 법률 제6조, 제8조에 의하여 무효라고 볼 수 있다.[42)]

라. 계약의 해제·해지(제9조)

계약의 해제·해지에 관하여 정하고 있는 약관의 내용 중, 법률에 따른 고객의 해제권 또는 해지권을 배제하거나 그 행사를 제한하는 조항(제1호), 사업자에게 법률에서 규정하고 있지 아니하는 해제권 또는 해지권을 부여하여 고객에게 부당하게 불이익을 줄 우려가 있는 조항(제2호), 법률에 따른 사업자의 해제권 또는 해지권의 행사 요건을 완화하여 고객에게 부당하게 불이익을 줄 우려가 있는 조항(제3호), 계약의 해제 또는 해지로 인한 원상회복의무를 상당한 이유 없이 고객에게 과중하게 부담시키거나 고객의 원상회복 청구권을 부당하게 포기하도록 하는 조항(제4호), 계약의 해제 또는 해지로 인한 사업자의 원상회복의무나 손해배상의무를 부당하게 경감하는 조항(제5호), 계속적인 채권관계의 발생을 목적으로 하는 계약에서 그 존속기간을 부당하게 단기 또는 장기로 하거나 묵시적인 기간의 연장 또는 갱신이 가능하도록 정하여 고객에게 부당하게 불

---

42) 대법원 2009. 8. 20. 선고 2009다20475,20482 판결.

이익을 줄 우려가 있는 조항(제6항)의 어느 하나에 해당되는 내용을 정하고 있는 조항은 무효로 한다.

마. 채무의 이행(제10조)

채무의 이행에 관하여 정하고 있는 약관의 내용 중, 상당한 이유 없이 급부의 내용을 사업자가 일방적으로 결정하거나 변경할 수 있도록 권한을 부여하는 조항(제1호), 상당한 이유 없이 사업자가 이행하여야 할 급부를 일방적으로 중지할 수 있게 하거나 제3자에게 대행할 수 있게 하는 조항(제2호)의 어느 하나에 해당하는 내용을 정하고 있는 조항은 무효로 한다.

바. 고객의 권익보호(제11조)

고객의 권익에 관하여 정하고 있는 약관의 내용 중, 법률에 따른 고객의 항변권, 상계권 등의 권리를 상당한 이유 없이 배제하거나 제한하는 조항(제1호), 고객에게 주어진 기한의 이익을 상당한 이유 없이 박탈하는 조항(제2호), 고객이 제3자와 계약을 체결하는 것을 부당하게 제한하는 조항(제3호), 사업자가 업무상 알게 된 고객의 비밀을 정당한 이유 없이 누설하는 것을 허용하는 조항(제4호)의 어느 하나에 해당하는 내용을 정하고 있는 조항은 무효로 한다.

사. 의사표시의 의제(제12조)

의사표시에 관하여 정하고 있는 약관의 내용 중, 일정한 작위 또는 부작위가 있을 때 고객의 의사표시가 표명되거나 표명되지 아니한 것으로 보는 조항(제1호)[43], 고객의 의사표시의 형식이나 요건에 대하여 부당하게 엄격한 제한을 두는 조항(제2호), 고객의 이익에 중대한 영향을 미치는 사업자의 의사표시가 상당한 이유 없이 고객에게 도달된 것으로 보는 조항(제3호),[44] 고객의 이익에 중대한 영향을 미치는 사업자의 의사표시 기한을 부당하게 길게 정하거나 불확정하게 정하는 조항(제4호)의 어느 하나에 해당하는 내용을 정하고 있는 조항은 무효로 한다.

아. 대리인의 책임가중(제13조)

고객의 대리인에 의하여 계약이 체결된 경우 고객이 그 의무를 이행하지 아니하는 경우에는 대리인에게 그 의무의 전부 또는 일부를 이행할 책임을 지우는 내용의 약관 조항은 무효로 한다.

---

43) 다만, 고객에게 상당한 기한 내에 의사표시를 하지 아니하면 의사표시가 표명되거나 표명되지 아니한 것으로 본다는 뜻을 명확하게 따로 고지한 경우이거나 부득이한 사유로 그러한 고지를 할 수 없는 경우에는 그러하지 아니하다.

44) 대법원 2007. 9. 21. 선고 2006다26021 판결, 은행이 채무자의 변경된 주소 등 소재를 알았거나 혹은 보통일반인의 주의만 하였더라면 그 변경된 주소 등 소재를 알 수 있었음에도 불구하고 이를 게을리 한 과실이 있어 알지 못한 경우에도 이 사건 약관 제16조 제2항을 문언 그대로 해석·적용한다면 이는 고객의 이익에 중대한 영향을 미치는 사업자의 의사표시가 상당한 이유 없이 고객에게 도달된 것으로 보는 것이 되므로 위 법률의 규정에 따라 무효라 할 것이고, 따라서 위 약관조항은 위와 같은 무효의 경우를 제외하고 은행이 과실 없이 채무자의 변경된 주소 등 소재를 알지 못하는 경우에 한하여 적용되는 것이라고 해석하여야 한다(대법원 2000. 10. 10. 선고 99다35379 판결).

자. 소송제기의 금지 등(제14조)

소송 제기 등과 관련된 약관의 내용 중, 고객에게 부당하게 불리한 소송제기 금지조항 또는 재판관할의 합의조항(제1호), 상당한 이유 없이 고객에게 입증책임을 부담시키는 약관 조항(제2호)의 어느 하나에 해당하는 조항은 무효로 한다.

제3절 불공정 약관의 제재

1. 불공정 약관의 효력

약관규제법 제6조 내지 제14조의 내용통제에 해당하는 약관 조항은 처음부터 당연 무효이다. 따라서 법원의 무효판결이나 공정위의 무효심결은 당해 약관조항이 처음부터 무효라는 것을 공적으로 확인하는 의미를 가지게 된다. 약관조항이 무효로 되면, 그 부분에 대하여는 민법상의 일반 법원리가 적용되어 사실인 관습이나 임의규정, 조리 등에 의하여 보충되게 된다.

2. 적용의 제한

약관규제법 제15조는 국제적으로 통용되는 약관 기타 특별한 사정이 있는 약관으로서 대통령령이 정하는 경우에는 제7조 내지 제14조의 적용을 조항별, 업종별로 제한할 수 있도록 규정하며, 같은 법 시행령 제3조는 국제적으로 통용되는 운송업, 국제적으로 통용되는 금융업 및 보험업, 무역보험법에 의한 무역보험 등의 업종의 약관에 대하여는 약관규제법 제7조 내지 제14조를 적용하지 않는다고 규정한다. 이러한 경우에는 국내법에 의하여 어떤 약관조항을 무효로 하더라도 외국의 거래상대방에게는 유효한 경우가 있어 국제거래관계를 크게 저해할 우려가 있기 때문이다. 그러나 제6조까지 제한되는 것은 아니다.

3. 일부무효의 특칙

약관의 전부 또는 일부의 조항이 제3조 제4항에 따라 계약의 내용이 되지 못하는 경우나 제6조부터 제14조까지의 규정에 따라 무효인 경우 계약은 나머지 부분만으로 유효하게 존속한다. 다만, 유효한 부분만으로는 계약의 목적 달성이 불가능하거나 그 유효한 부분이 한쪽 당사자에게 부당하게 불리한 경우에는 그 계약은 무효로 한다.

민법 제137조의 일부무효의 법리를 약관에 그대로 적용하는 경우 원칙적으로 약관은 그 약관을 사용한 계약 전체가 무효로 되는데, 이것은 대량거래를 전제로 하는 약관거래의 특성에도 맞지 않을 뿐만 아니라 계약체결을 희망하고 있는 고객의 의도와도 맞지 않는다. 따라서 고객보호를 위하여 민법의 일반원칙과 달리한 규정이며, 다면 계약전부의 무효를 주장하는 자가 그 입증책임을 지게 된다.

제4절 불공정 약관의 사용금지 및 시정조치

1. 불공정 약관조항의 사용금지(제17조)

사업자는 제6조부터 제14조까지의 규정에 해당하는 불공정한 약관조항을 계약의 내용으로 하여서는 아니 된다.

2. 시정조치

가. 시정조치의 종류

공정거래위원회는 불공정한 약관을 사용하는 사업자 등에 대하여 그 약관조항의 삭제, 수정 등 시정에 필요한 조치를 취할 수 있다. 그러한 조치의 종류는 다음과 같다.

1) 시정권고(제17조의 2 제1항)

공정거래위원회는 사업자가 제17조를 위반한 경우에는 사업자에게 해당 불공정약관조항의 삭제·수정 등 시정에 필요한 조치를 권고할 수 있다.

2) 시정명령(제17조의 2 제2항)

사업자가 제17조의 2 제2항에 열거된 경우에는 그 사업자에 대하여 당해 약관의 삭제, 수정 등을 시정명령을 할 수 있고 이러한 시정명령은 강제력을 갖는다.

시정명령을 할 수 있는 경우는 ① 사업자가 「독점규제 및 공정거래에 관한 법률」 제2조 제7호의 시장지배적 사업자인 경우, ② 사업자가 자기의 거래상의 지위를 부당하게 이용하여 계약을 체결하는 경우, ③ 일반 공중에게 물품·용역을 공급하는 계약으로 계약체결의 긴급성·신속성으로 인하여 고객이 계약을 체결할 때에 약관조항의 내용을 변경하기 곤란한 경우, ④ 사업자의 계약 당사자로서의 지위가 현저하게 우월하거나 고객이 다른 사업자를 선택할 범위가 제한되어 있어 약관을 계약의 내용으로 하는 것이 사실상 강제되는 경우, ⑤ 계약의 성질상 또는 목적상 계약의 취소·해제 또는 해지가 불가능하거나 계약을 취소·해제 또는 해지하면 고객에게 현저한 재산상의 손해가 발생하는 경우, ⑥ 사업자가 시정권고를 정당한 사유 없이 따르지 아니하여 여러 고객에게 피해가 발생하거나 발생할 우려가 현저한 경우 등이다.

공정거래위원회는 제1항 및 제2항에 따른 시정권고 또는 시정명령을 할 때 필요하면 해당 사업자와 같은 종류의 사업을 하는 다른 사업자에게 같은 내용의 불공정약관조항을 사용하지 말 것을 권고할 수 있다(제17조의 2 제3항).

3) 관청 인가 약관 등(제18조)

공정거래위원회는 행정관청이 작성한 약관이나 다른 법률에 따라 행정관청의 인가를 받은 약관이 제6조부터 제14조까지의 규정에 해당된다고 인정할 때에는 해당 행정관청에 그 사실을 통보하고 이를 시정하기 위하여 필요한 조치를 하도록 요청할 수 있다(제1항).

공정거래위원회는 「은행법」에 따른 은행의 약관이 제6조부터 제14조까지의 규정에 해당된다고 인정할 때에는 「금융위원회의 설치 등에 관한 법률」에 따라 설립된 금융감독원에 그 사실을 통보하고 이를 시정하기 위하여 필요한 조치를 권고할 수 있다(제2항).

제1항에 따라 행정관청에 시정을 요청한 경우 공정거래위원회는 제17조의 2 제1항 및 제2항에 따른 시정권고 또는 시정명령은 하지 아니한다(제3항).

나. 시정명령의 효력

제17조의 2 제2항에 따른 명령을 이행하지 아니한 자는 2년 이하의 징역 또는 1억 원 이하의 벌금에 처한다(제32조).

3. 공정거래위원회의 약관심사와 법원의 약관심사

공정위의 약관심사는 구체적인 계약관계를 전제하지 않고, 오로지 약관조항 자체의 불공정성을 심사하여 그 효력 유무를 결정한 후 필요한 경우 특정 약관조항의 삭제 및 수정 등 필요한 조치를 취한다.

이에 비해 법원은 구체적인 계약관계에 있어서 당사자의 권리·의무관계를 확정하기 위한 선결문제로서 약관조항의 효력 유무를 심사하며, 그 효과도 개별 사건을 제기한 사람에게만 사후적으로 미친다.

'법원이 약관의 규제에 관한 법률에 근거하여 사업자가 미리 마련한 약관에 대하여 행하는 구체적 내용통제는 개별 계약관계에서 당사자의 권리·의무를 확정하기 위한 선결문제로서 약관조항의 효력 유무를 심사하는 것이므로, 법원은 약관에 대한 단계적 통제과정, 즉 약관이 사업자와 고객 사이에 체결한 계약에 편입되었는지의 여부를 심사하는 편입통제와 편입된 약관의 객관적 의미를 확정하는 해석통제 및 이러한 약관의 내용이 고객에게 부당하게 불이익을 주는 불공정한 것인지를 살펴보는 불공정성통제의 과정에서, 개별사안에 따른 당사자들의 구체적인 사정을 고려해야 한다'는 판결이 있다.[45]

제5절 심결절차 및 불복절차

이 법에 따른 공정거래위원회의 심의·의결에 관하여는 「독점규제 및 공정거래에 관한 법률」 제42조, 제43조, 제43조의 2, 제44조 및 제45조를 준용한다. 이 법에 따른 공정거래위원회의 처분에 대한 이의신청, 소송 제기 및 불복 소송의 전속관할에 대하여는 「독점규제 및 공정거래에 관한 법률」 제53조, 제53조의 2, 제53조의 3, 제54조, 제55조 및 제55조의 2를 준용한다(제30조의 2).

45) 대법원 2008. 12. 16. 자 2007마1328 결정.

제3장 하도급거래공정화에 관한 법률

제1절 용어의 정의

1. 원사업자

가. 중소기업자(「중소기업기본법」 제2조 제1항 또는 제3항에 따른 자를 말하며, 「중소기업협동조합법」에 따른 중소기업협동조합을 포함한다)가 아닌 사업자로서 중소기업자에게 제조 등의 위탁을 한 자

나. 중소기업자 중 직전 사업연도의 연간매출액(관계 법률에 따라 시공능력평가액을 적용받는 거래의 경우에는 해당 연도의 시공능력평가액의 합계액을 말하고, 연간매출액이나 시공능력평가액이 없는 경우에는 자산총액을 말한다) 또는 상시고용 종업원 수가 제조 등의 위탁을 받은 다른 중소기업자의 연간매출액 또는 상시고용 종업원 수보다 많은 중소기업자로서 그 다른 중소기업자에게 제조 등의 위탁을 한 자. 다만, 대통령령으로 정하는 연간매출액에 해당하는 중소기업자는 제외한다.

2. 수급사업자

원사업자로부터 제조 등의 위탁을 받은 중소기업자를 말한다.

3. 적용대상 유형

가. 제조 위탁

물품의 제조·판매·수리, 건설에 해당하는 행위를 업으로 하는 사업자가 물품의 제조를 다른 사업자에게 위탁하는 것을 말한다.

나. 수리 위탁

물품의 수리를 주문에 의하여 행하는 것을 업으로 하거나 자기가 사용하는 물품에 대한 수리를 업으로 하는 경우에 그 수리 행위의 전부 또는 일부를 다른 사업자에게 위탁하는 것을 말한다.

다. 건설 위탁

일정 요건[46]의 건설업자가 그 업에 따른 건설공사의 전부 또는 일부를 다른 건설업자에게 위탁하는 것을 말한다.

---

46) 건설산업기본법 2조 5호 규정에 의한 건설업자, 전기공사업법 2조 3호 규정에 의한 공사업자, 정보통신공사업법 2조 4호에 의한 정보통신공사업자, 소방법 52조 ①항에 의한 소방시설공사업의 등록을 받은 자, 기타 대통령령이 정하는 사업자.

라. 용역 위탁

지식·정보성과물의 작성 또는 역무의 공급(용역)을 업으로 하는 사업자가 그 업에 따른 용역수행행위의 전부 또는 일부를 다른 용역업자에게 위탁하는 것을 말한다.

제2절 하도급법의 체계[47)]

<table>
<tr><td>법 목적 및
적용대상</td><td colspan="3">ㅇ목적 : 공정한 하도급거래질서 확립
ㅇ적용업종 : 제조, 수리, 건설, 엔지니어링활동, 소프트웨어사업, 건축 설계
ㅇ적용대상 : 대기업과 중소기업 간 거래 및 중소기업과 중소기업 간 거래
ㅇ적용기간 : 거래종료일로부터 3년 이내</td></tr>
<tr><td>하도급
거래의
규제내용</td><td>원사업자의
의무사항</td><td>ㅇ서면교부, 서류보존의무
ㅇ선급금 지급의무
ㅇ내국신용장 개설의무
ㅇ검사 및 검사결과 통지 의무</td><td>ㅇ하도급대금 지급의무
ㅇ하도급대금지급보증의무
ㅇ관세 등 환급액 지급 의무
ㅇ설계변경에 따른 하도급대금 조정의무</td></tr>
<tr><td rowspan="2">하도급
거래의
규제내용</td><td>원사업자의
금지사항</td><td>ㅇ부당한 하도급대금 결정 금지
ㅇ물품 등의 구매강제 금지
ㅇ부당한 발주취소 및 수령거부 금지
ㅇ부당반품 금지
ㅇ하도급대금 부당감액 금지</td><td>ㅇ물품구매대금 등의 부당결제청구 금지
ㅇ부당한 대물변제행위 금지
ㅇ부당한 경영간섭 금지
ㅇ보복조치 금지
ㅇ탈법행위 금지</td></tr>
<tr><td>발주자의
의무사항</td><td colspan="2">ㅇ하도급대금의 직접지급의무</td></tr>
</table>

47) 「하도급거래공정화에 관한 제도」 p.7. 공정거래위원회(2004)

	수급사업자의 의무 · 준수사항	ㅇ서류보존의무 ㅇ신의칙 준수 ㅇ원사업자의 위법행위 협조거부
	행정적 제재	ㅇ시정조치(시정명령, 시정권고 등) ㅇ공표명령 ㅇ과징금부과 ㅇ상습 법위반자 조치(입찰제한, 영업정지 요청) ㅇ과태료 부과
법위반에 대한 주요 제재내용	사법적 제재 (공정위의 전속고발)	〈하도급대금 2배 상당금액 이하의 벌금〉 ㅇ원사업자의 의무사항 및 금지사항 위반행위 〈1억 5천만 원 이하의 벌금〉 ㅇ공정위의 시정명령에 따르지 아니한 자 ㅇ보복조치, 탈법행위금지 위반자 ※ 양벌규정 : 행위자 및 법인 처벌

제3절 표준계약서 · 표준약관

1. 도입취지

대량거래가 이루어지는 현대사회에서 사업자와 고객이 개별적으로 계약조건을 협의하여 계약을 체결한다는 것은 사실상 불가능하다. 이에 번거로운 개별교섭을 피하고 신속·확실하게 거래를 하기 위하여 이용하게 되는 것이 보통거래약관이다.

약관을 통한 거래에서 사업자는 거래상의 지위를 이용하여 자기에게 유리한 약관을 작성해 둘 가능성이 크다. 즉, 고객은 계약내용을 자기의 의사에 의하여 결정할 자유(계약내용 형성의 자유)를 갖지 못하고 시장지배적 사업자나 생필품인 경우에는 계약내용을 결정할 자유뿐만 아니라 계약을 체결할지 여부에 대한 자유(계약체결의 자유)도 가질 수 없게 됨에도 사업자는 계약자유의 이름으로 당사자 간 법률관계를 약관을 통하여 해결하려고 한다. 따라서 고객의 입장에서는 자기가 결정하지 아니한 계약조건에 따라 법률관계가 형성되므로 불이익을 받을 우려가 있다.

약관규제법은 사업자가 그 거래상의 지위를 남용하여 불공정한 내용의 약관을 작성·통용하는 것을 방지하고 불공정한 내용의 약관을 규제하여 건전한 거래질서를 확립함으로써 소비자를 보호하고 국민생활의 균형 있는 향상을 도모하기 위한 법이다. 약관법은 계약내용에서 경제적 약자인 고객의 힘으로는 되찾기 어려운 고객의 진정한 의사 즉, 경제력이 대등하였다면 고객이 의도하였을 진정한 계약내용을 국가가 회복하여 줌으로써 고객을 보호하고 약관거래의 공정성을 확립하기 위하여 불공정약관을 규제하는 것이고, 이는 사적 자치라는 미명하에 용인되어 왔던 계약자유의 원칙을 본래의 위치로 회복시키는 실질적 형평이념의 구현이라고 할 수 있다.

불공정한 내용의 약관을 심사·통제하기 위하여 공정위(약관심사과)는 1992년부터 그 역할을 담당해 오고 있다. 공정위의 약관심사는 약관 자체의 무효 여부를 심사하는 추상적 심사이며, 업무를 크게 '개별약관사건의 심사·시정'과 '표준약관보급'으로 나누어 볼 수 있다.

전자는 약관조항과 관련하여 법률상 이익이 있는 자나 소비자기본법에 의하여 등록된 소비자단체 등이 심사 청구한 사건을 약관법에 위반되는지 여부를 심사하여 사후적·개별적으로 수정 또는 삭제하는 것이고, 후자는 사업자(단체)가 일정한 거래분야에서 표준이 되는 약관으로 작성한 것을 심사하여 승인·보급함으로써 불공정약관의 작성·통용을 사전에 예방하기 위한 것이다.

또한 다수의 국민생활과 밀접하거나 소비자피해가 빈번한 분야의 약관에 대해서는 적시에 대처하기 위하여 신고사건에 대한 조사 외에 별도의 직권조사를 실시하기도 한다.[48)]

2. 표준계약서 · 약관 제 · 개정 현황

약관규제법은 제정되면서부터 약관의 불공정성 통제를 중핵으로 하여 운용되어 왔다. 그런데 불공정한 약관을 규제하기 위해 동원되는 약관규제법상의 수단들은 대개가 개별적·사후적 통제 중심이었다. 따라서 불공정성이 문제된 약관에 대해 사후적인 시정조치를 부과할 수는 있지만 불공정 관행이 만연되는 거래분야에서 약관의 폐해를 근원적으로 차단하는 데는 한계가 있었다. 특히 시민생활과 밀접한 영역에서 동일 내용의 소비자피해가 반복적으로 발생함에 따라 새로운 해결방안의 모색이 필요하게 되었는데, 이런 모색과정에서 표준약관 제도의 법제화가 이루어졌다.[49)]

공정거래위원회에서는 계약당사자 간의 지위에 따른 불공정한 거래를 해소하고 건전한 거래질서를 확립하고 불공정한 내용의 계약이 통용되는 것을 방지하기 위하여 표준계약서를 미리 작성하고 홈페이지에서 안내하고 있다.[50)]

2010년 6월을 기준으로 공정거래위원회에서는 27개 거래분야에 65개의 표준약관을 마련하여 사용을 권장하고 있다. 그 표준약관의 내용은 아래와 같으며 그 내용은 홈페이지에서 다운로드 받아서 사용할 수 있다.

---

48) 『2009년 공정거래백서』 p.291. 노정옥 집필 부분에서.
49) 신영수, 「표준약관제도에 관한 경쟁법적 고찰」, 경쟁법연구 제7권 1호 p.57.
50) http://www.ftc.go.kr/info/bizinfo/stdContractList.jsp

〈표준계약서 · 약관 제 · 개정 현황〉51)

2010. 6. 7 기준

거래분야	표준약관명	등록번호	승인일
1. 아파트분양 및 주택임대차 (2)	ㅇ아파트 표준공급계약서	제10001호	1995. 12. 5 (1999. 11. 1 개정) (2002. 5. 30 개정)
	ㅇ임대주택 표준임대차 계약서	제10002호	1995. 12. 5
2. 병원이용 (2)	ㅇ수술(검사 · 마취동의서)	제10003호	1996. 1. 16
	ㅇ입원약정서	제10004호	1996. 1. 16
3. 은행여신거래(13)	ㅇ은행여신거래 기본약관 (기업용)	제10005호	1996. 10. 8 (2002. 8. 14 개정) (2008. 1. 9 개정)
	ㅇ은행여신거래 기본약관 (가계용)	제10006호	1996. 10. 8 (2002. 8. 14 개정) (2008. 1. 9 개정)
	ㅇ여신거래약정서 I (기업용)	제10007호	1996. 10. 8 (2002. 12. 5 개정) (2008. 1. 9 개정)
	ㅇ대출거래약정서 I (가계용)	제10008호	1996. 10. 8 (2002. 12. 5 개정) (2008. 1. 9 개정)
	ㅇ추가약정서(한도증액용)	제10009호	1996. 10. 8 (2002. 12. 5 개정)
	ㅇ여신거래약정서 II (기업용)	제10040호	2002. 12. 5 (2008. 1. 9 개정)
	ㅇ대출거래약정서 II (가계용)	제10041호	2002. 12. 5 (2008. 1. 9 개정)
	ㅇ지급보증거래약정서 (기업용)	제10042호	2002. 12. 5
	ㅇ지급보증거래약정서 (가계용)	제10043호	2002. 12. 5
	ㅇ저당권설정계약서	제10044호	2002. 12. 5 (2008. 1. 9 개정)
	ㅇ근저당권설정계약서	제10045호	2002. 12. 5 (2008. 1. 9 개정)
	ㅇ보증서	제10046호	2002. 12. 5
	ㅇ근보증서	제10047호	2002. 12. 5

51) 공정거래위원회

4. 상가분양	ㅇ상가분양계약서	제10010호	1996. 12. 24
5. 백화점임대차	ㅇ백화점 임대차계약서	제10011호	1997. 7. 22
6. 은행예금거래 (4)	ㅇ예금거래기본약관 ㅇ입출금이 자유로운 예금약관 ㅇ적립식 예금약관 ㅇ거치식 예금약관	제10012호 제10013호 제10014호 제10015호	1997. 8. 5 1998. 9. 2 1998. 9. 2 1998. 9. 2
7. 주차장이용	ㅇ주차장 관리규정	제10016호	1997. 10. 21
8. 휴양콘도미니엄 (3)	ㅇ휴양콘도미니엄 분양계약서 ㅇ휴양콘도미니엄 입회계약서 ㅇ휴양콘도미니엄 시설이용약관	제10017호 제10018호 제10019호	1998. 10. 30 1998. 10. 30 1998. 10. 30
9. 여행업 (2)	ㅇ국내여행 표준약관 ㅇ국외여행 표준약관	제10020호 제10021호	1999. 3. 26 (2003. 1. 29 개정) 1999. 3. 26 (2003. 1. 29 개정)
10. 상품권이용	ㅇ상품권 표준약관	제10022호	1999. 9. 21
11. 전자거래 (3)	ㅇ인터넷사이버몰이용 표준약관 ㅇ전자금융거래 표준약관 ㅇ전자보험거래 표준약관	제10023호 제10028호 제10054호	2000. 1. 28 2001. 10. 10 2003. 11. 21
12. 공연업	ㅇ영화관람 표준약관	제10024호	2001. 2. 2
13. 프랜차이즈	ㅇ프랜차이즈(외식업) 표준약관	제10025호	2001. 2. 2
14. 운수업	ㅇ택배 표준약관 ㅇ퀵서비스이용 표준약관	제10026호 제10058호	2001. 7. 11 (2007. 12. 28개정) 2007. 12. 28
15. 관혼상제 (4)	ㅇ결혼정보업 표준약관 ㅇ장례식장 표준약관 ㅇ예식장 표준약관 ㅇ상조서비스 표준약관 ㅇ국제결혼중개 표준약관	제10027호 제10029호 제10030호 제10056호 제10065호	2001. 10. 10 (2006. 12. 22개정) 2001. 12. 14 2001. 12. 14 2007. 12. 7 2010. 3. 5.

16. 교육서비스 (5)	ㅇ자동차운전학원 표준약관 ㅇ학원 표준약관 ㅇ유학수속대행 표준약관 ㅇ어학연수절차대행 표준약관 ㅇ학습지 표준약관	제10031호 제10032호 제10034호 제10055호 제10037호	2001. 12. 21 2001. 12. 21 2002. 8. 30 2007. 12. 7 2002. 9. 26
17. 문화, 체육, 오락 (4)	ㅇ골프장이용 표준약관 ㅇ체력단련장 표준약관 ㅇ종합유선방송 표준약관 ㅇ중계유선방송 표준약관	제10033호 제10048호 제10049호 제10050호	2002. 3. 26 2002. 12. 20 2002. 12. 20 2002. 12. 20
18. 이사서비스	ㅇ이사화물 표준약관	제10035호	2002. 9. 4
19. 대부거래	ㅇ대부(사채)거래 표준약관	제10036호	2002. 9. 26
20. 가전제품 및 영업용 제품 거래 (3)	ㅇ자동판매기매매 표준약관 ㅇ정수기임대차(렌탈) 표준약관 ㅇ무인경비 표준약관	제10038호 제10052호 제10053호	2002. 12. 5 (2006. 12. 22개정) 2003. 3. 21 2003. 8. 13
21. 세탁서비스	ㅇ세탁서비스 표준약관	제10039호	2002. 12. 5
22. 자동차	ㅇ자동차(신차)매매 표준약관	제10051호	2003. 2. 7 (2008. 12. 19개정)
23. 신용카드	ㅇ신용카드 개인회원 표준약관	제10057호	2008. 1. 9
24. 건설기계	ㅇ건설기계임대차 표준계약서	제10059호	2008. 4. 25
25. 발코니창호	ㅇ발코니창호공사 표준계약서	제10060호	2008. 12. 19
26. 대중문화예술	ㅇ대중문화예술인(가수중심) 표준전속계약서 ㅇ대중문화예술인(연기자중심) 표준전속계약서	제10062호 제10063호	2009. 7. 6 2009. 7. 6
27. 자동차대여	ㅇ자동차대여표준약관	제10064호	2009. 12. 28
27개 거래분야	65개 표준약관		

원사업자가 하도급법 위반사건의 직전 1개년도 하도급거래에 있어서 법 제3조의 2(표준하도급계약서의 작성 및 사용)의 규정

에 따라 공정거래위원회가 권장한 표준하도급계약서를 사용하고 있는 경우에는 하도급법 위반사건 조치 시 과거 3년간 벌점누계에서 2점을 감점 처리할 수 있다.[52)]

3. 하도급계약의 실제

아래의 내용은 우리나라를 대표하는 건설회사에서 하도급계약을 체결할 때 참고하는 실무지침서 중 일부이다.[53)]

1. 하도급 계약

1) 하도급 계약서 작성

① 반드시 하도급계약 체결(전자계약)후 착공 (여하한 경우에도 선 시공 금지)[54)]

② 하도급 승인공문 접수 후 현장에서 다시 견적서를 제출받아 보관하고, 당초 견적서는 파기

③ 계약금액은 본사 승인금액을 초과할 수 없음.

④ 계약체결일자는 착공일자와 같은 날로 하거나 이전일자로 함.

⑤ 계약서상의 준공일 이후에는 세금계산서 발행이 불가하므로 준공일자는 준공월의 말일로 함.

2) 표준하도급계약서 사용

① 법적으로 계약서 형식의 제한은 없으나, 당사는 공정거래위원회가 제정하여 사용을 권장하는 표준하도급계약서를 근간으로 일부 수정·보완하여 사용(전자계약)

---

52) 하도급거래공정화지침

53) 대부분 우리나라의 기업들은 내부문서가 외부로 유출되는 것에 상당히 민감하다. 일정 규모 이상의 회사들을 방문하면 보안을 이유로 접견실을 회사의 업무공간과 분리된 곳에 만들어 두고 있는 경우가 많다. 산업스파이 등의 문제도 있겠지만 유행을 타는 것 같기도 하고 보안 이외에 다른 이유도 있는 것 같다. 아무튼 실무지침서 감사드린다.

② 현장여건 및 공사의 특수성에 따라 차후 분쟁의 소지가 있는 사항에 대해서는 책임 한계를 명확히 하기 위해 별도의 현장설명조건이나 계약특수조건으로 명문화

③ 표준하도급계약서의 내용을 수정하거나 현장설명조건, 계약특수조건, 합의서, 각서 등을 작성할 때에는 그 내용이 하도급법상의 의무조항 및 금지조항이나,「독점 규제 및 공정거래에 관한 법률」제23조(불공정거래행위의 금지)의 '거래상의 우월적 지위를 이용하여 거래상대방에게 불이익을 주는 행위'에 해당되는 사항이 포함되지 않도록 유의하고, 본사에 요청하여 변경

3) 계약서 필수적 기재사항

① 위탁일과 수급사업자가 위탁받은 목적물의 내용

② 목적물을 원사업자에게 납품 또는 인도하는 시기 및 장소

③ 목적물의 검사방법 및 시기

④ 하도급대금(선급금, 기성금, 준공금)과 지급방법 및 지급기일

⑤ 원사업자가 원재료 등을 제공하고자 하는 경우에는 그 원재료 등의 품명, 수량, 제공일, 대가 및 대가의 지급방법과 지급기일

4) 하도급 계약 서류

① 건설공사 하도급계약서

② 현장설명조건(견적조건)

③ 공사비 내역서

④ 공사예정공정표

⑤ 계약이행보증서

⑥ 사업자등록증 사본

⑦ 건설업등록증 및 등록수첩 사본

⑧ 법인인감증명서 및 사용인감계

⑨ 국세 · 지방세 납세증명서

⑩ 현장대리인 선임계, 기술자격증 사본, 이력서

⑪ 사용자배상책임보험증서

---

54) 하도급법 위반의 소지가 있어서 계약체결 전 선시공을 금지하고 있는 것으로 생각된다.

⑫ 화재보험증서(모델하우스 공사인 경우만 해당)
⑬ 공사계획서
⑭ 안전관리규정 이행각서

5) 하도급계약 이행보증
① 계약이행보증 방법
하도급 계약체결 시 협력업체로 하여금 다음중 하나의 방법을 선택하여 계약이행 보증을 하도록 해야 함.
ㄱ. 현금 납부
ㄴ. 건설공제조합, 전문건설공제조합, 설비건설공제조합, 전기공사공제조합, 정보통신공제조합, 엔지니어링공제조합, 보증보험회사, 신용보증기금 또는 이와 동등한 보증기관이 발행하는 보증서
ㄷ. 국채 또는 지방채
ㄹ. 금융기관의 지급보증서 또는 예금증서
② 계약이행 보증기간 : 하도급 계약체결일로부터 공사준공 후 60일까지
③ 계약이행보증금율

구분			계약이행보증금율
계약금액 3천만 원 초과하는 공사	당사 등록업체	계약공기 2년 미만	계약금액의 10%
		계약공기 2년 이상	다음 중 택일 ① 계약금액의 10% ② 연대보증인 1인 입보 시 계약금액의 5%
	우수업체		계약금액의 5%
	당사 미등록업체		계약금액의 10%
계약금액 3천만 원 이하인 공사			면제

주) ㄱ. 계약금액은 VAT 포함 금액임.
ㄴ. 계약공기는 최초 하도급계약상의 공사기간을 기준으로 적용함.
ㄷ. 연대보증인은 다음의 자격을 모두 갖춘 업체에 한함.
○ 당사에 등록된 협력업체

○ 건설관계법령에 의거 당해공사를 시공할 수 있는 건설업 등록을 하거나 면허를 소지한 업체

○ 시공능력평가액이 당해 하도급업체와 동등 이상인 업체

ㄹ. 최초 계약 시 하도급금액이 3천만 원 이하에 해당되어 계약이행보증을 면제하였으나, 설계변경 등으로 인해 계약금액이 3천만 원을 초과하게 된 경우

○ 변경된 계약금액에서 기지급기성금을 제외한 잔여공사금액이 3천만 원 이하인 경우 ; 계약이행보증 면제

○ 변경된 계약금액에서 기지급기성금을 제외한 잔여공사금액이 3천만 원을 초과하는 경우 ; 계약이행보증 적용

○ 최초 계약금액이 3천만 원 이하인 경우에도 차후 총계약금액이 3천만 원을 초과할 것이 명백히 예상될 경우에는 최초계약 시 계약이행보증 적용

④ 유의사항

ㄱ. 전자계약시스템에서 계약서양식송부만으로 계약이행보증서 발급이 가능하므로 반드시 계약이행보증서를 징구한 후, 당사의 전자계약 인증 실시

ㄴ. 장기계속공사(연차/차수공사)인 경우 총계약금액에 대해 계약이행보증서 징구

ㄷ. 공사금액 및 공사기간 변경 시에는 반드시 당초보증기간 이내에 변경된 내용에 따라 계약이행보증서 징구

ㄹ. 협력업체가 계약이행보증을 하지 않을 때에는 본사와 대책 협의

6) 하도급대금 지급보증

① 하도급대금지급보증 의무

ㄱ. 당사는 하도급법상 지급보증 면제대상 기준인 신용평가 전문기관의 회사채 신용등급이 A등급 이상이 아니므로 하도급계약체결시 수급사업자에게 대금지급보증을 해야 함.

ㄴ. 하도급법상 대금지급보증의무는 강행규정이므로 하도급계약 당사자간에 지급보증을 하지 않기로 합의를 하더라도 지급보증의무가 면제되는 것은 아님.

② 지급보증 대상공사

2000. 11. 10 이후에 신규 하도급계약 체결한 공사중 계약금액이 3천만 원(VAT 포함)을 초과하는 공사

③ 지급보증 면제기준

ㄱ. 하도급 계약금액이 3천만 원(VAT포함) 이하인 공사(공동도급인 경우 전체분 기준)

ㄴ. 발주자가 하도급대금을 수급사업자에게 직접 지급하기로 발주자·원사업자·수급사업자가 합의하여 발주자가 하도급대금을 수급사업자에게 직접 지급해야 하는 경우

ㄷ. 수급사업자가 중소기업기본법에 의한 중소기업이 아닌 경우(하도급법에서만 규정)

ㄹ. 수급사업자가 대규모기업집단(30대그룹)에 속하는 계열회사인 경우(하도급법에서만 규정)

④ 지급보증금액

ㄱ. 공사기간(착공일부터 준공일)이 4월 이하인 경우 * 보증금액＝하도급계약금액－계약상 선급금
ㄴ. 공사기간이 4월을 초과하는 경우로서 기성금의 지급주기가 2월 이내인 경우 * 보증금액＝(하도급계약금액－계약상 선급금)÷ 공사기간(월수)× 4
ㄷ. 공사기간이 4월을 초과하는 경우로서 기성금의 지급주기가 2월을 초과하는 경우 * 보증금액＝(하도급계약금액－계약상 선급금)÷ 공사기간(월수)× 기성금 지급주기(월수)× 2

주) 하도급계약금액과 선급금은 부가가치세(VAT) 포함 금액임.

⑤ 지급보증기간 : 하도급계약체결일 ~ 하도급계약서상 최종대금결제기일(준공일로부터 60일 후)

⑥ 지급보증방법 : 보증기관으로부터 지급보증서를 발급받아 수급사업자에게 교부

※ 보증수수료 = (지급보증금액 × 보증수수료율) × 보증기간일수 ÷ 365일

⑦ 보증서 발급신청 방법

ㄱ. 현장에서 하도급계약사항 및 지급보증서 발급신청내용을 ERP 시스템에 입력

ㄴ. 하도급팀으로 구비서류 송부

7) 하자보수보증

① 하자담보책임기간 :「VI.건설산업기본법 7.건설업자의 하자담보책임」 참조

② 하자보수보증금율

공사의 종류	보증금율
철도, 댐, 터널, 철강교 설치, 발전설비, 교량, 상하수도구조물 등 중요 구조물, 조경공사	계약금액의 100분의 5
공항, 항만, 삭도설치, 방파제, 사방, 간척공사	계약금액의 100분의 4
관개수로, 도로(포장공사 포함), 매립, 하수도관로, 하천, 일반건축공사	계약금액의 100분의 3
기타 공사	계약금액의 100분의 2

8) 지체상금

하도급업체가 준공기한 내에 공사를 완공하지 못하였을 때에는 매 지체일수마다 계약금액에 다음의 지체상금율을 곱하여 산출한 금액을 납부토록 함.

구분	지체상금율
공사	계약금액의 1,000분의 1.0
물품의 제조, 구매	계약금액의 1,000분의 1.5
물품의 수리, 가공, 대여, 용역 및 기타	계약금액의 1,000분의 2.5

9) 하도급계약서상 계약당사자

○ 원사업자 주소 : 당사 본사주소

상호 : 대한건설주식회사

성명 : 대표이사 성명(또는 현장소장 성명)

○ 수급사업자(수급사업자의 보증인) 주소 : 하도급업체(보증업체) 본사 주소

상호 : 하도급업체명(보증업체명)

성명 : 하도급업체(보증업체) 대표이사 성명

※ 공동도급공사(공동이행방식)

① 하도급법상 원사업자의 의무이행 책임은 하도급계약서상의 개별 원사업자에게 있으므로 공동수급체 구성원의 하도급대금 지급 등에 대한 책임관계를 명확히 하기 위해서는 하도급계약서상의 원사업자 명의를 다음중 하나의 방법으로 해야 함.

㉮ 공동수급체 구성원 전부가 각사의 지분비율을 명기한 후, 연명으로 하도급계약서에 기명날인

〈예시〉

원사업자 : 공동수급체 〔대한건설(주) 50%, □□건설(주) 30%, (주)○○건설 20%〕

주 소 :

상 호 : 대한건설(주)

성 명 : (인)

주 소 :

상 호 : □□건설(주)

성 명 : (인)

주 소 :

상 호 : (주)○○건설

성 명 : (인)

㉯ 공동수급협약서나 별도의 동의서에 의해 공동수급체 구성원들이 대표사 단독명의로 하도급 계약을 체결하도록 위임하되, 하도급법상의 의무는 각사의 지분비율에 따라 분담하기로 합의한 후, 하도급계약서에 각사의 지분비율과 공동수급체의 대표사임을 명기하고 대표사가 단독으로 기명날인

〈예시〉

원사업자 : 공동수급체 〔대한건설(주) 50%, □□건설(주) 30%, (주)○○건설 20%〕 의 대표사

주 소 :

상 호 : 대한건설(주)

성 명 : 대표이사 이대한 (인)

② 당사가 대표사인 공동도급현장 중 하도급업체선정, 대금지급시기 및 방법 등을 당사 단독으로 결정하고 집행하는 현장은 당사단독 명의로 계약을 체결해도 됨.

③ 당사가 비대표사인 공동도급현장 중 하도급업체선정, 대금지급시기 및 방법 등의 결정과 집행에 당사가 관여하지 않는 현장은 하도급계약서나 계약동의서에 날인하면 안 되며, 공동수급협약서에 하도급계약상의 책임을 분담한다는 내용이 포함되지 않도록 할 것.

10) 사용자배상책임보험

① 계약내역서상의 일반관리비중에는 협력업체 근로자의 재해발생에 대비한 사용자 배상책임보험료가 포함되어 있으므로 필히 사용자배상책임보험에 가입토록 함.

② 보상한도 : 1인당 1억 원 이상, 1사고당 1억 원 이상

③ 피보험자 : 협력업체와 대한건설을 공동으로 기재

④ 사용자책임보험은 1년 단위로 일괄가입하는 방법과 계약건별로 개별가입하는 방법이 있음을 참고하여, 하도급계약건별로 보험기간의 기록을 유지하고 공사기간 내에 보험기간이 만료될 경우에는 재징구

11) 현장대리인 선임

① 하도급업체의 현장책임자를 현장대리인으로 선임하도록 함.

② 현장대리인은 기성청구 및 확인, 소요자재 및 중기 청구, 근로자 동원 및 작업지시, 공정계획협의 등의 권한을 가지며 공사수행 및 현장관리에 1차적인 책임이 있음.

12) 인지세 (전자인증을 통한 전자계약 체결 시에는 인지 첩부 의무가 면제됨)

① 하도급 계약금액(VAT 포함)에 따라 인지 첩부

계약금액	인지세	계약금액	인지세
1천만 원 이하	비과세	5천만 원 초과~ 1억 원 이하	70,000원
1천만 원 초과~3천만 원 이하	20,000원	1억 원 초과~ 10억 원 이하	150,000원
3천만 원 초과~5천만 원 이하	40,000원	10억 원 초과	350,000원

② 인지를 첩부한 때에는 계약서 지면과 인지의 채문에 걸쳐 인장 소인

③ 변경계약 시

ㄱ. 계약금액이 증액된 경우 : 변경 후 계약금액에 대한 인지세와 변경 전 계약금액에 대한 인지세의 차액에 해당하는 인지 첩부

ㄴ. 계약금액이 감액된 경우 : 계약금액의 변동이 없는 것으로 봄.

13) 계약사항 ERP 입력

1) 하도급계약 체결 후 ERP[55] 시스템에 계약사항, 계약이행보증사항, 사배책보험사항, 지급보증사항을 입력한 후 저장

2) 확인요청 FIELD를 클릭하고 저장

3) 담당자가 별도의 조회 화면을 통해 계약사항을 확인하며, 본사에서 확인 작업을 완료한 후에는 계약사항의 수정이나 삭제가 불가하므로 정확히 입력해야 함.

14) 발주처 통보

① 통보기한

하도급계약(변경계약 및 계약해지 포함) 체결일로부터 30일 이내에 하도급 계약 사실을 발주처에 통보해야 함.

② 구비서류 : ㄱ. 건설공사 하도급계약 통보서

ㄴ. 하도급계약서(변경계약서) 사본

ㄷ. 공사비 내역서 사본

ㄹ. 공사예정공정표 사본

ㅁ. 하도급대금지급보증서 사본

2. 하도급 변경계약

1) 하도급 변경계약 시기

① 하도급 공사내용을 변경하거나 추가할 경우에는 변경 또는 추가된 공사 착공 전에 반드시 변경계약 체결

② 설계변경 및 물가변동으로 인해 발주처와 원도급 변경계약을 체결한 때에는 30일 이내에 하도급 변경계약 체결

③ 경미하고 빈번한 추가 작업으로 물량변동이 명백히 예상되는 추가 공종에 대해서는 시공 완료후 즉시 정산합의서로 계약서를 대체하면 적법한 서면교부에 해당함.

④ 추가공사의 범위가 구분되고 금액이 상당한 경우에는 사전에 추가 공사에 따른 변경계약서나 작업지시서 교부

2) 하도급 변경계약 서류

① 변경합의서

② 공사비 내역서 (당초대비 변경물량 및 금액 표기)

③ 공사예정공정표

④ 계약이행보증서

3) 설계변경에 따른 계약금액의 조정

① 설계변경에 따라 발주자로부터 받은 추가금액의 내용과 비율이 명확한 경우에는 그 내용과 비율에 따라 수급사업자에게 지급해야 하며, 내용이 불명확한 경우에는 발주자로부터 받은 평균비율을 적용하여 지급

② 발주자로부터 설계변경을 받지 않은 경우 하도급 설계변경을 해주지 않음에 대해 하도급법상의 책임은 없으나, 당사의 작업지시에 의하여 하도급업체가 추가로 시공한 공사물량에 대해서는 발주처의 설계반영 여부와 관계없이 하도급계약금액을 증액 지급해야 함.

③ 발주자의 설계변경 확정이 지연됨을 이유로 하도급업체가 기시공한 부분에 대해 기성지급을 유보하거나 지연해서는 안 됨.

발주처의 설변 확정이 장기간 지연될 경우에는 추정 변경내역으로 본사승인을 득한 후, 하도급 변경계약을 체결하고(이 경우에는 하도급변

55) 'Enterprise Resource Planning'의 약자로 흔히 '전사적 자원관리'라고 한다.

경계약 체결시 '발주자의 원도급 설계변경이 확정되지 않은 비목에 대해서는 설계변경이 확정된 후 발주자로부터 조정 받은 금액의 내용과 비율에 따라 정산한다'는 내용을 계약조건에 명시) 설계변경이 확정되면 확정된 내역에 따라 정산 변경계약 체결

4) 물가변동에 따른 계약금액의 조정

① 발주자로부터 물가변동분을 조정받은 경우에는 조정기준일 이후의 하도급계약물량에 대해 발주자로부터 조정 받은 금액의 내용과 비율에 따라 하도급 계약금액을 조정해 주어야 함.

② 물가변동 조정기준일 이전에 지급한 선급금은 공제

③ 물가변동 조정기준일 이후에 하도급계약을 체결(견적제출일과는 무관함)한 공사는 하도급대금 조정대상이 아니다. 다만, 물가변동 조정기준일 이전에 선시공 등의 사실상 하도급거래가 있는 경우에는 물가변동분을 조정해 주어야 함.

④ 부대입찰공사에 참여한 협력업체에 대해서는 발주자로부터 물가변동으로 인한 계약금액의 조정을 받은 후에 하도급계약을 체결하더라도 당초 부대입찰시 하도급 낙찰금액에 물가변동분 등락액을 반영하여 하도급계약 체결

⑤ 원도급계약시점과 하도급계약시점의 차이로 인해 발주자로부터 지급받은 물가변동율과 협력업체에 지급해야 할 물가변동율이 상이할 경우

ㄱ. 원칙적으로 하도급건별 계약체결일로부터 물가변동 조정기준일까지 기간의 물가변동율을 적용하여 조정해 주어야 함.

ㄴ. 발주자로부터 적용받은 물가변동율에 하도급계약 체결일로부터 물가변동 조정기준일까지의 기간일수를 곱하여 하도급 물가변동율을 산출하면 안 됨.

⑦ 하도급법상 원사업자의 의무사항과 금지사항은 강행규정이므로 아래와 같은 경우는 하도급법에 위반됨

ㄱ. 하도급 계약체결 시 물가변동에 따른 계약금액의 조정을 하지 않기로 특약을 설정하였다는 이유로 물가변동분을 조정해 주지 않은 경우

ㄴ. 국가계약법상 계약체결이후 그 이행을 위하여 60일 이상 경과하고 품목조정율 또는 지수조정율이 계약금액의 100분의 5 이상 증감된

때에는 계약금액을 조정한다는 규정과 재경부 회계예규 공사계약 일반조건의 물가변동으로 인해 계약금액을 증액하는 경우에는 계약상대자의 청구에 의하여야 한다는 규정을 이유로 물가변동분을 조정해 주지 않은 경우

이 실무지침서를 작성한 기업은 우리나라를 대표하는 기업답게 하도급거래에 있어서 비교적 자세한 내용까지 지침서를 작성하여 두고 하도급법 위반이나 약관규제법의 위반에 대해서도 유의하고 있다.

4. 제안사항

가. 표준계약서 도입 분야 발굴

사적자치를 근간으로 하고 있는 우리의 계약법 체계에서 일상생활과 관계 깊은 계약은 국가가 적극적으로 개입하여 표준계약서를 작성하여 보급하고 있다. 소비자 개인의 힘으로는 어찌할 수 없는 문제점을 국가가 국민들의 생활에 적극 개입하여 사업자들의 불공정계약 조건을 제거한다는 점에서는 바람직하다. 그러나 아직도 갈 길은 멀다. 표준계약서가 필요한 부분에 대해서는 적극적으로 국민들로부터 의견을 청취하여 분쟁이 자주 발생하는 분야에 대해 국가가 더 많은 후견적 노력을 기울여야 한다.

나. 생활주변 법률관계의 표준화

국민들의 일상생활과 관련이 있는 내용에 대해서는 좀 더 많은 표준약관·표준계약서가 보급되어야 할 것이다. 예를 들면, 부동산매매나 임대차계약은 국민들의 경제생활과 밀접한 관련이 있다. 그러나 계약서의 내용을 보면 허술하기 짝이 없다. 공인중개사들의 중개아래 서민들끼리 사용하는 계약서의 내용이라고 하는 것이 계약금과 중도금 그리고 잔금을 얼마로 하고 언제까지 지급한다는 내용이 전부이다. 부동산임대차계약서 역시 마찬가지이다. 분쟁을 예방하기 위한 목적에서 계약서를 작성하는 것이고 당사자 누구에게나 공정하도록 표준계약서를 제정한 것이라면 국민들의 주거와 관련된 문제에 대해 국가가 좀 더 노력해 주기 바란다.56)

---

56) 제프리 존스, 『나는 한국이 두렵다』 pp.183-184. 중앙M&B(2000), '전세계약서나 부동산 매매계약서가 달랑 종이 한 장으로 되어 있는 것을 보고 깜짝 놀랐다. 부동산계약서도 대부분 주소나 이름을 적는 칸이고, 계약당사자들이 서로의 합의사항을 적는 칸은 불과 몇 자밖에 적을 수 없도록 되어 있다. 미국에서는 전세계약서도 최소한 열 장 가까이 된다. 어지간한 규모의 건물이라도 매매를 할 경우에는 계약서가 수십 장이 넘는다. 계약서에 일어날 수 있는 모든 상황에 대한 해결책을 서로의 합의에 따라 적어두어야 하기 때문이다. 보일러가 고장 났을 때, 하수도가 막혔을 때, 전기가 끊어졌을 때와 같은 '굵직한 사건'은 물론 형광등이 나갔을 때, 세면대가 막혔을 때처럼 지극히 사소한 일에 이르기까지 모든 경우에 대비해 각기 책임소재를 밝히고 해결방법을 적어둔다. 그런데 한 가지 재미있는 사실이 있다. 한국 사람들은 계약서를 대충 작성하므로 분쟁이 자주 생겨야 마땅하고 미국 사람들은 처음부터 치밀하게 꼼꼼하게 쓰기 때문에 법적 분쟁이 덜 생겨야 정상인데, 실제로는 오히려 반대인 것 같다.'

다. 과감한 인센티브 부여

또한 국가에서 표준약관을 제정하여 보급함으로써 사용을 권장하고 이에 일정한 인센티브를 부여하고 있다. 그러나 인센티브라는 것이 표준계약서의 사용 그 자체에 있을 뿐 사업자들이 표준약관 이상의 서비스를 제공할 이유와 유인이 없다는 점도 문제이다. 표준계약서는 소비자를 위한 최소한의 조치이고 이에 더하여 사업자끼리의 경쟁을 유발할 수 있는 유인책도 마련이 되어야 할 것이다. 고객만족의 예로 널리 인용되고 있는 Nordstorm 백화점의 사례[57]와 같이 표준계약서에 머물지 않고 획기적인 고객서비스를 제공한 기업에게 줄 수 있는 행정관청으로부터의 적극적인 보상은 앞에서 언급한 벌점삭제 등 이런 인센티브밖에 없나? 더 없는가?

---

57) 어느 날 중년의 부인에게 옷 한 벌을 판매한 노드스트롬 백화점 직원은 그 부인이 비행기표를 두고 간 것을 알고 대중교통을 통해 비행기표를 전달하기에는 시간이 부족하다고 판단하여 헬리콥터를 타고 가서 비행기표를 전달했다는 이야기, 판매하지도 않은 자동차 타이어에 대한 반품을 기꺼이 받아주었다는 이야기, 세일이 끝난 다음 날 노드스트롬 백화점에 바지를 사러온 부인이 있었는데 마침 노드스트롬 백화점에는 그 부인에게 맞는 바지가 품절이어서 다른 백화점에서 그 바지를 정가에 사다가 세일 가격으로 팔았다는 이야기 등.

제4장 국가계약제도

제1절 개관

국가계약이라 함은 국가와 사인 상호간에 대립하는 2개 이상의 의사표시의 합치로 성립하는 계약을 의미한다. 국가도 사인과 계약을 체결하는 것이 보편화되었는데, 이를 규율하기 위한 법률이 「국가를 당사자로 하는 계약에 관한 법률(이하 국가계약법이라 한다)」이다

국가계약은 개인의 이익을 추구하는 일반적 계약과 달리 공공재의 생산 또는 공공복리의 추구라는 목적 달성과 계약담당공무원의 자의적 집행을 방지하고자 민법등과 달리 별도의 계약관련 절차규정을 운영하고 있는 것이며, 국가계약법령에서는 국가의 우월적 지위를 이용하여 계약상대자의 계약상 이익을 부당하게 제한하는 특약이나 조건을 정하지 않도록 하고, 계약당사자는 계약의 내용을 신의성실의 원칙에 따라 이행하도록 하는 국가계약의 원칙을 규정하고 있다(국가계약법 제5조, 같은 법 시행령 제4조).

국가가 계약을 체결하는 계약을 구분하면 아래의 표와 같다.[58]

---

58) 재정경제부, 강영수 사무관 〈국가계약법 강의 자료〉에서.

계약 목적물	계약체결 형태	계약체결 방법
○ 공사계약 – 건설공사 – 전기공사 – 정보통신공사 등 ○ 물품제조 · 구매계약 ○ 용역계약	○ 확정계약, 개산계약 ○ 총액계약, 단가계약 ○ 장기계속계약, 계속비 계약, 단년도계약 ○ 공동계약, 단독계약 ○ 기타 – 종합계약 – 사후원가검토조건 부계약 – 회계연도 개시 전의 계약	○ 경쟁입찰계약 – 일반경쟁입찰계약 – 제한경쟁입찰계약 – 지명경쟁입찰계약 ○ 수의계약 ○ 기타 – 희망수량경쟁입찰계약 – 2단계 경쟁(기술 · 가격 분리) 입찰계약 – 협상에 의한 계약

아래에서는 계약체결 방법을 중심으로 내용을 살펴본다.

제2절 계약체결 방법

1. 일반경쟁계약

일반경쟁계약이란 계약의 목적 및 조건 등 계약의 내용을 신문, 관보, 게시판 등에 게재하는 등의 방법에 의하여 널리 공고하여 일정한 자격을 갖춘 불특정 다수인으로 하여금 경쟁하여 입찰하게 하고 그중 가장 유리한 조건을 제시한 자를 낙찰자로 결정, 선언하여 계약을 체결하는 방법을 말한다. 일반경쟁계약은 국가계약법상 국가계약의 원칙적인 방법으로 정부기관에 의한 국제조달의 내·외 무차별원칙의 확립과 조달수단의 투명성을 확보하는데 그 목적을 두고 있다.

일반경쟁계약의 장점으로는 계약을 공개적으로 집행하므로

그 절차가 공정하여 자유, 평등의 관념에 적합하며, 불특정 다수의 희망자를 입찰에 참가시켜 경쟁시킴으로써 담합이 어려워 부정행위를 방지할 수 있고, 광범위한 경쟁에 기초를 두기 때문에 유리한 조건을 제시할 업자와 계약할 수 있어 경제성이 확보되며, 유능한 숨은 업자를 발견할 수 있다는 점 등을 들 수 있다.

그러나 단점으로는 자본, 신용, 경험 등이 풍부하지 못한 업체가 응찰하여 계약함으로써 견실한 계약목적물의 확보에 차질을 가져올 수 있고, 공고에 의하므로 국가의 비밀이 사전에 누설되어 국익에 악영향을 미칠 수 있으며, 긴급을 요할 때에는 조달시기를 상실하기 쉽고, 공고 시부터 개찰, 낙찰자 결정까지의 절차가 복잡하다는 점 등을 들고 있다.

2. 제한경쟁계약[59)]

입찰참가자격을 시공능력평가액, 실적, 기술보유상황 등 일정한 기준에 의하여 제한함으로써 불성실하고 능력이 없는 자를 입찰에 참가하지 못하도록 하여 공개성, 공정성 및 경제성을 유지하려는 계약을 제한경쟁계약이라 한다.

제한경쟁계약은 일반경쟁계약의 단점인 계약의 적정이행 확보곤란 우려, 입찰참가자가 많아짐에 따른 입찰사무의 곤란 등을 보완하고, 지명경쟁계약 업체 간의 담합의 용이함으로 인한 실효성 확보곤란 등의 문제점을 불식하고자 양 제도의 장점만을 취하여 만든 것이라고 볼 수 있다.

이 제한경쟁방법은 모든 정부발주 입찰에 대하여 가능한 것

59) 국가계약법 시행령 제21조 제1항 각 호.

은 아니고 그 집행대상을 기획재정부령이 정하는 대규모 공사, 특수한 기술 또는 공법이 요구되는 공사, 특수한 설비 또는 기술이 요구되는 물품제조, 특수한 성능 또는 품질이 요구되는 물품구매 및 소정액 미만의 지역제한 공사 등으로 열거하고 있으며, 이러한 제한경쟁대상을 구체적으로 규정한 집행기준과 제한기준에 적합하여야만 집행이 가능하도록 하고 있다.

현실적으로 제한경쟁계약이 정부계약에 있어서 차지하는 비중이 크며, 이 제도가 계약의 목적 성질에 따라 필요하다고 인정할 경우에 입찰참가자격을 제한하고 있다는 취지에 비추어 볼 때 신중한 운용이 요구된다.

3. 지명경쟁계약[60)]

계약의 성질 또는 목적에 비추어 특수한 설비, 기술, 자재, 물품 또는 실적이 있는 자가 아니면 계약목적을 달성하기 곤란한 경우에 특정 다수인을 지명하여 지명된 자들로 하여금 경쟁을 시켜 계약상대방을 결정하는 계약을 지명경쟁계약이라고 한다.

지명경쟁계약은 국가에서 자력과 신용이 확실한 자를 일방적으로 지명하여 경쟁하게 함으로써 일반경쟁의 경우에 불성실하거나 신용이 없는 자가 경쟁에 참가하여 공정한 경쟁을 방해하는 결함을 없애는 장점이 있으나, 그 반면 자칫하면 지명이 특정인에게 고정되고 그 결과로 담합을 용이하게 하여 경쟁의 실효를 거두지 못하는 결함이 생길 우려가 있다.

그러나 지명경쟁계약은 일반경쟁에 비하여 절차가 간소하고

---

60) 국가계약법 시행령 제23조 제1항 각 호.

계약에 있어서 가장 적합한 자만을 지명할 수 있는 등의 장점이 있으므로 계약절차의 적정한 운용으로 경쟁의 이익을 충분히 얻을 수 있다.

지명경쟁입찰로 집행하고자 하는 경우에는 지명업체 선정은 시공능력을 기준으로 지명하고자 할 때에는 시공능력 일련순위에 따라, 특수기술을 요하는 공사로서 전문적인 기술의 보유자가 아니면 계약목적달성이 곤란한 때에는 그 기술보유자 중에서 시공능력 순위에 따라, 특수공법을 요하는 공사의 경우에 동종공사의 시공실적의 보유자가 아니면 계약목적달성이 곤란한 때에는 그 실적보유자 중에서 시공능력 순위에 따라 지명하고 지방업체만을 지명하고자 할 때에는 지방업체의 시공능력 순위에 따라 지명한다.

4. 수의계약[61]

수의 계약은 계약담당공무원이 입찰의 방법에 의하지 아니하고 협상에 의하여 특정의 상대자를 선정하여 그 자와 계약을 체결하는 방법이다. 수의계약은 자본과 신용이 있고 기술과 경험이 풍부한 계약상대방을 선택할 수 있으며, 입찰공고를 생략하는 등 행정편의를 기할 수 있는 장점이 있으나 실제에 있어서는 계약 담당관의 恣意와 업체와의 결탁 우려 때문에 그 폐단이 크므로 수의계약은 법령상 정하고 있는 특정한 경우에 한하여 허용된다.

수의계약을 체결할 수 있는 경우와 관련하여 대법원은, '지방

61) 국가계약법 시행령 第26조 제1항 각 호.

자치단체 수의계약 운영요령'의 체계적인 내용으로 보아, 위에서 적시한 '천재지변, 작전상의 병력이동, 긴급한 행사, 원자재의 가격급등 기타 이에 준하는 사유'는 수의계약에 의할 수 있는 경우를 적시한 것일 뿐 1인 견적에 의하여 수의계약 대상자를 선정할 수 있는 예외적인 경우를 적시한 것이라고 볼 수 없다. 그렇다면 이 사건 변호인접견실 증축공사는 1인으로부터 받은 견적서에 의하여 수의계약을 체결할 수 있는 경우에 해당하지 않는다고 할 것이므로, 원고가 2인 이상의 견적서를 받지 않고 이 사건 변호인접견실 증축공사 계약을 체결한 것은 관련 법령에 위반한 행위로 징계사유에 해당한다고 할 것이고, 원고가 교도소장의 지시에 따라 증축공사 계약을 체결하고 아울러 그 완공을 서두를 수밖에 없었던 사정만으로 원고의 행위가 정당화된다고 할 수 없다[62]고 판시하여 수의계약에 의할 수 있는 경우를 구체화하고 있다.

제3절 계약체결절차[63]

1. 계약자 선정

계약당사자 선정이란 국가계약을 체결할 당사자를 결정하는

62) 대법원 2010. 2. 25. 선고 2009두19144 판결.
63) 국가계약은 개인의 이익을 추구하는 일반적 계약과 달리 공공재의 생산 또는 공공복리의 추구라는 목적 달성과 계약담당 공무원의 자의적 집행을 방지하고자 민법 등과 달리 별도의 계약관련 절차규정을 운영하고 있다. 김태순, 〈국가계약법 교육자료〉 재구성.

것을 의미하는데, 이는 국가계약을 본 계약으로 하는 예약적 성질을 갖는다. 국가계약법상 국가계약의 체결은 계약서를 작성하고 당사자의 기명날인이 있어야 계약이 성립하기 때문이다. 계약당사자를 선정하는 절차는 입찰공고, 입찰, 낙찰의 순서로 진행된다.

가. 입찰공고

입찰공고는 일정한 사항에 대하여 입찰에 붙인다는 것을 입찰참가를 희망하는 자들에게 알리는 것으로서 그 법적성질은 관념의 통지로서 청약의 유인에 해당하고 경쟁자의 입찰이 청약이며, 입찰주관자가 낙찰을 결정함으로써 승낙하는 것이 되고 계약도 그때에 성립하는 것이며 계약서의 작성은 계약 성립의 증거에 지나지 아니하는 것이 원칙이다.

국가종합전자조달 나라장터(http://www.g2b.go.kr/)에 공고하는 것이 의무화되어 있으며, 필요시 관보 또는 일간신문에 공고를 병행할 수 있다.

국가계약법 제11조 에서와 같이 공공계약에서 입찰공고에서 낙찰 후에 더 나아가서 계약서를 작성하여야 하는 경우에는 공고안내는 청약의 유인이며 입찰과 낙찰은 계약의 예약이나 공공계약이라도 예외적으로 계약서를 작성하지 않아도 되는 경우에는 국가 등의 입찰공고는 청약의 유인이며 경쟁자의 입찰은 청약이고 국가 등의 낙찰선고는 계약의 승낙에 해당하므로 그 계약은 낙찰선고로 인하여 적법하게 성립한다.[64)]

---

64) 대법원 1978. 4. 11. 선고 78다317 판결.

나. 입찰

입찰이란 경쟁계약을 체결함에 앞서 계약의 상대자가 될 것을 희망하는 자가 계약의 내용에 관하여 다수인과 경쟁을 통해 일정한 내용을 표시하여 국가와 계약체결을 제의하는 행위로서 성질은 청약이다. 경쟁입찰에 참가하고자 하는 자는 입찰보증금을 납부하여야 한다. 입찰보증금은 낙찰자가 계약을 체결하지 아니한 때에는 당해 입찰보증금은 국고에 귀속된다.

상업용지 공급에 관한 계약체결의무 불이행에 대한 입찰보증금의 귀속을 정한 약관조항이 무효인지 여부와 관련하여 대법원은, 약관의 규제에 관한 법률 제8조, 제6조에 반하지 아니하는 전부 유효한 것이라고 판단하였다.[65]

다. 낙찰자 결정

낙찰자 결정은 계약의 내용에 따라 달라질 수 있지만, 대체로 입찰공고에 의해 입찰한 자들 중에서 이를 계약이행능력 등을 심사하여 결정하게 된다. 따라서 낙찰은 그 성질이 청약에 대한 승낙의 의사표시로서 의미를 갖는다고 볼 수 있다.

낙찰자의 결정으로는 예약이 성립한 단계에 머물고 아직 본계약이 성립한 것은 아니다. 그러나 그 계약의 목적물·계약금액·이행기 등 계약의 주요한 내용과 조건은 국가 등의 입찰공고와 최고가(또는 최저가) 입찰자의 입찰에 의하여 당사자의 의사가 합치됨으로써 국가 등이 낙찰자를 결정할 때에 이미 확정

65) 대법원 1997. 3. 28. 선고 95다48117 판결.

되었다고 할 것이므로 국가 등이 계약의 세부사항을 조정하는 정도를 넘어서서 계약의 주요한 내용 내지 조건을 입찰공고와 달리 변경하거나 새로운 조건을 추가하는 것은 이미 성립된 예약에 대한 승낙의무에 반하는 것으로서 특별한 사정이 없는 한 허용될 수 없다.[66]

2. 계약의 체결

가. 계약체결의 원칙

정부계약은 국가가 사경제 주체로서 행하는 사법상의 법률행위라 해도 개인의 이익을 추구하는 일반적인 계약과 달리, 공공재의 생산 또는 공공복리의 추구라는 목적달성과 계약담당 공무원의 자의적인 집행을 방지할 필요에 따라, 민법과 달리 별도의 계약관련 규정을 운영하고 있다.

따라서 국가계약법에서는 정부의 우월적 지위를 이용하여 계약상대자의 계약이익을 부당하게 제한하는 특약이나 조건을 정할 수 없도록 하고, 계약당사자는 계약의 이행을 신의성실의 원칙에 따라 이행하도록 정부계약의 원칙을 규정하고 있다.[67]

나. 당사자

국가와의 계약에 있어서 당사자는 국가와 사인이다. 회계에

66) 대법원 2006. 6. 29. 선고 2005다41603 판결.
67) 남진권, 앞의 책, p.20.

규 제2조 제1・2호에서 '계약담당공무원'이라 함은 「국가를 당사자로 하는 계약에 관한 법률 시행규칙」 제2조의 규정에 의한 공무원을 말하고 '계약상대자'라 함은 정부와 공사계약을 체결한 자연인 또는 법인을 말한다고 정의하고 있다.

다. 계약서 작성의무

국가계약법 제11조 제1항에서 국가가 계약을 체결하고자 할 때에는 계약의 목적・계약금액・이행기간・이행보증금・위험부담・지체상금 기타 필요한 사항을 명백히 기재한 계약서를 작성하여야 한다고 규정하고, 제2항은 그 경우 그 담당공무원과 계약당사자가 계약서에 기명날인 또는 서명함으로써 계약이 확정된다고 규정하고 있다.[68)]

라. 보증금

보증금에는 입찰보증금과 계약보증금, 하자보증금 등이 있다. 입찰보증금은 경쟁 입찰에 참가하고자 하는 자가 납부하는 보증금을 말한다. 입찰에 참가하여 낙찰을 받은 자가 본 계약을 체결하지 않는 경우에 입찰보증금은 국고에 귀속된다. 계약보증금은 국가계약을 체결하는 경우 계약상대방이 계약상의 의무를 담보하기 위해서 납부하는 일정 금원을 말한다. 국가와 계약

---

68) 대법원 2009. 12. 24. 선고 2009다51288 판결, 지방자치단체가 사경제의 주체로서 사인과 사법상의 계약을 체결함에 있어서는 위 법령에 따른 계약서를 따로 작성하는 등 그 요건과 절차를 이행하여야 하고, 설사 지방자치단체와 사인 사이에 사법상의 계약 또는 예약이 체결되었다 하더라도 위 법령상의 요건과 절차를 거치지 않은 계약 또는 예약은 그 효력이 없다.

을 체결하고 이행을 하지 않는 경우 계약보증금은 국고에 귀속된다. 하자보증금은 계약상대방이 하자보수의무의 이행을 담보하기 위하여 납부하는 금원을 말한다. 하자가 발생하였음에도 보수하지 않는 경우 하자보수보증금 역시 국고에 귀속된다.

국가계약법상 계약상대방이 채무 불이행 시 각종 보증금 전액을 국고에 귀속시키도록 규정되어 있고, 보증금을 보증서 등으로 대체한 경우에는[69] 보증금에 상당하는 금액을 국고에 귀속시키게 되어 있다. 실제의 손해를 초과하여 보증금 전액을 발주자에게 배상하는 근거는 보증금의 성격을 채무불이행에 대한 제재로 파악하여 위약벌(違約罰) 성격의 위약금(違約金)으로 해석하는데 기인하는 것으로 판단된다.[70] 물론 보증금이 채무 불이행에 대한 제재로서의 성격을 가지고 있으나, 기본적으로는 채무 불이행으로 입은 손해의 배상이라는 성격을 갖는다. 그러므로 보증금은 민법상의 손해배상액 예정의 성격을 가지는 위약금으로 보는 것이 보다 타당하다.[71]

마. 연대보증인

연대보증인 제도는 건설업계의 동반부실을 초래한다는 비판

---

69) 보증금을 대신할 수 있는 증서는 1) 금융기관의 지급보증서, 2) 유가증권, 3) 보증보험증권, 4) 건설공제조합, 전문건설공제조합, 전기공사공제조합, 신용보증기금, 기술신용보증기금, 전기통신공제조합 또는 엔지니어링공제조합 등의 보증서, 5) 정기예금 증서, 6) 신탁회사의 수익증권, 7) 증권투자신탁업법에 의해 위탁회사가 발행하는 수익증권 등이다.

70) 위약벌이란 민사상의 계약으로 형사상의 형벌의 효과를 기대하는 것을 의미한다.

71) 이의섭, 공사계약 보증 및 공제조합 관련 제도의 개선방안 p.6. 한국건설산업연구원(1997)

이 있어 폐지하고 계약보증금을 계약금액의 15%에 상당한 금액의 보증서 또는 공사이행보증서를 발급받아 제출하는 것으로 변경하였다.

바. 지체상금

지체상금이란 약정된 기간 내에 계약을 이행하지 못하는 경우에 계약의 이행지체에 따른 손해배상액을 미리 정하여 둔 약정을 지체상금이라고 한다. 계약상대자는 계약서에 정한 준공기한 내에 공사를 완성하지 아니한 때에는 매 지체일수마다 계약서에 정한 지체상금율(통상 0.1%-0.3%)을 계약금액에 곱하여 산출한 금액을 현금으로 납부하여야 한다. 계약담당공무원은 기성부분에 대하여 검사를 거쳐 이를 인수한 때에는 그 부분에 상당하는 금액을 계약금액에서 공제한다. 이 경우 기성부분의 인수는 그 성질상 분할할 수 있는 공사에 대한 완성부분으로 인수하는 것에 한한다. 이 경우에도 계약상대자의 책임 없는 사유로 계약이행이 지체되었다고 인정될 때에는 그 해당일수를 지체일수에 산입하지 아니한다.

사. 계약금액의 변경

국가계약법 제19조는 '공사・제조・용역 기타 국고의 부담이 되는 계약을 체결한 다음 물가의 변동, 설계변경 기타 계약내용의 변경으로 인하여 계약금액을 조정할 필요가 있을 때에는 대통령령이 정하는 바에 의하여 그 계약금액을 조정한다'고 규정하여 사정변경에 의한 계약금액 조정을 인정하고 있다.

물가변동으로 인한 계약금액 조정에 있어, 계약체결일부터 일정한 기간이 경과함과 동시에 품목조정률이 일정한 비율 이상 증감함으로써 조정사유가 발생하였다 하더라도 계약금액 조정은 자동적으로 이루어지는 것이 아니라, 계약당사자의 상대방에 대한 적법한 계약금액조정신청에 의하여 비로소 이루어지고, 물가변동으로 인한 계약금액 조정에 있어서 조정기준일 이후에 이행된 부분의 대가(기성대가)라 할지라도 그 대가가 조정에 앞서 이미 지급된 경우에는, 증액조정이나 감액조정을 불문하고 그것이 概算給으로 지급되었거나 계약당사자가 계약금액 조정을 신청한 후에 지급된 것이라면 이는 차후 계약금액의 조정을 염두에 두고 일단 종전의 계약내용에 따라 잠정적으로 지급된 것으로서 물가변동적용대가(계약금액 중 조정기준일 이후에 이행되는 부분의 대가)에 포함되어 계약금액 조정의 대상이 되나, 이와 달리 당사자 사이에 계약금액조정을 염두에 두지 않고 확정적으로 지급을 마친 기성대가는 당사자의 신뢰보호 견지에서 물가변동적용대가에서 공제되어 계약금액조정의 대상이 되지 않는다고 한다.[72)]

아. 하자에 대한 담보책임

계약담당공무원은 제33조 제1항에서 규정한 하자담보책임 기간 중 연2회 이상 정기적으로 하자를 검사하여야 한다. 계약담당공무원은 하자담보책임기간의 만료일부터 14일 이내에 따로

72) 대법원 2006. 9. 14. 선고 2004다28825 판결.

최종검사를 하여야 하며, 최종검사를 완료하였을 때에는 즉시 하자보수완료확인서를 계약상대자에게 발급하여야 한다. 계약상대자의 책임과 의무는 하자보수완료확인서의 발급일부터 소멸한다.[73)]

중앙관서의 장 또는 계약담당공무원은 공사의 도급계약을 체결할 때에 전체 목적물을 인수한 날과 준공검사를 완료한 날 중에서 먼저 도래한 날부터 1년 이상 10년 이하의 범위 내에서 당해 공사의 하자보수를 보증하기 위한 하자담보책임기간을 정하여야 한다. 계약상대자는 하자보수통지를 받은 때에는 즉시 보수작업을 하여야 하며 당해 하자의 발생원인 및 기타 조치사항을 명시하여 발주기관에 제출하여야 한다. 계약상대자는 공사의 하자보수를 보증하기 위하여 계약서에서 정한 하자보수보증금율을 계약금액에 곱하여 산출한 금액을 납부하여야 한다. 하자담보 책임기간 중 계약담당공무원으로부터 하자보수요구를 받고 이에 불응한 경우에는 하자보수보증금을 국고에 귀속한다. 건설계약 일반조건에 따라 계약상대자는 하자보수통지를 받은 때에는 즉시 보수작업을 하여야 하며, 당해 하자의 발생원인 및 기타 조치사항을 명시하여 발주기관에 제출하여야 한다. 하자보수를 요구받고 이에 불응하는 경우 하자보수보증금을 국고에 귀속하도록 하고 있다.

---

73) 윤재윤, 건설분쟁관계법 p.291. 박영사(2006), 아파트입주자나 입주자대표회의가 시공회사에게 하자보수가 끝난 뒤에 보수완료확인서를 작성해 주는 일이 흔하다. 이를 들어서 하자보수가 실제로 완료되었으므로 하자보수청구권이 소멸되었다고 주장하는 예가 있으나 이는 단순히 하자보수 작업이 벌어져 외견상 마쳤다는 사실의 확인에 불과하고 이로써 하자보수가 완전히 종료되었다고 해석하기는 어렵다. 이런 서류가 있다고 하더라도 하자보수기간 내에 다시 하자가 발생했다면 이를 보수하여야 한다.

계약담당공무원은 하자보수완료확인서의 발급에 불구하고 당해공사의 특성 및 관련법령에서 정한 바에 따라 필요하다고 인정하는 경우 검사과정에서 발견되지 아니한 시공 상의 하자에 대하여는 계약상대자의 책임으로 하는 특약을 정할 수 있다. 이 하자에 대한 특별책임은 대표적인 행정관청 우위의 계약조항으로 합리적인 이유 없이 사실상 하자담보책임기간을 연장하는 것이므로 부당하다고 생각한다.

자. 계약의 해제·해지

국가와의 계약도 계약상대자의 책임 있는 사유가 있거나 사정변경이 있거나 일정한 경우 계약상대자에 의해서 해제·해지될 수 있다.

계약상대자의 책임 있는 사유로 계약이 해제·해지되는 경우는, 계약상대자가 정당한 이유 없이 약정한 착공시일을 경과하고도 공사에 착수하지 아니할 경우, 계약상대자의 책임 있는 사유로 인하여 준공기한까지 공사를 완공하지 못하거나 완성할 가능성이 없다고 인정될 경우, 지체상금이 당해 계약(장기계속공사계약인 경우에는 차수별 계약)의 계약보증금상당액에 달한 경우, 장기계속공사의 계약에 있어서 제2차 공사 이후의 계약을 체결하지 아니하는 경우, 계약의 수행 중 뇌물수수 또는 정상적인 계약관리를 방해하는 불법·부정행위가 있는 경우, 기타 계약조건을 위반하고 그 위반으로 인하여 계약의 목적을 달성할 수 없다고 인정될 경우를 말한다.

이때 각 중앙관서의 장 또는 계약담당공무원은 계약을 해제·

해지 할 수 있으며 일정한 경우에는 계약을 해지하여야 한다. 이 경우 당해 계약보증금을 국고에 귀속시켜야 한다. 이러한 사유 이외에 사경변경이 있는 경우에도 같다.

또한 계약상대자는 공사내용을 변경함으로써 계약금액이 100분의 40 이상 감소되었을 때, 공사정지기간이 공기의 100분의 50을 초과하였을 경우에 계약이 해제·해지할 수 있다.[74)]

차. 분쟁의 해결

계약의 수행 중 계약당사자 간에 발생하는 분쟁은 협의에 의하여 해결하고 협의가 이루어지지 아니할 때에는 법원의 판결 또는 「중재법」에 의한 중재에 의하여 해결한다. 계약상대자는 분쟁처리절차 수행기간 중 공사의 수행을 중지하여서는 아니된다.

---

74) 「공사계약일반조건」(회계예규 2200.04-104-21, 2009. 9. 21) 제44조 내지 제46조.

제5장 은행의 여신거래 기본약관

제1절 여신거래약관의 개요

1. 제정과정[75)]

우리나라 여신거래약관이 표준화된 것은 1965. 1. 29. 금융기관대표자회의에서 여신관계약정서 표준서식을 채택 시행케 된 것을 효시로 한다. 그 후 1983. 1. 4.에는 담보관계약정서에 개혁이 가해져서 종래의 근저당권설정계약서가 보통저당권설정계약서, 특정근저당권설정계약서, 한정근저장권설정계약서, 포괄근저당권설정계약서로 나눠지고, 또한 보증계약서 역시 보통, 특정, 포괄의 보증서로 구분 다양화되기에 이르렀다.

그러나 현행 여신거래 기본약관의 체계는 1984. 10. 20.부터 「독점규제 및 공정거래에 관한 법률」이 금융업에 적용하게 되었고, 판례 역시 종래의 규범설에서 계약설로 바뀌는 등 '약관에 의한 계약'에서 계약의 공정이 중요시되는 시대조류에 따라서, 여신거래 기본약관이 새로 제정되고 각종 거래약정서와 담보 및 보증관계약정서의 표준서식이 은행연합회에서 채택되어 1987. 1. 5.부터 각 은행이 공동 사용케 된 것이 현행 여신거래

75) 여신실무법률(상) p.126. 한국금융연수원(1997)

약관의 형성과정이다.

1986. 12. 31. 약관규제법이 제정되어 1987. 7. 1.부터 시행되는 등 소비자 보호가 중요시됨에 따라, 은행은 여신거래 기본약관을 1990. 7. 21.부터 기업용과 가계용으로 구분하여, 개인소비금융에 대한 가계용에는 더욱 여신거래처를 두텁게 보호하는 조항을 두고 있다.

2. 여신거래 기본약관과 약관규제법과의 관계

은행거래약관도 보통거래약관의 성질을 가지므로 계약편입이나 내용통제 등 보통거래약관에 관한 법리가 그대로 적용된다. 은행거래약관은 은행 측이 일방적으로 적성하는 것이므로 약관규제법의 적용대상이 되며 약관규제법 제3조 제1항 단서에 해당하지 아니하므로 약관의 명시·설명의무가 면제되지 아니한다. 그 내용통제에도 개별약정우선의 원칙, 통일적·객관적 해석의 원칙, 작성자불리의 원칙, 제한적 해석의 원칙, 신의성실의 원칙 등 보통거래 약관의 해석에 관한 원칙이 적용된다.[76)]

76) 이은영, 민법주해[XVI] 채권(9) p.377. 박영사(2001)

제2절 여신거래 기본약관(기업용, 이하 기본약관이라고 한다)의 중요내용[77]

1. 적용범위(기본약관 제1조)

기본약관은 은행과 채무자 사이의 어음대출・어음할인・증서대출・당좌대출・지급보증・유가증권대여・외국환 기타의 여신에 관한 모든 거래에 적용된다. 채무자가 발행・배서・인수나 보증한 어음(수표 포함)을 은행이 제3자와의 여신에 관한 거래로 말미암아 취득한 경우, 그 채무의 이행에 관해서도 적용되지만 일정한 경우에는 적용이 배제된다.

2. 어음채권과 여신채권(기본약관 제2조)

은행은 채무자가 발행하거나 배서・보증・인수한 어음에 의한 여신의 경우, 은행은 어음채권 또는 여신채권의 어느 것에 의하여도 청구할 수 있다.[78]

---

77) 공정거래위원회에서 표준약관 제10005호로 승인한 은행여신거래 기본약관(기업용)를 기준으로 하고, 일부 내용에 대한 설명은 제외하였으니 이 점 참고하기 바란다.

78) 어음대출의 경우에 채무자가 기명날인한 어음에 의하여 여신을 받은 경우에 은행이 어음채권과 여신채권을 둘 다 갖게 되는데 은행은 어느 채권을 행사할 것인지에 대해 선택권을 가지기 위해 이 조항을 마련하였다. 그러나 이 조항은 어음할인에는 적용이 없다. 어음할인은 어음의 매매이므로 어음채권 외에 여신채권은 가지지 않기 때문이다.

3. 이자 등과 지연배상금(기본약관 제3조)

가. 이자·할인료·보증료·수수료 등의 율·계산방법·지급의 시기 및 방법에 관하여 법령이 허용하는 한도 내에서 은행이 정하는 바에 따르기로 하고, 이자 등의 율은 채무의 이행이 완료될 때까지 변경할 수 없음을 원칙으로 하는 것과 은행이 그 율을 수시로 변경할 수 있는 것으로 구분하되 채무자가 선택할 수 있다.

나. 이자 등의 율을 변경할 수 없는 것을 선택한 경우에도 국가경제·금융사정의 급격한 변동 등으로 계약 당시에 예상할 수 없는 현저한 사정변경이 생긴 때에는 은행은 채무자에 대한 개별통지에 의하여 그 율을 인상·인하 할 수 있기로 하고 변경요인이 해소된 때에는 은행은 지체 없이 해소된 상황에 부합되도록 이자 등의 율을 변경하도록 한다.

다. 이자 등의 율을 수시로 변경할 수 있는 것을 선택한 경우에 이자 등의 율에 관한 은행의 인상·인하는 건전한 금융관행에 따라 합리적인 범위 내에서 이루어져야 한다.

라. 채무자가 은행에 대한 채무의 이행을 지체한 경우에는, 곧, 지급하여야 할 금액에 대하여 법령이 정하는 제한 내에서 은행이 정한 율로, 1년을 365일로 보고 1일 단위로 계산한 지체일수에 해당하는 지연배상금을 지급하기로 하되, 금융사정의 변화 그 밖의 상당한 사유로 인하여 법령에 의하여 허용되는 한

도 내에서 율을 변경할 수 있다. 다만, 외국환거래에 있어서는 국제관례·상관습 등에 따른다.

마. 은행이 이자 등과 지연배상금의 계산방법·지급의 시기 및 방법을 변경하는 경우에, 그것이 법령에 의하여 허용되는 한도 내이고 금융사정 및 그 밖의 여신거래에 영향을 미치는 상황의 변화로 인하여 필요한 것일 때에는 변경 후 최초로 이자를 납입하여야 할 날부터 그 변경된 사항이 적용된다.

바. 이자 등의 변경으로 채무자에게 예상하지 못한 불이익이 초래되는 경우에, 채무자는 변경후 최초로 이자를 납입하여야 할 날부터 1개월 이내에 계약을 해지할 수 있다.

4. 비용의 부담(기본약관 제4조)

가. 채무자는 채무의 불이행에 따라 발생하는, 은행의 채권 또는 담보권의 행사나 보전, 담보목적물의 조사 또는 추심, 채무이행의 독촉을 위한 통지비용을 부담하기로 한다.

나. 이 비용을 은행이 대신 지급한 경우에 채무자가 이를 갚아야 하며, 은행이 대신 지급한 금액에 지연배상금을 더하여 갚기로 한다.

다. 은행은 대출약정을 하기 전에 채무자가 미리 알 수 있도록 별도의 서면에 의하여 약정이자, 기한도래일 전 상환수수료

및 담보대출로 인하여 채무자가 부담하여야 할 부대비용의 항목과 금액을 설명하여야 한다.[79)]

5. 담보(기본약관 제6조)

여신거래 등을 위하여 은행과 약정을 체결하고 그에 대한 신용보강을 위하여 담보 등을 제공하였으나 그 후에 채무자 또는 보증인의 신용악화, 담보가치의 감소 등이 발생하여 은행의 채권보전상 필요한 경우에 추가로 담보를 제공하거나 보증인을 세워야 한다.

(담보를 제공하기로 했음에도)담보를 제공하지 않는 경우에는 기본약관 제7조 제5항 제1호에 의한 독촉에 의한 기한이익 상실사유에 해당하게 되고 은행은 서면으로 독촉하고 일정한 기간이 경과하면 채무자는 은행에 대해 당해채무 전부의 기한의 이익을 상실한다.

가. 채무자 또는 보증인의 신용악화·담보가치의 감소 등의 사유로 은행의 채권보전상 필요하다고 인정된 때에는, 채무자는 은행의 청구에 의하여 곧 은행이 인정하는 담보를 제공하거나 보증인을 세워야 한다.

---

79) 한국소비자원의 보고서(대출거래약관 및 교부 실태조사, 2004. 10.)를 보면 각종 부대비용에 대한 산출내역 서류를 받지 못했다는 소비자가 62.3%(대출 경험 있는 소비자 103명을 대상으로 한 설문조사에서 66명이 응답)로 조사되어, 대출계약 시 부대비용에 대한 설명의무가 상당히 미흡한 실정이다. 이를 시정하고자 기본약관에 은행의 의무사항으로 반영한 것이다.

나. 담보물의 처분은 법정절차에 의함을 원칙으로 하되, 담보물이 거래소의 시세 있는 물건이거나 유리한 조건이 기대될 경우에 한하여 은행이 일반적으로 적당하다고 인정되는 방법・시기・가격 등에 의하여 추심 또는 처분하고, 그 취득금에서 제비용을 뺀 잔액을 채무의 변제에 충당할 수 있기로 하며, 채무자는 나머지 채무가 있는 경우에 곧 갚기로 한다.

다. 채무자가 은행에 대한 채무의 이행을 지체한 경우에는, 은행이 점유하고 있는 채무자의 동산・어음 기타의 유가증권을, 담보로서 제공된 것이 아닐지라도 은행이 계속 점유하거나 추심 또는 처분 등을 할 수 있기로 한다.

6. 기한 전의 채무변제의무(기본약관 제7조)

기한전의 채무변제의무는 기한의 이익 상실사유라고도 한다. 민법 제388조에서 채무자가 담보를 손상, 감소 또는 멸실하게 한 때, 채무자가 담보제공의 의무를 이행하지 아니한 때, 「채무자회생 및 파산에 관한 법률」제425조에 의하여 기한부채권은 파산선고 시에 변제기에 이른 것으로 보아 채무자가 기한의 이익을 상실하게 된다. 그러나 이러한 내용만으로는 은행의 채권을 보전할 수가 없으므로 채무자에 대하여 신용상태의 변동 등 일정한 사유가 발생하는 경우에 채권을 보전하기 위하여 기한이익 상실사유를 정하고 있다.

기본약관에서는 기한이익 상실사유는 은행으로부터 독촉・통지 등이 없어도 당해 사실이 발생했다는 사실만으로 기한의 이익이 상실되는 당연기한이익 상실과 독촉에 의한 기한이익 상실로, 기한이익의 상실범위를 기준으로 채무자의 전 채무에 대한 기한이익 상실과 당해 채무에 대한 기한이익상실로 나눌 수 있다.

가. 당연기한이익 상실사유

1) 제 예치금 기타 은행에 대한 채권에 대하여 가압류·압류명령이나 체납처분 압류통지가 발송된 때 또는 기타의 방법에 의한 강제집행 개시나 체납처분 착수가 있는 때(담보재산이 존재하는 채무의 경우에는 채권회수에 중대한 지장이 있는 때에만 가압류를 사유로 기한이익을 상실한다)
2) 채무자가 제공한 담보재산(제 예치금 기타 은행에 대한 채권은 제외한다)에 대하여 압류명령이나 체납처분 압류통지가 발송된 때 또는 기타의 방법에 의한 강제집행 개시나 체납처분 착수가 있는 때
3) 파산·화의개시·회사정리절차개시(「채무자 회생 및 파산에 관한 법률」의 제정으로 폐지되었다)의 신청이 있거나, 채무불이행자 명부 등재 신청이 있는 때
4) 조세공과에 관하여 납기 전 납부고지서를 받거나, 어음교환소의 거래정지처분이 있는 때
5) 폐업, 도피 기타의 사유로 지급을 정지한 것으로 인정되는 때
6) 채무자의 과점주주나 실질적인 기업주인 포괄근보증인의 제예치금 기타 은행에 대한 채권에 대하여 (가)압류명령이나 체납처분 압류통지가 발송된 때

이 가운데에서 하나라도 발생한 경우에는, 은행으로부터의 독촉·통지 등이 없어도, 채무자는 당연히 은행에 대한 모든 채무의 기한의 이익을 상실하여 곧 이를 갚아야 할 의무를 진다.

7) 당해채무 전 기간(기한이 연장된 경우의 연장기간을 포함)을 통하여 이자 등의 지체회수가 4회에 달한 때에는, 채무자에 대한 은행으로부터의 독촉·통지 등이 없어도 그 채무는 그때부터 당연히 기한의 이익을 상실하여 채무자는 곧 이를 갚아야 할 의무를 진다.

나. 독촉에 의한 기한이익 상실사유

채무자에 관하여 다음 각 호에서 정한 사유중 하나라도 발생하여 은행의 채권보전에 현저한 위험이 예상되는 경우 은행으로부터 서면통지의 도달일부터 은행이 정한 기간이 경과하면 채무자는 은행에 대한 채무의 기한이익을 상실하여 곧 갚아야 할 의무를 진다.

아래의 1), 2), 10), 11), 12)의 경우에는 당해 채무에 대한 기한이익을, 3)부터 9)까지의 사유가 발생한 경우에는 모든 채무에 대한 기한이익을 상실한다.

1) 이자 등을 지급하여야 할 때부터 계속하여 14일간 지체한 때
2) 분할상환금 또는 분할상환 원리금의 지급을 2회 이상 연속하여 지체한 때
3) 은행에 대한 수 개의 채무 중 하나라도 기한에 변제하지

아니하거나 기한의 이익을 상실한 채무를 변제하지 아니한 때

4) 채무자의 제 예치금 또는 담보 제공한 재산 이외의 재산에 대하여 압류·체납처분이 있는 때

5) 채무자의 제 예치금 또는 담보 제공한 재산 이외의 재산에 대하여, 민사소송법(현재 민사집행법)상의 담보권실행 등을 위한 경매개시가 있거나 가압류 통지가 발송되는 경우로서, 채무자의 신용이 현저하게 악화되어 채권회수에 중대한 지장이 있을 때

6) 자금의 용도외 사용, 회보와 조사에 협조하지 않는 등 건전한 계속거래 유지가 어렵다고 인정된 때

7) 여신거래와 관련하여 허위, 위·변조 또는 고의로 부실자료를 은행에 제출한 사실이 확인된 때

8) 청산절차 개시, 결손회사와의 합병, 노사분규에 따른 조업중단, 휴업, 관련기업의 도산, 회사경영에 영향을 미칠 법적 분쟁 발생 등으로 현저하게 신용이 악화되었다고 인정된 때

9) 어음교환소의 거래정지처분이외의 사유로 금융기관의 신용불량거래처로 규제된 때

10) 담보를 제공하지 않거나 보증인을 교체하지 않는 경우

11) 담보물에 대한 화재보험 가입의무를 이행하지 아니한 때, 은행을 해할 목적으로 담보물건을 양도하여 은행에 손해를 끼친 때, 시설자금을 받아 설치·완공된 기계·건물 등의 담보제공을 지체하는 때, 기타 은행과의 개별약정을 이행하지 아니하여 정상적인 거래관계 유지가 어렵다고 인정된 때

12) 보증인에게 일정한 사유가 발생한 경우 또는 일정한 사유가 발생한 보증인을 교체하지 않는 경우

다. 기한이익의 부활

채무자가 은행에 대한 채무의 기한의 이익을 상실한 경우라도, 은행의 명시적 의사표시가 있거나, 분할상환금·분할상환원리금·이자·지연배상금의 수령 등 정상적인 거래의 계속이 있는 때에는, 그 채무 또는 은행이 지정하는 채무의 기한의 이익은 그때부터 부활된다.

라. 기한이익 상실에 대한 재검토

당연기한이익 상실사유와 관련하여 약관의 내용과 해석이 과연 공정한 것인가 혹은 논리적 합리성을 가지고 있는가에 대하여 재검토해 볼 필요가 있다.

첫째는 약관의 내용이 고객에게 충분히 인식되고, 설명되어서 약관규제법상의 계약상의 편입요건을 충족시켰다는 가정 하에서, 약정된 조건의 성취와 동시에, 은행도, 예금채권의 권리자인 고객도 아직 가압류나 압류명령이 발송되었다는 사실을 인식하지 못한 시점에 기한이익을 상실시켜, 채무자를 벼랑 끝으로 몰아야 하는가 하는 점이다. 조건으로 제시된 사실의 발생만으로 채무자의 기한이익이 당연히 자동적으로 상실되어, 채무자는 모든 채무에 대하여 당장 변제하여야 하는 더욱 급박한 상황으로 몰려야 하는 것인가? 사유들이 어떤 경우에는 일시적

인 어려움으로 볼 수도 있는데, 은행이 급박하게 과도한 채권회수를 통하여 갱생가능성이 있는 기업을 무너뜨릴 수도 있다는 점을 고려해 볼 때 과연 적정한 것인가 하는 반성의 여지는 없을까 하는 점이다.

둘째로, 조건에 의하여 성취된 기한이익을 상실시켜 제3채권자에게 불리한 상계적상의 상태를 의제적으로 만드는 것이 정당한 것인가에 대한 의문도 제기될 수 있다. 과연 은행의 채권을 채권평등의 원칙에 배치되게 제3채무자보다 우선적으로 보호하는 것이 옳은 것인가 하는 점이며, 이는 은행이란 금융기관의 중요성에 대한 인식도 중요하고, 상계권을 인정함으로써 금융기관에 예금채권을 가진 채무자와 금융기관을 모두 보호한다는 측면에서 일응 구체적 타당성도 있을 수 있지만, 제3채무자의 희생을 전제로 은행을 과보호하는 것은 아닌가하는 의문도 던져 질수 있을 것이다.[80)]

이러한 견해에 대해 은행에서는 완전히 반대의 견해를 보일 것이라고 생각된다. 즉, 은행과 거래를 하는 채무자의 입장에서는 은행의 기한이익 상실약관이 지나치게 가혹한 것이라 할 것이고, 은행의 입장에서는 불가피함을 말할 것이다.

7. 할인어음의 환매채무(기본약관 제9조)

어음할인은 어음의 매매이다. 은행은 어음을 할인함에 있어서 일정한 사유가 발생한 경우에는, 은행이 할인의뢰인에 대하

---

80) 권대우, 『은행약관연구(2)』, 「예금 및 대출계약의 종료」, BFL 제2호(2003. 11.) p.134.

여 매입한 어음의 환매를 청구할 권리를 유보해 두고 있다. 이것이 환매청구권이라 한다.

기본약관은 할인어음의 환매사유를 두 가지로 나누어 규정하고 있다. 하나는 소정의 사유가 발생하면 환매청구권이 당연히 발생하는 경우이고, 다른 하나는 소정의 사유가 발생하면 은행이 청구한 때 비로소 환매청구권이 발생하는 경우이다.

결국 전자에 해당하는 사유가 발생하면 정지조건이 충족되어 어음의 재매매가 당연히 성립하는 것이므로, 그 법적 성격은 정지조건부재매매계약에 근거한 청구권이라고 보아야 할 것이고, 후자에 해당하는 사유가 발생하면 은행은 재매매를 청구할 수 있는데 불과하므로, 그 법적성격은 재매매의 예약으로 은행이 환매청구를 하는 것은 예약완결권의 행사라고 보아야 한다. 할인어음이 부도 반환되면, 은행은 할인의뢰인에 대하여 소구권과 환매청구권을 선택적으로 행사할 수 있게 된다. 소구권과 환매청구권의 본질적인 차이는 소구권은 어음법상의 권리로써 그 권리의 행사요건·절차·청구금액에 엄격한 제한이 가해지는데 반하여, 할인어음은 계약상의 권리로서 이러한 제한이 없다는 데 있다.[81)]

또한 기본약관 제12조에서는 어음을 동시에 교부하지 않아도 된다고 약정하고 있다. 이는 어음은 상환증권성의 성질을 가지는 것이므로 이로 인한 채무자의 항변을 배제하기 위하여 어음의 제시 및 교부하지 않아도 상계는 유효하다는 특약을 한 것이다.

---

81) 한상문, 『어음·수표거래법』 pp.148-149. 재구성, 한국금융연수원(1998)

8. 은행으로부터의 상계 등(제10조)

가. 기한의 도래 또는 기한 전 채무변제의무, 할인어음의 환매채무의 발생 기타의 사유로, 채무자가 은행에 대한 채무를 이행하여야 하는 경우에는, 은행은 사전의 통지나 소정의 절차를 생략하고, 채무자를 대리하여 채무자가 담보로 제공한 채무자의 제 예치금을 그 기한도래 여부에 불구하고 환급받아서 채무의 변제에 충당할 수 있다.

이 약관조항에 따라 일정한 기한이익 상실사유가 발생하는 경우 은행의 여신채권을 자동채권으로 하고, 채무자의 은행에 대한 제 예치금 기타의 채권을 수동채권으로 하여 은행이 상계할 수 있다. 이 경우를 염두에 두고 은행의 여신거래 기본약관은 기한이익 상실약관과 함께 상계조항을 규정하고 있는 것이다. 따라서 채무자에 대한 기한이익이 상실되면 당연히 자동채권에 대한 변제기가 도래하게 되고 수동채권에 대해서는 기한의 이익을 포기하고 상계할 수 있다는 것에 이 조항의 존재의의가 있다.

나. 은행이 사전구상권에 의하여 상계를 하는 경우에는 민법 제443조의 항변권에 불구하고[82] 상계할 수 있는 것으로 하며,

---

82) 대법원 2004. 5. 28. 선고 2001다81245 판결, 항변권이 붙어 있는 채권을 자동채권으로 하여 다른 채무(수동채권)와의 상계를 허용한다면 상계자 일방의 의사 표시에 의하여 상대방의 항변권 행사의 기회를 상실시키는 결과가 되므로 그러한 상계는 허용될 수 없고, 특히 수탁보증인이 주채무자에 대하여 가지는 민법 제442조의 사전구상권에는 민법 제443조의 담보제공 청구권이 항변권으로 부착되어 있는 만큼 이를 자동채권으로 하는 상계는 허용될 수 없으며, 다만 민법 제443조는 임의규정으로서 주채무자가 사전에 담보제공 청구권의 항변권을 포기한 경우에는 보증인

원채무 또는 구상채무에 관하여 담보가 있는 경우에도 상계할 수 있다.

그러나 자동채권에 항변권이 부착된 경우에 상계권을 행사하면 상대방의 항변권행사의 기회를 상실시키는 결과가 되므로 이러한 상계는 허용되지 않는다. 따라서 은행으로서는 민법 제443조의 항변권을 배제하도록 약정하여 은행의 사전구상권에 의한 상계도 가능하게 되는 것이다.[83)]

9. 은행의 변제 등의 충당지정(기본약관 제13조)

변제충당은 채무자가 동일한 채권자에 대해 수개의 채무를 부담하는 경우 변제금으로 어떤 채무에 충당하는지의 문제이다. 예를 들면, 보증인이 존재하는 채무와 보증인이 존재하지 않는 채무가 있는 경우 또는 담보가 있는 채권과 신용에 의한 채권인 경우에 변제금을 어떤 채무에 충당하느냐에 따라 채무자와 보증인 및 은행의 이해관계는 상충하게 된다.

'변제충당에 관한 민법 제476조 내지 제479조의 규정은 임의규정이므로 변제자(채무자)와 변제수령자(채권자)는 약정에 의하여 위 각 규정을 배제하고 제공된 급부를 어느 채무에 어떤 방법으로 충당할 것인가를 결정할 수 있고, 이와 같이 채권자와

은 사전구상권을 자동채권으로 하여 주채무자에 대한 채무와 상계할 수 있다.

83) 대법원 1989. 1. 31. 선고 87다카594 판결, 주채무자와 보증인(지급보증은행) 사이에 이루어진 '제3자가 주채무자의 재산에 대하여 가압류 또는 압류신청을 하는 때에는 주채무자는 보증인에 대하여 즉시 사전상환의무를 진다'는 취지의 약정을 한 경우에는 그러한 약정도 계약자유의 원칙상 유효할 뿐만 아니라 보증인은 위 약정에 따라 취득한 사전구상채권을 자동채권으로 하여 상계의 주장도 할 수 있다.

채무자 사이에 미리 변제충당에 관한 약정이 있으며, 그 약정 내용이, 변제가 채권자에 대한 모든 채무를 소멸시키기에 부족한 경우 채권자가 적당하다고 인정하는 순서와 방법에 의하여 충당하기로 한 것이라면, 채권자가 위 약정에 터 잡아 스스로 적당하다고 인정하는 순서와 방법에 좇아 변제충당을 한 이상 채무자에 대한 의사표시와 관계없이 그 충당의 효력이 있다.'[84)]

여신거래 기본약관 제13조 제1항에서는 민법에서 정한 순서에 따른 충당을, 제2항에서는 강제집행이나 담보권실행경매의 경우에는 민법 기타 법률이 정하는 바에 따른 충당[85)]을, 변제 또는 상계될 채무가 수개이지만 채무전액이 변제되지 않을 경우에는 채무자가 지정하는 순서에 따라 충당하되, 은행이 이의를 제기한 후 충당순서를 변경할 수 있도록 하였다.

가. 채무자의 채무 전액을 없애기에 부족한 때에는 비용, 이자, 원금의 순서로 충당하고, 은행은 채무자에게 불리하지 않은 범위 내에서 충당순서를 달리할 수 있다.

나. 변제 또는 상계될 채무가 수개인 경우로서 채무전액이 변제 또는 상계되지 않을 경우, 강제집행 또는 담보권 실행경매에 의한 회수금에 대하여는 민법 기타 법률이 정하는 바에 따른다.

---

84) 대법원 2004. 3. 25. 선고 2001다53349 판결.

85) 대법원 1997. 7. 25. 선고 96다52649 판결, 담보권 실행을 위한 경매에서 배당된 배당금이 담보권자가 가지는 수 개의 피담보채권 전부를 소멸시키기에 부족한 경우에는 채권자와 채무자 사이에 변제충당에 관한 합의가 있었다고 하더라도 그 합의에 따른 변제충당은 허용될 수 없고, 획일적으로 가장 공평타당한 충당방법인 민법 제477조의 규정에 의한 법정변제충당의 방법에 따라 충당하여야 한다.

다. 변제 또는 상계될 채무가 수개인 경우, 임의의 상환금 또는 제 예치금으로 채무자의 채무전액을 없애기에 부족한 때에는 채무자가 지정하는 순서에 따라 변제 또는 상계에 충당하기로 하고 채무자가 지정하는 순서에 따를 경우 은행의 채권보전에 지장이 생길 염려가 있는 때에는, 은행은 지체 없이 이의를 표시하고, 물적담보나 보증의 유무, 그 경중이나 처분의 난이, 변제기의 장단, 할인어음의 결제가능성 등을 고려하여 은행이 변제나 상계에 충당할 채무를 바꾸어 지정할 수 있다.

라. 은행이 변제충당순서를 민법 기타 법률이 정하는 바와 달리할 경우에는 은행의 채권보전에 지장이 없는 범위 내에서 채무자와 담보제공자 및 보증인의 정당한 이익을 고려해야 한다.

10. 채무자로부터의 상계(기본약관 제11조)

채무자로부터의 상계는 은행으로부터의 상계조항에 대응하는 것으로 계약당사자 간의 형평을 구현하고 은행의 채권보전에도 충분한 배려를 기하려고 정하고 있는 것이다.[86)]

가. 채무자는 채무자의 기한 도래한 예금 기타의 채권과 은행에 대한 채무와를 그 채무의 기한 도래 여부에 불구하고 상계할 수 있다.

나. 만기 전의 할인어음에 관하여 상계를 할 경우, 채무자는

86) 『여신실무법률(상)』 p.190.

어음금액에서 환매일부터 만기일까지 할인료 상당금액을 뺀 나머지 금액에 대한 환매채무를 지고, 이를 상계할 수 있다. 그러나 은행이 타인에게 재양도중인 할인어음에 관하여는 상계할 수 없다.

다. 외화에 대한 채권과 채무에 관하여는, 각 기한 도래하고 또한 외국환에 관한 법령에 따른 소정절차를 밟은 때에 한하여 상계할 수 있다.

라. 상계를 하는 경우에는, 서면에 의한 상계통지에 의하기로 하며, 상계한 예금 기타 채권의 증서·통장은 이미 신고한 도장을 찍거나 서명을 하여 곧 은행에 제출하여야 한다.

마. 상계를 하는 경우 채권·채무의 이자, 할인료 등과 지연배상금의 계산기간은 상계통지가 도달한 날까지로 하고, 그 율은 은행이 정하는 바에 따르며, 외국환시세는 은행이 계산 실행할 때의 시세에 의한다. 또한 기한 전 변제에 관한 특별한 수수료의 정함이 있는 때에는 그 정함에 따르기로 한다.

11. 채무자의 상계충당지정(기본약관 제14조)

가. 채무자가 상계하는 경우, 채무자의 채무 전액을 소멸시키기에 부족한 때에는, 채무자가 지정하는 순서에 따라 상계에 충당한다.

나. 채무자가 상계충당지정을 아니하거나 채무자가 지정한 순서에 따라 충당하는 경우 은행의 채권보전상 지장이 생길 염려가 있는 경우에는 은행이 상계에 충당할 채무를 지정하기로 한다.

12. 위험부담 · 면책조항(기본약관 제15조)

가. 채무자가 발행·배서·인수나 보증한 어음 또는 채무자가 은행에 제출한 제 증서 등이 불가항력·사변·재해·수송도중의 사고 등 은행 자신의 책임 없는 사유로 인하여 분실·손상·멸실 또는 연착한 경우 채무자는 은행의 장부·전표 등의 기록에 의하여 채무를 갚기로 하되, 채무자가 은행의 장부·전표 등의 기록과 다른 자료를 제시할 경우 은행의 기록과 채무자가 제시하는 자료를 상호 대조하여 채무를 확정한 후 갚기로 한다.

나. 채무자는 분실·손상·멸실의 경우에 은행의 청구에 따라 곧 그에 대신할 어음이나 증서 등을 제출하여야 한다. 일정한 경우에는 제출하지 않아도 된다.

다. 변제 또는 어음이나 증서의 제출로 인하여 채무자가 과실 없이 이중의 지급의무를 부담하게 됨으로 말미암은 손해는 은행이 부담하여야 한다.

라. 은행이 어음이나 제 증서 등의 인영·서명을 채무자가 미리 신고한 인감·서명과 상당한 주의로써 대조하고, 틀림없다고 인정하여 거래한 때에는, 어음·증서 등과 도장·서명에

관하여 위조 · 변조 · 도용 등의 사고가 있더라도 이로 말미암은 손해는 채무자가 부담하며, 채무자는 어음 또는 증서 등의 기재 문언에 따라 책임을 지기로 한다.

은행이 채무자로부터 받아들인 어음이나 증서에 관해 분실 · 손상 · 멸실 · 연착 등 물리적인 사고나 위조 · 변조 · 도용 등 법률적인 사고가 발생하더라도 그것이 은행의 책임으로 돌릴 사유에 기인하는 것이 아닌 한 그 위험은 채무자가 부담하고 은행은 면책시키기로 한 특약이다. 이러한 특약은 거래의 대량성, 집단성 및 엄격한 법적 통제하의 낮은 이익률, 또한 궁극적인 예금자 보호의 요청 등으로 미루어 보면, 이러한 위험부담 · 면책조항은 기업유지의 원칙을 은행여신거래약관에 적용한 것으로 그 합리성이 인정될 수 있다고 한다.[87)]

'금융기관은 예금청구자에게 예금수령의 권한이 있는지 없는지를 판별하는 방편의 하나로 예금청구서에 압날한 인영과 금융기관에 신고하여 예금통장에 찍힌 인감을 대조 확인하는 것이 통상의 예인 바, 이때에는 인감대조에 숙련된 직원으로 하여금 그 직무 수행 상 필요로 하는 충분한 주의를 다하여 인감을 대조하도록 하여야 할 것이고, 그러한 주의의무를 다하지 못하여 예금수령의 권한이 없는 자에게 예금을 지급하였다면 금융기관으로서는 그 예금 지급으로서 채권의 준점유자에 대한 변제로서의 면책을 주장할 수 없다'는 판결이 있다.[88)]

87) 『여신실무법률(상)』 p.211.

88) 대법원 2001. 6. 12. 선고 2000다70989 판결, 대법원 1992.2.14. 선고 91다9244 판결.

13. 통지의 효력(기본약관 제18조)

가. 은행이 채무자가 신고한 최종 주소로 서면통지 또는 기타 서류 등을 발송한 경우, 보통의 우송기간이 경과한 때에 도달한 것으로 추정한다.

나. 채무자가 변경신고를 게을리 함으로 말미암아 서면통지 또는 기타 서류가 채무자에게 연착하거나 도달되지 않은 때에는 보통의 우송기간이 경과한 때에 도달한 것으로 본다. 다만, 상계통지나 기한전의 채무변제 청구 등 중요한 의사표시인 경우에는 배달증명부 내용증명에 의한 경우에 한하여 도달한 것으로 본다.

다. 은행이 채무자에 대한 통지 등의 사본을 보존하고 또 그 발신의 사실 및 연월일을 장부 등에 명백히 기재한 때에는 발송한 것으로 추정한다.

의사표시는 상대방에게 도달하여야 효력이 발생하는 것이지만 일일이 문서에 의하여 안내를 한다는 것은 쉬운 일이 아니다. 통지의 경우 정상적인 경제활동을 하는 경우에는 문제가 없으나 부도 등으로 잠적한 채무자와 연락이 되지 않았다가 수년 후 채무자가 나타나 은행의 담보권실행 및 강제집행 등에 대한 이의를 제기하는 경우에 이 약관조항의 유효성이 있다. 그러나 전자적 수단이 발달하여 내용증명도 우체국이 대신 해주는 세상이 되었고 휴대전화가 보편적으로 사용되는 시대이므로 약관

조항만을 믿고 있을 것이 아니라 가능한 수단을 모두 동원하여 최대한 안내하여야 할 것이다.

제3절 약관의 운용과 관련된 문제점

1. 은행거래와 약관규제법

은행의 여신거래 기본약관은 약관규제법에서 규율하는 약관에 해당한다. 은행거래가 국민경제에 미치는 영향력을 고려할 때 은행 스스로 불공정성을 배제하고 개선하는 방향으로 운영되어야 할 것이다. 공정거래위원회의 입장도 마찬가지인 것으로 추정한다. 은행약관이 사회경제활동에 미치는 영향력이 크고 외부의 감시인의 눈빛도 예리하여 약관내용 그 자체에 있는 불공정성의 문제는 많이 시정이 되었다고 본다. 그러나 약관운용에 있어서 때때로 문제를 일으키기도 한다.

2. 약관의 운용상 문제점

가. 약관의 명시의무

약관의 명시의무라 함은 말 그대로 약관이 잘 보이도록 게시하여 고객이 그 내용을 알 수 있게 할 의무가 은행에 있다는 것이다. 약관이 어디에 있는지 은행원에게 물어 보아야 할 정도라면 은행은 명시의무를 이행하지 않은 것이라고 보아야 할 것이다. 또한 중요내용 설명의무에 대해서는 채무자가 은행업무와 법률의 내용을 알고 있어야 이해할 수 있는 내용이 상당하여 특별히 중요한 내용에 대해서는 설명을 하라는 취지이다.[89] 은행에서 약관이 어디에 있는지 쉽게 찾을 수 없다면 명시의무는 이행하지 않은 것으로 보아야 할 것이다.

나. 중요내용 설명의무

보통 대출약정을 체결하는 경우 은행원이 여러 가지 서류를 보여주고 설명을 한 후에 연필로 동그라미를 친 부분에 사인을 요구한다. 사인을 요구하는 조항들은 약관의 내용 중에서 아마 가장 중요한 내용일 것이다. 그러고 나서 약관의 말미쯤에 '설명 듣고 이해했냐'고 묻는 란에 '설명 듣고 이해했음' 등의 문구를 기재하라고 은행원이 불러주기까지 하는데 이마저도 부족하다고 느낀 은행에서는 친절하게도 받아쓰기에 익숙하지 않은 분들을 위해 희미하게 '설명 듣고 이해했음'이라는 문자를 예시로 기재해 두고 있다. '설명은 들었으나 이해는 안 됨' 혹은 '사인하라고 해서 그냥 사인함'이라고 기재하면 은행과의 거래는 물 건너가는 것인가? 친절했던 그 은행원의 얼굴은 어떻게 변할까?[90]

---

89) 사업자는 약관의 모든 내용을 설명하여야 하는 것은 아니고, 약관 중 중요한 내용만을 설명하면 된다. 일반적으로 급부의 변경, 계약해제 사유, 사업자의 면책, 고객의 책임가중, 부제소합의 등에 관한 사항은 중요내용이라 할 수 있으나 이러한 사항도 고객이 이미 알고 있거나 거래상 일반적이고 공통된 것이어서 별도의 설명이 없더라도 충분히 예상할 수 있었던 사항 또는 이미 법령에 의해 정해진 것을 되풀이하거나 부연하는 정도에 불과한 사항이라면 설명을 요하는 중요내용이 아니라 할 것이다.

90) 대법원 2003. 8. 22. 선고 2003다27054 판결 등. 보험자는 보험계약을

다. 可讀性

각종 약관은 분량도 분량이지만 글씨마저 작아서 도저히 읽어 볼 수가 없는데 특히나 보험약관은 거의 그리스어로 제작된 책[91]이라고 보아도 무방할 것이다. 생명보험약관의 경우에는 각종 질병이나 상해와 관련된 내용들이 한글로 설명되어 있으나 전문지식이 없는 일반인들이 보기에는 거의 외국어와 다름이 없다. 보험설계사들은 약관에 기재된 내용에 대해 해박할까? 한때 보험설계사들의 대부분은 애들 다 키우고 생활전선에 뛰어든 아주머니들이셨는데 이분들은 보험과 의학지식들에 정통하신 분들이었을까?[92] 이러한 약관을 만든 보험회사 직원은 소비자들이 이 약관을 읽어 보기를 기대하면서 만들었을까? 아니면 심심하거나 아는 것이 많은 것을 자랑하기 위해서…….

체결할 때에 보험계약자에게 보험약관에 기재되어 있는 보험 상품의 내용, 보험료율의 체계, 보험청약서 상 기재사항의 변동 및 보험자의 면책사유 등 보험계약의 중요한 내용에 대하여 구체적이고 상세한 명시·설명의무를 지고 있으므로, 만일 보험자가 이러한 보험약관의 명시·설명의무에 위반하여 보험계약을 체결한 때에는 그 약관의 내용을 보험계약의 내용으로 주장할 수 없지만, 보험약관의 중요한 내용에 해당하는 사항이라 하더라도 보험계약자나 그 대리인이 그 내용을 충분히 잘 알고 있는 경우에는 당해 약관이 바로 계약 내용이 되어 당사자에 대하여 구속력을 가지므로 보험자로서는 보험계약자 또는 그 대리인에게 약관의 내용을 따로 설명할 필요가 없다.

91) 'It's Greek to me'의 어원도 로마인의 귀에 그리스말로 들린다, 하나도 모르겠다. 뭐 그런 뜻에서 유래했다고 들었다.

92) 필자의 모친도 모 생명보험회사의 매출신장·조직확대의 전략에 의해 아시는 분의 강권으로 거의 한 달을 보험회사 대리점에 출근하시고 교육도 받으셨다. 이런 분들로 급조된 보험설계사가 제대로 보험의 보장내용과 면책조항에 대해 설명할 수 있을까? 지금은 어떨까?

라. 그렇다면 약관에 의한 계약의 체결은 어떠한 방식으로 이루어져야 할까?

은행원이나 보험회사 직원이 일일이 내용을 설명을 하고 동의를 받아야 할까? 그렇다면 대량거래로 인해서 제정된 약관은 본래의 의미가 없어지게 되는데…….

결국은 소비자와 직접적인 관련이 있는 분야에서는 국가의 후견적 감독이 더 강화되어야 하고 법률을 연구하시는 분들의 활발한 연구와 문제제기가 함께 수반되어야 할 것이다. 무엇보다 중요한 것은 은행업계 스스로 불공정한 약관내용과 운용방법을 소비자의 입장에서 개선해 나가는 노력이 필요하다고 생각한다.

3. 도덕적 해이의 문제

한편, 약관에 의한 거래에서 금융회사의 설명의무와 관련한 맹점을 악용하는 사람들이 있다. 설명하지 않았다거나 설명과 다르다거나. 특히 원금이 보장되지 않는 투자형계약에서 원금에 대한 손실이 난 경우에 설명의무위반을 이유로 분쟁이 발생하는 경우가 있다. 어찌되었건 소비자에게는 소비자의 기대이상만큼 수익이 발생하지 않았거나 손실이 났다는 것인데 그 원인을 사업자인 금융회사에 전가시키고 소비자에게는 너그러운 법원도 문제는 있다.

기대이상의 수익이 발생했다면 아무런 문제도 되지 않았을 설명의무가 손실이 발생했기 때문에 문제가 된 것이다. 이런 법률행위가 어디에 있나? 약관에 의한 계약이 성립하면 성립하고 말면 마는 것이지 수익이 나면 성립했고 손해가 나면 성립하지 않는 계약이 있기는 있나?[93] 궁금하다.

---

93) 변액보험 계약을 체결하면서 보험사가 약관을 상세하게 설명하지 않는 등 고객보호 의무를 위반했다면 전액 환불해야 한다는 첫 판결이 나왔다. 서울고법 민사4부(재판장 이기택 부장판사)는 김 모 씨 등 2명이 '보험설계사가 설명의무를 위반했다'며 A보험사와 보험설계사를 상대로 낸 손해배상 청구소송 항소심에서 1심을 뒤집고, 1억 7천만 원을 지급하도록 원고 승소 판결했다고 7일 밝혔다. 재판부는 'A사가 김 씨와 유니버설 및 변액 유니버설 보험을 체결하면서 약관 내용이나 위험성, 투자수익률에 따른 해약환급금의 변동 등을 충분히 설명하지 않았다'며 '이는 고객보호 의무를 위반한 것으로 손해배상의 책임이 인정된다'고 판시했다. 또 '계약자에게 변액보험 약관 등 서면을 교부하는 것만으로 설명의무를 다했다고 보기 힘들다'며 '설명의무나 적합성의 원칙을 위반한 투자 권유는 경솔한 판단을 유도하고 여기서 발생한 투자자의 과실은 권유자에 의해 '획책된 과실'이므로 과실 상계의 대상이 될 수 없다'고 덧붙였다. 김 씨 등은 2007년 3~5월 유니버설보험과 변액 유니버설 보험계약 3건을 체결하고 보험료 3억 9천여만 원을 냈다가 중도 해지해 2억 2천여만 원을 환급받았다. 이에 김 씨는 원금이 보장된다는 설계사의 설명을 믿고 소득수준에 맞지 않는 보험에 가입했다며 차액을 반환하라고 소송을 냈다. 1심은 설계사의 설명의무 위반을 인정할 근거가 없다며 원고 패소로 판결했다. 헤럴드경제 2010.4.8. 〈변액보험 약관을 상세히 설명하지 않은 보험사 100% 환불 판결〉에서.

제6장 전자상거래(인터넷사이버몰) 표준약관

제1절 개관

정보통신기술 발달 등 전자상거래 관련 산업 인프라 발달과 소비자의 온라인 활용 증가에 따른 구매패턴 변화 및 선불거래에서의 신용카드사용과 구매안전서비스 의무화 도입으로 거래대금의 안전장치가 강화되어 인터넷쇼핑몰, TV홈쇼핑 등의 전자상거래(통신판매)가 지속적으로 성장하는 추세에 있다.

〈거래주체별 전자상거래 규모 (거래액)〉94)

(단위 : 10억 원)

거래주체별	2006	2007	2008	2009	2010
합계	413,584	516,514	630,087	672,478	824,391
기업 간 (B2B)	366,191	464,456	560,255	592,965	747,090
기업 · 정부간 (B2G)	34,435	36,801	52,266	59,455	52,772
기업 · 소비자간 (B2C)	9,132	10,226	11,359	12,045	16,005
기타	3,826	5,032	6,207	8,012	8,523

2006년을 기준으로 5년 만에 전자상거래에 의한 거래규모는

94) 통계청, 국가통계포탈(KOSIS).

2배 이상으로 성장을 하였다. 특히 기업 간 거래는 규모에서 전체 전자상거래 시장의 규모를 압도하고 있다.

전자상거래시장의 성장배경을 살펴보면, 초창기인 1995년에는 자본력을 갖춘 전문 TV홈쇼핑사를 바탕으로 한 통신판매의 형태로 시장이 형성되었으나, 2000년 초반부터 인터넷을 기반으로 개별 인터넷쇼핑몰인 일반몰이 시장을 주도하다가 2005년 이후 오픈마켓이 급성장하기 시작하면서 관련시장에서의 일반몰과 오픈마켓의 매출비율 격차는 점차 좁혀지고 있으며, 이러한 오픈마켓 강세 추세는 앞으로도 계속 이어질 것으로 전망된다.

또한, 전자상거래는 구매의 편리성과 시장신뢰도 제고로 인해 총거래액이 매년 증가하는 순기능적 역할하고 있는 반면, 비대면·원격거래의 특성에 따른 계약해제·해지 거부, 품질·A/S, 부당행위·약관, 계약의 불완전 이행, 허위·과장광고 등에 따른 소비자피해 구제청구 또한 꾸준히 발생하고 있는 점으로 보아, 소비자의 구매만족도가 오프라인 거래 형태보다 낮은 것으로 보인다.[95)]

제2절 전자상거래에 있어서의 소비자 보호의 필요성

1. 개인정보보호관련 법률체계

우리나라 개인정보 보호법제는 헌법을 최상위 근거법으로 하고 이에 기한 프라이버시권을 보장하는 구체적 법률로서 공공

95) 『2009년 공정거래백서』 p.311. 정영교 집필 부분에서.

분야에서는 '공공기관의 개인정보보호에 관한 법률'이, 민간분야에서는 '정보통신망 이용촉진 및 정보보호 등에 관한 법률'이 각각 일반법으로 적용되어지고 있다. 공공부문은 개인정보 보호에 관한 일반법으로 '공공기관의 개인정보보호에 관한 법률'이 제정돼 있고, 주민등록법 등의 개별법에 개인정보보호에 관한 규정이 산재하고 있다. 민간부문은 일반법으로 '정보통신 이용촉진 및 정보보호 등에 관한 법률'이 있고, 개인신용정보에 관해서는 신용정보의 이용 및 보호에 관한 법률이 시행되고 있다. 그 밖에 전자정부법, 통신비밀보호법, 금융실명제 및 비밀보장에 관한 법률 등의 개별법에 개인정보에 관한 규정들이 산재하고 있다. 제정되어지는 개인정보보호법에서는 법의 적용대상을 비영리단체 등의 민간을 포함한 공공부문의 모든 개인정보처리자로 확대되며, 보호범위 역시 컴퓨터 등에 의해 처리되는 정보 외 수기문서를 포함하도록 확대되었다.[96)]

2. 전자상거래소비자보호법의 필요성

전자상거래는 시간적·공간적 제한이 대폭 완화되어 컴퓨터가 인터넷에 연결되기만 하면 언제든지 주문이 가능한 편리성이 있으나 오프라인 거래에서는 미처 예상하지 못했던 새로운 소비자문제가 발생하고 있다. 이는 비대면·선불거래 라는 전자상거래의 특성에서 기인하는 것이다.

전자상거래의 경우 사이버공간을 통해 거래가 이루어져 거래에 있어 본인의 신원확인을 위해 개인정보가 필요하고 이러한

96) www.privacy.go.kr

정보가 노출될 경우 특히 주민번호 등이 도용·악용될 소지가 있고[97] 온라인 주문과 결제과정에서 신용카드번호, 예금계좌 등과 같은 지불정보의 도용, 개인신상정보의 데이터베이스화 및 그 오·남용 등으로 소비자의 사생활이 침해될 우려가 있다.[98]

또한 보통 대금결제가 먼저 이루어지고 결재사실을 확인한 후에 비로소 배송이 이루어 질 뿐만 아니라 쇼핑몰의 개설 및 폐쇄 등이 용이하여 정상가의 반값에 판매하는 것으로 광고한 후 실제 결재대금만 챙기고 배송이 이루어지지 않는 사고가 발생하거나[99] 지연배송, 계약내용과 다른 재화의 배송 등의 당사자 사이에 분쟁이 발생할 가능성이 오프라인 거래에 비해 높다고 할 것이다.

이러한 특성에 따라 국가에서도 전자상거래소비자보호법을 제정하는 등 소비자들의 피해를 방지하기 위해 많은 노력을 기

97) 옥션 회원 14만 6천 601명이 '해킹으로 인한 개인정보유출로 피해를 입었다'며 (주)이베이옥션과 인포섹(주)을 상대로 낸 손해배상 청구소송이 제기된 사건이 있었다. 법원은 '옥션이 취한 보안조치 내용을 볼 때 과실을 인정하기 어렵다'며 원고패소 판결을 내렸다.

98) 국내 3대 인터넷 서비스인 네이트와 싸이월드가 해킹을 당해 최대 3천 500만 명에 달하는 회원들의 개인정보가 유출됐을 가능성이 제기됐다. 이 경우, 국내 개인정보 유출사고 사상 역대 최대 규모다. 방송통신위원회(이하 방통위)는 28일 SK컴즈의 네이트·싸이월드 해킹사고와 관련된 긴급 브리핑에서 '아직까지 피해 규모를 예단할 수 없다'면서 '그러나 회원 대다수의 개인정보가 빠져나갔을 가능성도 배제할 수 없다'고 밝혔다. 현재 방통위는 개인정보 및 보안 전문가들로 구성된 사고조사단을 SK컴즈에 파견한 상태다. 3천 500만 명의 회원정보 대부분 빠져나갔을 경우, 개인정보 유출사고 가운데 역대 사상 최대치를 기록할 전망이다. moneytoday 2011. 8. 10. 〈(네이트 해킹)개인정보유출, 사상최대 달할 듯〉.

99) 대표적으로 하프프라자 사건을 들 수 있다. 가전제품 등 정상물품을 반값에 판매한다고 허위과장 광고한 후 물품을 구매한 소비자가 인터넷쇼핑몰에서 상품 대금을 결제한 후 상품을 받지 못한 상태에서 갑작스런 사업자의 연락두절이나 사이트가 폐쇄된 피해 사례 피해 규모 9만 6천 명, 피해액 310억에 이른다고 소비자보호원은 추정하였다.

울이고 있다. 논의를 전자상거래약관으로 좁혀서 약관규제법과의 관계를 살펴보고자 한다.

3. 전자상거래소비자보호법의 제정 · 시행

이와 같은 전자상거래의 제반특징 및 우려되는 문제점으로부터 소비자를 보호하기 위하여 전자상거래소비자보호법을 마련(2002년 3월 30일 제정되었고 같은 해 7월 1일부터 시행)하여 사업자에게 일정한 준수의무를 부과하고 있다. 특히 제2장(전자상거래 및 통신판매)은 통신판매를 행하는 사업자들이 준수해야 할 사항들을 규정함으로써 이 법의 가장 중요한 내용을 담고 있다.[100]

제3절 전자상거래와 약관규제법

1. 전자약관의 약관성

약관이라 함은 다수의 상대방과 계약을 체결하기 위하여 일방 당사자에 의해 미리 작성된 계약조항을 말하고, 전자약관이란 일방당사자가 다수의 상대방과 계약을 체결하기 위하여, 인터넷과 같은 개방형 시스템 하에서 컴퓨터 등 연산작용에 의한 정보처리장치를 통해 일정한 형식에 따라 미리 마련한 계약의 내용이 되는 것을 말한다.

---

100) 공정거래위원회 소비자정책국, 전자상거래소비자보호법 설명 자료.

약관규제법은 그 형태를 불문하고 계약의 일방 당사자가 다수의 상대방과 계약을 체결하기 위하여 일정한 형식에 의하여 미리 마련한 계약의 내용이 되는 것을 약관으로 규정하고 있기 때문에 비록 약관이 전자적인 형태로 존재한다고 하더라도 그것이 일반적인 약관이 가지고 있는 실질과 내용을 지니는 한 약관규제법 소정의 약관에 해당함은 부언의 여지가 없다고 할 것이다.[101)]

2. 전자약관의 편입합의와 명시 · 교부

우리나라의 많은 웹사이트들은 기본적으로 서비스를 이용하기 위해서는 이용자들로 하여금 자신의 웹사이트에 회원으로 등록하는 절차를 마련하고, 이러한 회원등록 절차의 어느 부분에서 자신이 마련한 이용약관을 제시하고 이에 동의하는지 여부를 묻는 절차를 두는 것이 보통이다.

일반적으로 이용자는 회원가입 절차의 첫 화면에서 제시되는 회원약관, 개인정보의 수집활용 동의서, 개인정보의 제3자 제공약관 등을 한번 훑어보고 바로 '동의함'이라고 표시된 버튼을 차례로 수차례 그것도 귀찮다는 듯이 클릭한 후, 그 다음에 나타나는 개인정보 입력화면에서 자신들의 개인정보를 입력해 넣음으로써 회원가입 절차를 마치게 된다.

사업자의 약관 명시의무는 그 내용에 대한 인지가능성을 부여하는 것으로 족한 것이라고 설명은 하지만, 단순하고도 거의 기계적인 클릭이라는 행위 자체로 인해 사업자가 이용자에게

---

101) 김진환, 「약관 규제법과 전자 약관의 계약 편입」, 경상대학교 법학연구 제10집(2001) p.46.

제시하는 약관에 편입이 이루어졌다고 말할 수 있을까?[102] 약관을 읽어 보고 동의하는 사람이 얼마나 될까? 혹은 읽어 보는 사람이 있기는 있을까? 의문이다.

한편, 약관법은 고객의 요구가 있을 경우에는 약관의 사본을 고객에게 교부하여야 하고, 교부란 어떠한 물건의 점유의 이전을 의미한다고 할 것인바, 전자약관은 그것이 전자적인 형태로 존재하고 있기 때문에 어떠한 경우에 점유의 이전이 있었다고 할 것인가가 문제될 수 있다.

사업자의 약관교부의무를 명시의무의 한 내용을 이루는 것으로서 고객의 약관 내용에 대한 인지가능성을 더욱 보장하려는 취지라고 이해하는 이상, 웹사이트 운영자가 자신의 홈페이지의 일정장소에 약관으로의 링크를 설정하여 두고 원하는 이용자 누구나 쉽게 그 내용을 검토할 수 있게 하는 정도만으로도 약관의 교부가 있었다고 보아도 무방하다고 한다.[103]

---

102) 폭스뉴스는 15일 영국의 게임 판매회사 '게임스테이션(Game Station)'이 자사의 약관에 이와 같은 내용을 담아 변경한 이후 7천 500여 명이 이 약관에 동의해 자신의 영혼을 팔고 게임을 구매했다고 보도했다. 변경된 약관을 자세히 살펴보면 '2010년 4월 1일부터 이 사이트에 주문함과 동시에, 당신은 당신의 불멸하는 영혼을 우리에게 양도하는 것을 허락한다. 만약 우리가 이 권리를 행사할 경우 당신은 영혼을 포기하는데 동의하는 것으로 간주한다. 또한 고지 후 5일이 지날 경우 어떤 불만제기도 받아들여지지 않는다'고 명시돼 있다.
물론 해당 약관에 표시된 날짜에서 알 수 있듯이, 이는 만우절을 이용한 이 회사의 농담이었던 것으로 밝혀졌다. 하지만 이에 대한 보도가 나기 전까지 어떤 소비자도 변경된 약관의 내용을 눈치 채지 못했다. 결국 '게임 트레일러'는 법적으로 7천 500여 명의 고객의 영혼을 합법적으로 '소유'하게 된 셈이다. 이 회사는 자사 사이트에 회원가입을 하는 고객들이 가입약관을 자세히 읽어보지 않는 것에 착안해 이런 장난을 쳤다고 전했다. 조선닷컴 2010. 4. 18 〈제품 약관 제대로 안 읽었다가 영혼까지 '판' 소비자들〉.

103) 김진환, 앞의 논문 pp.53-54. 재구성.

그러나 약관에 대한 점유의 이전이 있었다고 하기 위해서는 우편을 통해 약관의 인쇄물이 고객에게 배달이 되어 현실적으로 읽어 볼 수 있고 철회할 수 있는 가능성이 부여되거나 최소한 이메일을 통해 약관의 내용이 고객에게 송부되어 고객이 언제든지 그 내용을 확인할 수 있는 정도는 되어야 점유의 이전이 있었다고 보아야 하지 않을까? 약관이 개정되었다는 내용의 e-메일은 수시로 온다. 그렇지만 개정이전의 약관의 내용이 어떠했는지 모르는데 개정된 약관의 내용을 알 수나 있을까?

3. 전자약관의 중요 내용에 관한 설명

기존의 논문들이나 사법연수원교재는 아래과 같이 전자약관의 중요내용에 대한 설명의무의 이행을 풀이하고 있다.

전자약관은, 일반적으로 이용되어 오는 서명에 의한 약관과 비교하여 그 특성에 따라 통상적인 경우의 약관의 설명의무 이행과 동일한 정도로 평가될 수 있을 만큼 고객에게 명백한 인지가능성을 부여하는 설명의 방식을 모색하여야 한다. 이 때, 고객의 약관상 중요부분에 대한 인지가능성의 명확한 보장과 그 이행에 관한 입증방법의 확보가 주요한 관건이 될 것이라고 설명하고 평이한 서술과 효과적인 시청각 수단의 활용, 설명과정의 세분화와 상호작용 기능의 이용, 설명과정의 종료가 웹사이트 이용의 전제조건이 되는 시스템의 구성이 필요하다고 한다.[104]

결론적으로 전자약관의 명시・설명의무는, 사업자의 지위에 있는 웹사이트운영자가 그 서비스이용을 위한 고객의 회원등록

104) 김진환, 앞의 논문 pp.56-59. 재구성.

절차에서부터 '메인페이지 〉 전체약관과 동의버튼의 제시 〉 개인정보의 입력과 가입신청 〉 가입신청접수메시지 〉 약관의 중요내용을 위한 방안 〉 최초 로그인'의 과정을 시스템적으로 구현함으로써 상당정도 그 이행이 가능하리라 판단된다[105]고 한다.

그러나 이미 가입절차에서 밝힌 바와 같이 약관을 읽어 보는 사람이 거의 없고 거의 클릭클릭을 통해 가입이 이루어지는 것이 현실이다. 동의하지 않으면 다음 절차로 진행이 되지 않도록 구성하고 있다고 해도 단지 소비자가 클릭했다는 이유로 사업자가 명시·설명의무를 이행했다고 하는 것은 전자상거래와 관련한 법률을 현실에 억지로 맞추기 위한 논리의 과장이다. 나아가 명시설명의무의 형해화를 조장하거나 묵인하는 것이라고 말하고 싶다. 인터넷을 통해 거래하는 것과 직접 만나서 거래하는 것은 서로 '대면'하는 것을 제외하면 본질적으로 차이가 없는데, 궁금한 점을 물어 볼 수도 없는 인터넷을 통한 거래에 더 약한 의무를 부과하는 것은 수긍하기 어렵다. 최소한 Flash에 의한 동영상이나 설명문이 스크롤되고 잠시만이라도 화면이 멈춰져서 읽어 볼 수 있는 가능성이라도 부여되는 등 말 그대로, 문자 그대로, 명시와 설명이 있어야 그 의무를 이행했다고 보아야 하지 않을까?

또한 전자상거래에 있어서 보편적인 문제점이기도 하지만, 인터넷쇼핑몰에서 물품을 구매하는 경우에 쇼핑몰에 게시되어 있는 물품이 대부분 JPG 또는 TIFF 등 사진으로 표현되어 있다. 사진에 대한 후보정 기술의 눈부신 발달로 인해 배송 받은 물품과 주문한 물품이 기대에 미치지 못하는 경우가 많다. 과장

105) 사법연수원, 전자거래법(2004) p.339.

광고, 실물과 모니터 자체의 색감 차이 등도 원인이 될 수 있다. 이러한 경우에 구매취소 절차 및 반송과 배송비용 부담 등에 대해 사업자는 단순히 약관을 게시했다는 이유만으로, 구매자는 그 약관에 생각없이 동의했다는 이유만으로(정확히 말하자면 클릭했다는 이유로) 소비자가 쇼핑몰의 정책에 따라 기꺼이 따라야 하는 것은 더욱 동의하기 어렵다.

4. 전자상거래 피해동향

전자상거래에 의한 피해구제는 2005년에 비해 2006년에는 9.5%로 감소하다가 2007년부터 증가하고 있는 추세에 있으며 2008년도 전자상거래 피해구제 처리건수 비중은 15.9%로 리치투유사건[106]으로 절대 접수 건이 많았던 2005년의 14.9%를 초과하고 있다. 또한 꾸준히 증가하고 있는 것도 문제이다.

〈전자상거래 피해구제 동향〉[107]

(단위 : 건, %)

구분	2005	2006	2007	2008
총 피해구제	21,828	23,482	22,184	19,327
전자상거래 피해구제	3,248	2,231	2,639	3,080
전자상거래 비중	14.9	9.5	11.9	15.9

2005년에서 2008년까지 접수건수 기준 연평균 증가율은 △1.7%이나, 전체 피해구제 대비 비중 기준 연평균 증가율은 2.2%이다.

106) 리치투유사건은 가격 비교 사이트에 최저가로 상품을 올려 단기간에 소비자를 모은 후 사이트를 폐쇄하고 잠적한 사건임.

107) 〈2008년도 전자상거래 소비자 상담 및 피해분석 동향분석〉, 한국소비자보호원.

〈전자상거래 피해구제 주요품목 동향〉

(단위 : 개, %)

품목 (대분류)	2007		2008		증감	
	건수 (비중)	순위	건수 (비중)	순위	건수증감율	비율증감율
의류 · 섬유신변 제품	997 (37.8)	1	1,018 (33.1)	1	21 (2.1)	△4.7 (△12.4)
정보통신 서비스	346 (13.1)	2	625 (20.3)	2	279 (80.6)	7.2 (55.0)
정보통신 기기	248 (9.4)	3	304 (9.9)	3	56 (22.6)	0.5 (5.3)
문화용품	193 (7.3)	4	212 (6.9)	4	19 (9.8)	△0.4 (△5.5)
차량 · 승용물	160 (6.1)	5	130 (4.2)	5	△30 (△18.8)	△1.8 (△29.5)
스포츠 · 레저 · 취미용품	70 (2.7)	8	11.3 (3.7)	6	43 (61.4)	1.0 (37.0)
문화 · 오락서비스	73 (2.8)	7	104 (3.4)	7	31 (42.5)	0.6 (21.4)
운수 · 보관 · 관리서비스	37 (1.4)	11	88 (2.9)	8	52 (140.5)	1.5 (107.1)
가구	62 (2.3)	9	73 (2.4)	9	11 (17.7)	0.0 (0.0)
가사용품	59 (2.2)	10	72 (2.3)	10	13 (22.0)	0.1 (4.5)
기타	394 (14.9)	–	340 (11.0)	–	–	–
합계	2,639 (100.0)	–	3,080 (100.0)	–	441 (16.7)	–

품목별(대분류)로는 '의류 · 신변제품'이 가장 많았고 '정보통신서비스', '정보통신기기', '문화용품'의 순으로 나타나며 '정보통신서비스'는 2007년도 대비 피해구제접수 증가율이 제일 크게 증가하였다.

주요 피해 다발 품목순위는 2007년과 비교해 볼 때, 10권 내에서 일부순위 변동은 있었으나, 상위 5위권 내의 순위는 변화가 없다.

〈전자상거래 피해구제 청구 이유별 동향〉

(단위 : 건, %)

피해유형	2007		2008		전년대비			
	건수	비율	건수	비율	건수 증감	증감율	비중 증감	증감율
계약 해제 · 해지	1,137	43.1	1,193	38.7	56	4.9	△4.4	△10.1
품질 · A/S	821	31.1	895	29.1	74	9.0	△ 2.1	△ 6.6
부당 행위 · 약관	287	10.9	696	22.6	409	142.2	11.7	107.5
계약 이행	227	8.6	180	5.8	△47	△20.7	△2.8	△32.1
광고 · 표시	64	2.4	39	1.3	△25	△39.1	△ 1.2	△47.8
가격 · 요금	49	1.9	24	0.8	△25	△51.0	△1.1	△58.0
제품안전	17	0.6	14	0.5	△3	△17.6	△0.2	△29.4
규격 · 계량	3	0.1	6	0.2	3	100.0	0.1	71.4
거래 관행	3	0.1	2	0.1	△1	△33.3	△0.0	△42.9
포장	–	–	1	0.0	1	100.0	0.0	100.0
법규위반	–	–	1	0.0	1	100.0	0.0	100.0
사이버 장애	2	0.1	1	0.0	△1	△50.0	0.0	△57.2
제도	1	0.0	–	–	△1	△100.0	0.0	△100.0
기타	28	1.1	28	0.9	–	–	0.2	△14.3
합계	2,639	100.0	3,080	100.0	441	△16.7		

2008년을 보면, 피해유형별로는 '계약해제·해지'가 1,193건으로 가장 많았으며, 그 다음으로 '품질·A/S'가 895건, '부당행위·약관' 696건, '계약이행' 180건, '광고·표시' 39건의 순으로 나타났으며 소비자 피해 유형상위 5개 사유 중 '부당행위·약관'은 2007년도 대비 전체에서 차지하는 비중이 증가한 반면 나머지 4개 유형은 비중이 모두 감소하였다는 것을 볼 수 있다.

자료의 내용을 볼 때 전자상거래에 의한 피해구제신청은 꾸준히 증가하는 추세에 있다는 점을 볼 수 있으며, 그 품목은 의류·섬유신변제품이 2007년과 2008년 모두 1위를 차지하였는바, 그 원인은 사진 상으로 보이는 것과 실물과의 차이, 사이즈 및 소비자의 변심 등으로 인한 것이 많을 것으로 생각된다.

오프라인 거래에서도 의류·섬유신변제품은 교환이나 환불이 많이 이루어지는 품목인데 쇼핑몰에서 제시하는 약관의 내용에 따라 소비자가 교환이나 환불을 받을 수 없다면 클릭의 대가가 너무 비싸다고 생각한다. 오프라인에서는 눈으로 보고 만져보고 입어보고 마음에 들지 않을 경우에는 구매하지 않거나 다른 제품으로 얼마든지 교환이나 환불받을 수 있는데 인터넷에 쇼핑몰을 개설한 사업자의 권리가 오프라인에 비해 많이 보호받아야 할 이유도 없고 소비자가 오프라인보다 덜 보호받아야 할 이유도 없다고 본다.

피해구제를 신청한 청구이유를 보면, 직접적으로 전자상거래 약관과 관련한 내용은 건수를 기준으로 3위에 해당하나 계약의 해제·해지나 계약이행 등이 모두 약관과 관련한 내용에 포섭되어야 할 것이므로 당사자 사이에 약관으로 인한 분쟁이 차지하는 비중은 실제로는 가장 많은 건수와 비중을 차지하고 있다고 해도 과언이 아니다. 이러한 점에서 전자상거래 표준약관을 마련하여 소비자의 권익을 보호할 필요성은 더욱 크다. 다만, 표준약관의 경우에도 여러 가지 문제점이 내포되어 있으며 특히 컴퓨터를 통한 약관의 승인이 이루어진다는 점에서 약관이 아무리 훌륭하게 잘 만들어져 있다고 해도 문제점은 본질적으로 내재되어 있다고 본다.

제4절 전자상거래(인터넷사이버몰) 표준약관의 내용[108)]

1. 약관 등의 명시와 설명 및 개정(약관 제3조)

가. '인터넷사이버몰(이하 '몰'이라 한다)'은 약관의 내용과 상호, 영업소 소재지, 대표자의 성명, 사업자등록번호, 연락처(전화, 팩스, 전자우편 주소 등) 등을 이용자가 알 수 있도록 '몰'의 초기 서비스화면(전면)에 게시하고, 이용자가 약관에 동의하기에 앞서 약관에 정하여져 있는 내용 중 청약철회・배송책임・환불조건 등과 같은 중요한 내용을 이용자가 이해할 수 있도록 별도의 연결화면 또는 팝업화면 등을 제공하여 이용자의 확인을 구해야 한다.

나. 약관의 개정과 관련하여, 약관의 규제 등에 관한 법률, 전자거래기본법, 전자서명법, 정보통신망 이용촉진 등에 관한

108) 약관에 대한 설명은 공정거래위원회에서 제정하여 2010. 12. 17. 개정한 표준약관 제10023호를 기준으로 설명한다.

법률, 방문판매 등에 관한 법률, 소비자보호법 등 관련법을 위배하지 않는 범위에서 이 약관을 개정할 수 있으며, 약관을 개정할 경우에는 적용일자 및 개정사유를 명시하여 현행약관과 함께 '몰'의 초기화면에 그 적용일자 7일 이전부터 적용일자 전일까지 공지한다.

다. 약관을 개정할 경우에는 그 개정약관은 그 적용일자 이후에 체결되는 계약에만 적용되고 그 이전에 이미 체결된 계약에 대해서는 개정 전의 약관조항이 적용된다. 다만 이미 계약을 체결한 이용자가 개정약관 조항의 적용을 받기를 원하는 뜻을 제3항에 의한 개정약관의 공지기간 내에 '몰'에 송신하여 '몰'의 동의를 받은 경우에는 개정약관 조항이 적용된다. 현실성이 없다고 본다.

라. 또한 청약철회·배송책임·환불조건 등과 같은 중요한 내용은 회원가입 시에 포괄적으로 회원에게 동의를 받을 것이 아니라 각 구매계약을 체결할 때마다 동의를 받는 것이 타당하다고 생각한다. 아마 소비자들은 또 각종 동의 항목에 클릭하는 것을 귀찮아 할지 모르는데 '몰'에서 이를 어떻게 받아들일지 모르겠다.

2. 서비스의 제공 및 변경(약관 제4조)

가. '몰'은 재화 또는 용역에 대한 정보 제공 및 구매계약의 체결, 구매계약이 체결된 재화 또는 용역의 배송, 기타 '몰'이

정하는 업무를 수행한다. 재화의 품절 또는 기술적 사양의 변경 등의 경우에는 장차 체결되는 계약에 의해 제공할 재화·용역의 내용을 변경할 수 있으며 변경된 재화·용역의 내용 및 제공일자를 명시하여 현재의 재화·용역의 내용을 게시한 곳에 그 제공일자 이전 7일부터 공지한다.

나. '몰'이 제공하기로 이용자와 계약을 체결한 서비스의 내용을 재화 등의 품절 또는 기술적 사양의 변경 등의 사유로 변경할 경우에는 그 사유를 이용자에게 통지 가능한 주소로 즉시 통지하고 이로 인하여 이용자가 입은 손해를 배상하되, '몰'에 고의 또는 과실이 없는 경우에는 그러하지 아니하다.

다. 그러나 재화의 품절 또는 기술적 사양의 변경이 있는 경우 그 사유를 이용자에게 통지한다는 내용만 있을 뿐이므로 회원의 선택에 따라 새로운 재화나 용역의 제공 또는 손해배상을 선택할 수 있도록 정해야 할 것이다. 품절인 재화와 기술적 사양의 변경이 있음에도 불구하고 서비스를 제공하겠다고 한 과실이 '몰'에게 있으나 손해의 입증과 과실상계 및 손익상계 등을 고려하면 손해배상은 거의 불가능하다고 보아야 할 것이다.

3. 서비스의 중단(약관 제5조)

가. '몰'은 컴퓨터 등 정보통신설비의 보수점검·교체 및 고장, 통신의 두절 등의 사유가 발생한 경우에는 서비스의 제공을 일시적으로 중단할 수 있으며 서비스의 제공이 일시적으로 중단

됨으로 인하여 이용자 또는 제3자가 입은 손해에 대하여 배상하지만 '몰'에 고의 또는 과실이 없는 경우에는 그러하지 아니하다.

나. 사업종목의 전환, 사업의 포기, 업체 간의 통합 등의 이유로 서비스를 제공할 수 없게 되는 경우에는 '몰'은 회원과 몰이 미리 약정하여 지정한 전자우편 주소로 이용자에게 통지하고 당초 '몰'에서 제시한 조건에 따라 소비자에게 보상한다. 다만, '몰'이 보상기준 등을 고지하지 아니한 경우에는 이용자들의 마일리지 또는 적립금 등을 '몰'에서 통용되는 통화가치에 상응하는 현물 또는 현금으로 이용자에게 지급한다.

4. 회원의 가입과 탈퇴(약관 제6 · 7조)

가. 이용자는 '몰'이 정한 가입 양식에 따라 회원정보를 기입한 후 약관에 동의한다는 의사표시를 함으로서 회원가입을 신청하고 일정한 사유에 해당하지 않는 한 '몰'은 회원으로 등록한다.

나. 회원가입계약의 성립 시기는 '몰'의 승낙이 회원에게 도달한 시점으로 하고 회원은 등록사항에 변경이 있는 경우, 즉시 전자우편 기타 방법으로 '몰'에 대하여 그 변경사항을 알려야 한다.

다. 회원은 '몰'에 언제든지 탈퇴를 요청할 수 있으며 '몰'은 즉시 회원탈퇴를 처리하지만 일정한 사유가 있는 경우에 회원자격을 제한하거나 정지시킬 수 있다.

5. 회원에 대한 통지(약관 제8조)

'몰'이 회원에 대한 통지를 하는 경우, 회원이 '몰'과 미리 약정하여 지정한 전자우편 주소로 할 수 있고 불특정 다수 회원에 대한 통지의 경우 1주일 이상 '몰' 게시판에 게시함으로써 개별통지에 갈음할 수 있으며 회원 본인의 거래와 관련하여 중대한 영향을 미치는 사항에 대하여는 개별 통지한다.

6. 계약의 성립(약관 제10 · 12조)

가. '몰'은 구매 신청에 대하여 신청 내용에 허위, 기재 누락, 오기가 있는 경우, 미성년자가 담배, 주류 등 청소년보호법에서 금지하는 재화 및 용역을 구매하는 경우, 기타 구매 신청에 승낙하는 것이 '몰' 기술상 현저히 지장이 있다고 판단하는 경우에 해당하면 승낙하지 않을 수 있다.

나. 미성년자와 계약을 체결하는 경우에는 법정대리인의 동의를 얻지 못하면 미성년자 본인 또는 법정대리인이 계약을 취소할 수 있다는 내용을 고지하여야 한다. '몰'의 승낙이 수신확인통지 형태로 이용자에게 도달한 시점에 계약이 성립한 것으로 본다.

다. '몰'은 이용자의 구매 신청이 있는 경우 이용자에게 수신확인 통지를 하고, 수신확인 통지를 받은 이용자는 의사표시의 불일치 등이 있는 경우에는 수신확인 통지를 받은 후 즉시 구매신청 변경 및 취소를 요청할 수 있고 '몰'은 배송 전에 이용자의 요청이 있는 경우에는 지체 없이 그 요청에 따라 처리하여야 한다.

7. 재화 등의 공급(약관 제13조)

가. '몰'은 이용자와 재화 등의 공급 시기에 관하여 별도의 약정이 없는 이상, 이용자가 청약을 한 날부터 7일 이내에 재화 등을 배송할 수 있도록 주문제작, 포장 등 기타의 필요한 조치를 취하고 '몰'이 이미 재화 등의 대금의 전부 또는 일부를 받은 경우에는 대금의 전부 또는 일부를 받은 날부터 2영업일 이내에 조치를 취한다.

나. '몰'은 이용자가 구매한 재화에 대해 배송 수단, 수단별 배송 비용 부담자, 수단별 배송 기간 등을 명시하고 '몰'이 약정 배송 기간을 초과한 경우에는 그로 인한 이용자의 손해를 배상해야 한다. '몰'이 고의, 과실이 없음을 입증한 경우에는 그러하지 아니하다.

다. 계약의 성립은 '몰'의 승낙이 수신확인통지형태로 이용자에게 도달한 시점에 계약이 성립한 것으로 간주하는데 비해 재화의 공급은 7일 또는 2영업일 이내에 조치를 취하는 것은 시기에 있어서 너무 이용자에게 불리하다고 본다. 선급으로 대금결제가 이루어지고 일정한 경우에는 반품·교환이 제한되어 있으며 반환에 필요한 비용을 이용자가 부담한다는 점에서 '몰'이 일정한 시기까지 배송이 되지 않거나 이용자가 원하는 서비스를 제공하지 않는 경우에는 지체책임을 부담해야 한다고 본다.[109)]

8. 청약철회 및 효과(약관 제15 · 16조)

가. '몰'과 재화 등의 구매에 관한 계약을 체결한 이용자는 계약 내용에 관한 서면을 교부 받은 날부터 7일 이내에 청약의 철회를 할 수 있다.

나. 이용자에게 책임 있는 사유로 재화 등이 멸실 또는 훼손된 경우 (다만 재화 등의 내용을 확인하기 위하여 포장 등을 훼손한 경우에는 청약철회를 할 수 있다), 이용자의 사용 또는 일부 소비에 의하여 재화 등의 가치가 현저히 감소한 경우, 시간의 경과에 의하여 재판매가 곤란할 정도로 재화 등의 가치가 현저히 감소한 경우, 같은 성능을 지닌 재화 등으로 복제가 가능한 경우 그 원본인 재화 등의 포장을 훼손한 경우, 그 밖에 거래의 안전을 위하여 대통령령이 정하는 경우에는 반품 및 교환을 할 수 없다.

다. 재화 등의 내용이 표시, 광고 내용과 다르거나 계약 내용과 다르게 이행된 때에는 당해 재화 등을 공급받은 날부터 3월 이내, 그 사실을 안 날 또는 알 수 있었던 날부터 30일 이내에 청약 철회 등을 할 수 있다.

---

109) 우리나라의 사이버몰의 경우에는 매우 신속하게 배송이 된다. 국토가 좁은 이유도 있겠지만 한국인의 빨리빨리 정서에 부합하기 위하여 또는 사이버몰이 차별화를 통한 경쟁력을 가지기 위한 수단일 수도 있겠다. 미국에 있는 사이버몰의 경우에는 주문에서부터 실제 배송까지는 참으로 많은 시간이 소요된다고 한다. 국제거래라는 특성을 감안해도 그렇다. 국토가 좁은 것도 때로는 경쟁력이 된다.

라. '몰'은 이용자로부터 재화 등을 반환 받은 경우 3영업일 이내에 이미 지급받은 재화 등의 대금을 환급한다. '몰'이 이용자에게 재화 등의 환급을 지연한 때에는 그 지연 기간에 대하여 공정거래 위원회가 정하여 고시하는 지연 이자율(연 100분의 24)을 곱하여 산정한 지연 이자를 지급한다.

마. '몰'은 위 대금을 환급함에 있어서 이용자가 신용카드 또는 전자화폐 등의 결제수단으로 재화 등의 대금을 지급한 때에는 지체 없이 당해 결제수단을 제공한 사업자로 하여금 재화 등의 대금의 청구를 정지 또는 취소하도록 요청한다.

바. 청약철회 등의 경우 공급받은 재화 등의 반환에 필요한 비용은 이용자가 부담하고 청약철회 등을 이유로 위약금 또는 손해배상을 청구하지 않는다. 다만 재화 등의 내용이 표시, 광고 내용과 다르거나 계약내용과 다르게 이행되어 청약 철회 등을 하는 경우 재화 등의 반환에 필요한 비용은 '몰'이 부담한다.

9. 개인정보보호(약관 제18조)

가. '몰'은 이용자의 정보 수집 시 구매계약 이행에 필요한 최소한의 정보를 수집하고, 이용자의 개인 식별이 가능한 개인 정보를 수집하는 때에는 반드시 당해 이용자의 동의를 받으며, 일정한 경우를 제외하고는 이용자의 동의 없이 목적 외의 이용이나 제3자에게 제공할 수 없으며, 개인정보 보호를 위하여 관리자를 한정하여 그 수를 최소화 하며 신용카드, 은행계좌 등을

포함한 이용자의 개인정보의 분실, 도난, 유출, 변조 등으로 인한 이용자의 손해에 대하여 모든 책임을 지며, '몰' 또는 그로부터 개인 정보를 제공받는 제3자는 개인정보의 수집 목적 또는 제공받은 목적을 달성한 때에는 당해 개인정보를 지체 없이 파기한다.

나. 그러나 전자상거래약관에 동의하는 순간에 '개인정보의 제3자 제공'에 대한 동의는 항상 따라오고 이에 동의하지 않는 경우에는 회원으로 가입할 수가 없다. 회원으로 가입하지 않는 경우에는 회원이 누리는 혜택을 받을 수 없으므로 결국은 회원 가입이 사실상 강제되어 있고, '개인정보의 제3자 제공'도 강제되어 있는 것이나 마찬가지이다. 이렇게 제공된 정보는 각종 마케팅에 활용이 될 것은 뻔한 것이 아닌가? 개인신상정보가 유출되었다는 뉴스[110)]는 이제 식상하다. 스팸문자나 메일은 나의 전화번호나 이메일 주소를 어떻게 알고 오는지. 약관 내용대로 즉시 파기되기는 된 것일까.

다. 나아가, 일부 집단소송 인터넷 카페는 소송수임 대가로 변호사에게 알선료를 요구하는 등 소비자 권리보호보다 금전적 대가를 목적으로 소송을 추진하고 있다는 뉴스가 나오고, 사건

---

110) 2008년에는 옥션 회원 정보 해킹 사건 1천 81만 건, 9월 GS칼텍스의 개인정보 1천 125만 건이 유출되었다는 뉴스가 있었고 2010년 3월에는 중국 해커들이 국내 유명 백화점과 포털 커뮤니티 사이트를 해킹하여 약 2천만 건의 개인신상정보를 취득하고 이 정보를 중국 해커로부터 사들여 2천여만 건의 개인정보를 온라인에서 알게 된 사람들에게 판매한 혐의(정보통신망 이용 촉진 및 정보보호 등에 관한 법률 위반 등)로 최 모(25) 씨 등 3명을 붙잡힌 사건이 있었다.

수임에 어려움을 겪는 변호사업계에서는 이러한 소송이 블루오션으로 떠오를 정도로 변호사들이 경쟁적으로 집단소송을 진행하고 있다는 소식을 들을 때 참으로 씁쓸하기까지 하다.[111)]

10. 연결몰과 피연결몰의 관계(약관 제21조)

연결 '몰'은 피연결 '몰'이 독자적으로 제공하는 재화 등에 의하여 이용자와 행하는 거래에 대해서 보증 책임을 지지 않는다는 뜻을 연결 '몰' 초기 화면 또는 연결되는 시점의 팝업 화면으로 명시한 경우에는 그 거래에 대한 보증 책임을 지지 않는다.

11. 분쟁의 해결 등(약관 제24 · 25조)

가. '몰'은 이용자가 제기하는 정당한 의견이나 불만을 반영하고 그 피해를 보상 처리하기 위하여 피해보상 처리기구를 설치, 운영한다.

나. '몰'과 이용자 간에 발생한 전자상거래 분쟁에 관한 소송은 제소 당시의 이용자의 주소에 의하고, 주소가 없는 경우에는 거소를 관할하는 지방법원의 전속관할로 한다. 다만, 제소 당시 이용자의 주소 또는 거소가 분명하지 않거나 외국 거주자의 경우에는 민사소송법상의 관할법원에 제기한다. '몰'과 이용자 간에 제기된 전자상거래 소송에는 한국법을 적용한다.

---

111) 2008. 12. 29. 파이낸셜뉴스.

12. 적립금[112)]

마케팅 수단으로 '몰'이 회원에게 일정한 적립금을 부여하고 있으나 다른 사람에게 양도할 수도 없고 회원에서 탈퇴를 하거나 일정기간 구매내역 및 적립금의 변동이 없는 경우에는 적립금이 소멸된다고 약관에서 정하고 있다.[113)] 그러나 이는 상당한 이유 없이 사업자가 이행해야 할 급부를 일방적으로 중지하는 것에 해당하여 고객에게 부여된 권리를 이유 없이 배제하는 조항으로 고객에게 부당하게 불리한 약관조항에 해당한다. 따라서 회원등록 말소의 경우에도 정당한 이유 없이 회원이 이미 취득한 권리와 재산상의 가치를 박탈할 수 없도록 약관에 반영하여야 할 것이다.

제5절 전자상거래와 소비자 보호

전자상거래는 거래의 편리성으로 인해 많은 사람들이 이용하고 있다. 그러나 온라인 사기거래, 개인정보의 유출, 사이트 폐쇄, 교환이나 반품의 문제 등으로 인하여 염려스러운 부분이 존재하는 것도 사실이다. 전자상거래가 더욱 활발해지기 위해서는 법령의 정비, 처벌과 감시·감독의 강화 등 여러 가지 수단

---

112) 이해진, 〈고려대학교 법무대학원 약관규제에 관한 법률 발표 자료〉 재구성.
113) '적립금은 고객이 회원을 탈퇴한 경우에, 모두 소멸되며 재적립되지 않습니다' 또는 '회원을 탈퇴하는 경우 적립금사용, 할인쿠폰의 사용 등 회원으로서의 모든 혜택은 누릴 수 없게 됩니다' 또는 '회원 탈퇴 시 포인트(적립금, 사이버머니, 상품권 전환 포인트 등) 및 제휴 포인트는 유효기간과 상관없이 소멸합니다' 등 여러 가지 형태로 정하고 있다.

이 사용될 수 있겠지만 무엇보다도 먼저 사업자들이 자율적으로 소비자보호를 보다 강화해야 한다. 소비자로부터 신뢰를 상실하면 아무리 편리한 제도라고 해도 더욱 성장하거나 활성화되기는 어려울 것이다. 이와 함께 소비자 피해에 대한 신속한 보상과 쇼핑몰에 대한 신뢰구축 및 법률적 제도적 보완도 함께 이루어져야 할 것이다.

제2편 부동산관련 제도

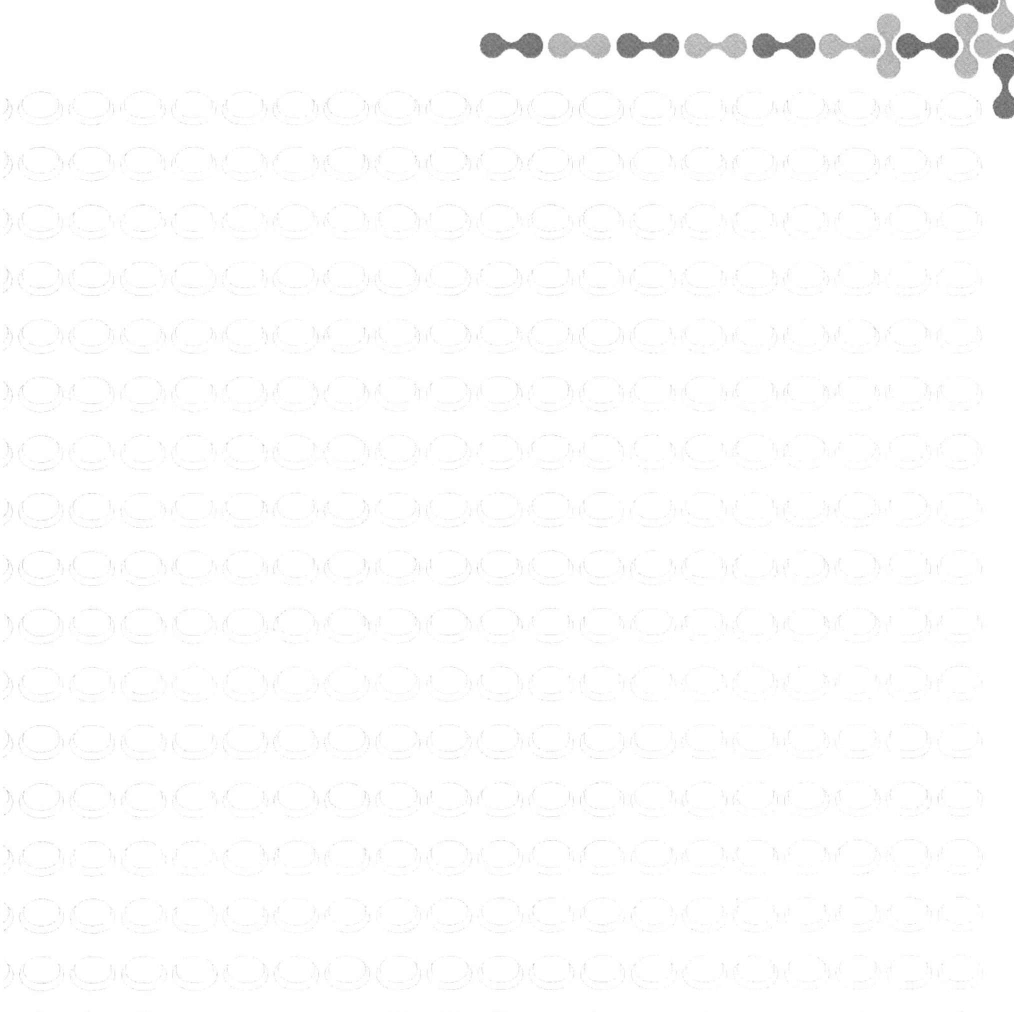

제1장 부동산 등기에 대한 이해

제1절 부동산 등기[114)]

1. 부동산 등기법의 중요성

부동산 등기법을 이해하는 것은 매우 중요하다. 소유권이나 담보권을 취득하는 경우 부동산에 대한 공시방법이 등기부이고 등기하지 않는 경우에는 소유권과 담보권을 취득할 수 없기 때문이다. 따라서 등기부 등본을 제대로 확인하고 이해하지 않고서는 부동산과 관련된 거래나 제도는 이해될 수 없다고 보아야 한다. 대학에서는 민법중 물권법에 대한 강의와 함께 부동산 등기법에 대한 강의도 함께 이루어져야 한다. 거의 대부분의 학교가 부동산 등기법 과목을 개설하지 않고 있고, 학생들 역시 부동산을 사고팔거나 담보 취득해 본 경험이 거의 없어 부동산 등기법에 대한 이해는 고사하고 입사해서 비로소 등기부 등본을

114) 물 좋고 기름진 땅에 자리를 잡은 우리 민족은 아버지의 아버지로부터 또 그 아버지의 아버지로부터 땅을 물려받아 농사를 지으며 살았다. 그래서 땅의 소유권이라고 하는 것은 현재의 경작자와 소유자가 일치하는 것이 당연한 것이었다. 그러나 이리저리 떠도는 유목민족에서는 定住의 개념이 얇아 땅을 내 것으로 인정받기 위해서는 누군가로부터 확인을 받아야 했기에 필연적으로 등기라는 제도가 생길 수밖에 없었던 것은 아니었을까? 점유와 소유가 분리된 세상. 등기라는 유목민의 법은 이 땅에 수없이 많은 억울한 사람을 양산하면서 우리에게 다가와 둥지를 틀었다.

처음 접해보는 것이 대부분이다. 그나마 부동산 등기가 땅문서나 집문서로 인식되어 머릿속에서 희미하지만 매우 중요한 것이라고 인식하고 있으니 다행이다.

이러한 문제점은 부동산 등기법에만 해당되는 것은 아니다. 계약을 체결하게 되면 급부와 반대급부의 이행이 당연히 수반됨에도 불구하고 채권법에서는 계약에 대해서는 열심히 설명할 뿐 반대급부의 이행으로서 그 지급수단이 되는 어음·수표에 대한 언급이 없다. 어음·수표가 상법강의에 편성이 되다보니 10만 원 권 혹은 100만 원권 자기앞수표밖에 본 적이 없는 학생들로서는 어음·수표법을 이해하기가 쉽지 않을 것으로 생각된다. 나아가 어음·수표를 대체하고자 고안된 여러 제도들이 많이 있음에도 불구하고 이에 대한 강의는 전혀 이루어지지 않고 있다.

새로운 계약이라고 교과서에서 다루고 있는 것이 팩토링, 신용카드, 리스, 할부판매, 방문판매, 통신판매, 다단계판매와 같은 수십 년도 더 된 구닥다리를 새로운 것이라고, 전혀 새롭지도 않은 것을 새롭다고 10년째 우기면서 꿋꿋이 교과서에 싣고 있으니 이것을 새로운 것으로 알고 입사하는 신참들이 할 수 있는 것이란 복사(Copy)밖에 더 있겠나? 제대로 알지 못하는 선배한테 그나마 어깨너머로 배워서 그걸 밑천삼아 업무를 처리하고 학교를 졸업함과 동시에 책을 손에서 놓아 버리니… 바젤2에는 법률리스크도 포함되어 있는데 어깨너머로 배운 지식이 바젤2를 어찌 감당할까나? 바젤3은 또 어쩌고?

2. 부동산 등기 개요

등기부는 부동산 등기법상의 등기에 관한 장부의 하나이다. 등기부는 물적 편성주의에 따라 1부동산 1등기용지(用紙)를 구성한다. 등기부에는 1필의 토지 또는 1동의 건물에 대하여 1용지를 사용한다(법 제15조 제1항). 이를 1부동산 1등기 용지의 원칙이라 한다. 1부동산 1등기용지주의는 부동산의 권리관계를 간명하게 공시하여 등기부상의 혼란을 막고 거래의 안전을 도모하자는 데 그 제도적 의의가 있다.[115] 부동산에 관한 법률행위로 인한 물권의 득실변경은 등기하여야 그 효력이 생기므로 부동산 등기제도는 부동산 물권변동에 대한 성립요건이며, 부동산에 대한 물권을 공시하는 방법이다.

수작업등기부에서의 부동산 등기라 함은 등기관이 등기부에 부동산의 표시와 권리관계를 법정절차에 따라 기재하는 행위 또는 그러한 기재 자체를 말하고, 등기사무를 전산정보처리조직에 의하여 처리하는 경우에는 등기사항이 기록된 보조기억장치를 등기부로 보므로(법 제177조의 2 제1항) 이러한 전산등기부에서의 부동산 등기란 등기관이 보조기억장치에 기록하는 것 또는 그러한 기록 자체를 의미한다.[116]

115) 노종천, 「부동산공시제도 일원화 방안」, 원광법학 제24권 제1호 p.44.
116) 〈부동산 등기법〉 p.1. 사업연수원(2010)

3. 우리나라 부동산 등기제도의 특징

가. 물적 편성주의

물적 편성주의는 등기의 대상이 부동산을 편성단위로 하여 등기용지를 편성하는 것으로서, 부동산이 위치하는 지번(주소)를 중심으로 편성되어 있다. 등기의 대상이 되는 부동산을 토지와 건물 등으로 나누어 부동산 등기법상 토지등기부와 건물등기부 둘로 편제되어 있다.

등기부는 그 1용지를 등기번호란, 표제부와 갑, 을의 2구로 나누고, 표제부에는 표시란, 표시번호란을 두며, 각 구에는 사항란, 순위 번호란을 둔다. 다만, 을구는 적을 사항이 없으면 두지 아니할 수 있다(법 제16조 제1항).

나. 공동신청주의

등기는 등기권리자와 등기의무자가 공동으로 신청하여야 하는 것이 원칙이다. 이는 일방당사자가 실체적 권리관계와 다른 등기기재를 신청함으로써 입게 될 타방당사자의 불이익을 미연에 방지하기 위함이다. 예외적으로 단독신청을 하는 경우가 있다(예를 들면, 판결·상속에 의한 등기, 미등기부동산소유권의 보존등기, 가등기, 부동산 표시의 변경등기 등).

다. 형식적 심사주의

등기관의 심사범위에 관하여 형식적 심사주의와 실질적 심사주의로 나눌 수 있다. 형식적 심사주의는 등기절차법상 적법성만을 심사하는 제도로서 등기절차를 신속하게 할 수 있는 장점이 있다. 실질적 심사주의에 의해서는 등기신청의 원인이 실제로 존재하는지 여부와 실체법상 유효요건까지 심사하게 되어 부실등기를 방지하는 효과가 있다. 우리나라에서는 형식적 심사주의를 취하고 있다.

등기관은 등기신청의 심사 시에 신청에 흠결이 존재하는 경우에는 그 신청을 각하해야 한다. 다만, 신청의 잘못된 부분이 보정될 수 있는 경우로서 신청인이 등기관이 보정을 명한 날의 다음 날까지 그 잘못된 부분을 보정하였을 때에는 그러하지 아니하다(법 제29조).

라. 등기의 공신력 불인정

등기의 공신력이란 등기부상 권리와 실체관계가 부합하지 않아도 등기부상 권리를 유효하게 인정하는 것을 말한다. 우리나라는 공신력의 인정 여부에 관한 명문 규정은 없으나 판례는 등기의 공신력을 부정하고 있다(대법원 1969. 6. 10. 선고 68다199 판결).

4. 등기부와 대장

가. 등기부

등기부는 부동산 등기법상의 등기에 관한 장부의 하나로서 부동산에 관한 권리관계와 권리의 객체인 부동산의 사실적 사항(물리적, 객관적 현황)을 기재하는 공적 장부를 말한다. 등기부에는 토지등기부와 건물등기부의 2종이 있다(법 제14조 제1항).

나. 대장

대장은 지적공부의 하나이다. 지적공부라 함은 토지정보 및 토지의 거래 및 과세를 위한 기초자료로 이용하기 위하여 토지를 측량하고 구획된 필지단위의 토지를 등록하고 비치하는 법정의 장부를 말한다.[117] 토지에 대해서는「측량·수로조사 및 지적에 관한 법률」에 의한 토지대장, 임야대장, 공유지연명부, 대지권등록부, 지적도, 임야도, 경계점좌표등록부의 7종이 있고, 건물에 대해서는 건축법에 의한 건축물대장이 있다.

부동산 등기는 부동산 물권변동을 공시하는 것으로서 법원이 작성·관장하지만, 「측량·수로조사 및 지적에 관한 법률」에 의한 지적소관청에서 작성·관장하는 대장으로서 물권을 공시하는 공적장부(토지대장, 임야대장 등)와 건축법에 의한 건축물대장이 있다. 이러한 공적장부는 행정목적(조세, 도시계획 등)을 위한 것으로 등기부와 대장이 이원화되어 있다.

---

117) 노종천, 앞의 책, p.45.

다. 등기부와 대장의 관계

1) 최초의 등기인 소유권보존등기는 대장에 터 잡아 이루어진다(법 제130조, 제131조). 그 후 부동산의 권리관계의 변동은 등기부를 중심으로 이루어지고 변경된 등기부에 따라 대장상 권리관계의 변동이 이루어진다. 반면에 권리관계 이외의 부동산의 사실적 사항 즉, 현황이나 지번, 지목 등의 변경은 대장을 중심으로 이루어지고 변경된 대장을 기준으로 등기부의 변경이 이루어진다.

2) 두 장부상의 표시는 일치되어야 함이 원칙이고 당연하지만, 두 장부의 존재 목적, 관리에 관한 지배원리 및 관장기관이 서로 달라 불일치하는 경우가 많고 불편이 적지 않다.[118)][119)]

---

118) 국토해양부는 부동산 공적장부(공부) 일원화를 위한 기초 작업으로 부동산 관련 각종 공적 서류에서 발견된 오류 5천만 건을 올해 정비할 방침이라고 25일 밝혔다. 대표적인 부동산 공부인 토지대장, 건물대장, 등기부등본 등을 확인한 결과, 토지대장과 등기부등본의 정보가 일치하지 않는 등 오류 건수가 5천만 건에 달하는 것으로 확인됐다. 국토부는 작년까지 전체 토지(임야) 3천 700만 필지와 건축물 1천 900만 동과 관련해 발견된 오류의 99%를 수정한 데 이어 연말까지 토지대장과 등기부등본 대조를 통해 어느 한쪽이 잘못 입력된 것을 모두 고칠 방침이다. 국토부 관계자는 '부동산 행정이나 공부 오류로 말미암아 토지나 건축물 거래 때 대장과 도면, 실제 현장을 함께 확인하지 않으면 국민의 재산 피해로 연결될 수 있어 모든 오류를 조속히 수정할 예정'이라고 말했다. 국토부에 따르면 A씨는 경기도의 땅 한 필지를 팔고 난 뒤 실측했더니 토지대장의 면적보다 5㎡가 넓어 400만 원의 손해를 본 사례가 있다. 또 B씨는 등기부등본과 토지대장만 보고 땅을 사들였으나 지적도에도 없고 실제로 존재하지 않는 경우도 있었다. 국토부는 관련 지침을 마련해 3월께부터 오류 수정을 본격화할 예정이다. 이를 통해 2013년부터 5년간 행정업무 간소화와 민원인 업무처리 시간 절감, 소송 등 분쟁 예방 등으로 2천 763억 원의 비용을 절감할 수 있을 것으로 국토부는 기대했다. 연합뉴스 2011. 1. 25.

119) 앞으로 토지대장과 지적도, 등기부등본 등을 한 서류로 확인할 수 있게

양자가 불일치할 경우 권리관계는 등기부의 기재가, 권리관계 이외의 사항은 대장의 기재가 우선하게 됨이 원칙이다. 따라서 어떤 토지 중 일부가 분할되고 그 분할된 토지에 대하여 지번과 지적이 부여되어 있어도, 지적공부 소관청에 의한 분필절차를 거친 바가 없다면, 그 등기가 표상하는 목적물은 특정되었다고 할 수 없어 분필의 효과가 발생할 수 없고 분할 전 토지는 의연히 한 필지의 토지로 존재한다고 보아야 한다.[120)]

제2절 부동산 등기부의 실제

1. 일반사항

부동산 등기부등본은 '토지등기부등본', '건물등기부등본', '집합건물등기부등본'이 있으며, 이들은 각각 부동산의 표시를 나

된다. 국토해양부는 부동산 공적 장부를 하나로 통합하기로 하고 13일 국회 헌정기념관에서 '부동산 행정정보 일원화'를 위한 정책토론회를 열었다. 부동산 공적 장부는 현재 국토부와 대법원 등 2개 부처가 5개 법령에 따라 18개를 운영하고 있다. 이 때문에 연간 1억 100만 건의 부동산 관련 서류가 오간다. 발급비용도 1000억 원 넘게 든다. 이를 통합하면 민원인의 비용・시간 절감은 물론이고 지자체의 행정효율도 확 올라갈 것으로 기대된다. 국토부는 우선 올해부터 2012년까지 토지대장과 임야대장・지적도・임야도・건축물대장 등 11종의 부동산 서류를 통합하기로 했다. 이어 2014년까지 개별공시지가 확인서・개별주택가격 확인서・공동주택가격 확인서・토지이용계획 확인서를 합칠 예정이다. 2014년 이후엔 대법원이 관리하는 토지등기부등본과 건물등기부등본・집합건물등기부등본 등도 추가 통합한다는 계획이다. 호서대 디지털비즈니스학부 이종원 교수는 '18개 가운데 우선 가능한 14개 장부만 통합해도 2013년부터 5년간 총 2조 2천 434억 원의 편익이 발생할 것'이라고 분석했다. 중앙일보 2011. 6. 14.

120) 대법원 1997. 9. 9. 선고 95다47664 판결.

타내는 '표제부'와 소유권을 나타내는 '갑구' 및 소유권 이외의 권리관계를 나타내는 '을구'로 구성되어 있다. 그러나 을구에 기재된 사항이 전혀 없거나 기재된 사항이 말소되어 현재 효력이 있는 부분이 전혀 없을 때에는 표제부 및 갑구만으로 구성되어 발급된다.

아파트, 연립주택, 빌라와 같은 '집합건물'의 경우에는 집합건물등기부등본에 건물부분(구분소유권)과 대지부분(대지권)에 관한 사항이 함께 기재되어 있으며, 또한 집합건물등기부등본은 1동의 건물 전체의 물리적 현황 및 구조 등을 표시하는 '1동 건물전체의 표제부'와 '1동의 건물을 구분한 건물(전유부분)의 표제부 · 갑구 · 을구'로 구성된다.

2. 표제부

표제부는 부동산의 소재지와 그 내용을 표시하며, 표시번호란과 표시란으로 나뉜다. 표시번호란에는 표시란에 등기한 순서를, 표시란에는 부동산의 표시와 그 변경에 관한 사항을 각각 기재한다. '토지'의 경우에는 지번 · 지목 · 면적을, '건물'인 경우에는 지번 · 구조 · 용도 · 면적[121] 등이 기재된다.

---

121) 면적은 ㎡로 표시되어 있는 바 이것을 평(坪)으로 환산하자면 3.3058로 나누면 된다. 정보(町步) : 3,000평(9,917.4㎡), 단보(段步) : 300평(991.74㎡), 무보(畝步) : 30평(99.174㎡), 평(坪) : 약 3.3058㎡이다.

가) 표제부(토지)

등기부 등본(말소사항 포함) - 토지

1) 서울특별시 강남구 역삼동 100 2) 고유번호 1146 - 1996 - 521959

3) 【표 제 부】			4) (토지의 표시)		
5) 표시 번호	접 수	소재지번	지 목	면 적	등기원인 및 기타사항
6) 1 7) (전2)	8) 1983년 1월21일	9) 서울특별시 강남구 역삼동 100	10) 대	11) 1,000㎡	12) 부동산 등기법시행규칙 부칙 제3조제1항의 규정에 의하여 1998년 11월 12일 전산이기

13) ※실선으로 그어진 부분은 말소사항을 표시함.
※등기부에 기록된 사항이 없는 갑구 또는 을구는 생략함.

14) 발행번호
11419911408916118010332301AR00100553SJI12801K11211

15) 1/3

16) 발행일 2010/O1/16

〈설명〉

1) 부동산 소재지의 행정구역과 지번을 나타낸다.

2) 고유번호 1146－1996－521959 : 강남등기소 관할 부동산 물건 고유번호를 말한다.

※ 1146 : 등기소명, 서울중앙지방법원 강남등기소를 나타낸다.

3) 표제부 : 부동산 등기용지의 맨 앞장에 위치하고, 그 부동산의 현황에 관하여 기재되어 있다.

4) 표제부에 표시할 부동산 물건이 토지에 관한 것이라는 것을 표시하고 있다.

5) 당해 물건의 생성과 소멸에 관한 내용의 변경 순서를 표시한다.

6) 1 : 당해 물건의 최초 등기임을 나타낸다.

7) (전2) : 구 등기부등본에서는 표시번호 2번의 내용이라는 뜻이다.

8) 1983년 1월 21일 : 당해 토지의 최초 등기신청을 접수한 연월일을 말한다.

9) 서울특별시 강남구 역삼동 100 : 당해 토지가 위치하고 있는 행정구역과 토지의 지번을 말한다.

10) 대 : 토지는 28개의 지목으로 분류하는데 그중에서 가장 기본이 되는 건축 가능한 토지를 말한다.

11) 1,000㎡ : 토지의 면적

12) 기존등기부등본을 전산정보 처리화하게 된 법률적 근거를 나타낸다.

13) 위의 등기부등본은 표제부사항에 실선으로 그어진 말소사항이 없다.

14) 강남등기소에서 발행한 등기부등본 발급번호, 일련번호부여

15) 당해 등기부등본 3장중 첫 번째 장이라는 것을 표시한다.

16) 등기부등본 발행일

나) 표제부(건물)

등기부 등본(말소사항 포함) - 건물

서울특별시 강남구 역삼동 100 고유번호 1146 - 1996 - 521959

1)
무
|
1
1
4
6

【표 제 부】 (건물의 표시)				
표시번호	접 수	소재지번 및 건물번호	건물내역	등기원인 및 기타사항
1 (전1)	1983년 1월21일	서울 특별시 강남구 역삼동 100	2) 벽돌조 슬래브 천연슬레이트 3) 2층주택 1층:122.94㎡ 2층:90.24㎡ 지하층:86.70㎡ 4) 층별용도 지하층: 주택 69.00㎡, 차고 17.70㎡ 1-2층:주택	5) 도면 편철장 5책1009장 부동산 등기법시행규칙 부칙 제3조제1항의 규정에 의하여 1998년 11월 12일 전산이기

※ 실선으로 그어진 부분은 말소사항을 표시함.
※ 등기부에 기록된 사항이 없는 갑구 또는 을구는 생략함.
발행번호 11419911408916118010332301AR00100553SJI12801K11211
1/3
발행일 2010/O1/16

〈설명〉

1) 등기부등본은 매장마다 직인으로 간인하는데. 간인에 갈음하여 그 등기소 고유번호의 자동천공방식압날로 할 수 있다. 앞의 '무'는 등기관서의 고유번호 중 기본기호를 뜻하고, 뒤의 번호는 그 세분번호를 뜻한다. 위 예시의 등기부등본상에는 『무-1146』의 표시가 있는데 이는 서울지방법원 강남등기소를 뜻하고 표제부 우측 상단의 고유번호 1146은 좌측의 가로글씨로 천공 표시한 고유번호와 같다.

2) 건물의 구조, 지붕의 형태를 나타낸다.
3) 건물의 용도, 층별 면적을 나타낸다.
4) 층별 용도를 나타낸다.
5) 건축도면 편철 장부책 제5책 1009장에 당해 건축도면이 실려 있음을 표시한 것이다.

다) 표제부(집합건물)

아파트 등 집합건물의 경우에는 1동의 전체건물에 대한 표제부와 1동의 건물을 구분한 건물(전유부분)에 대한 표제부가 따로 있다. 전자의 표제부에는 1동의 전체건물과 그 건물이 속한 토지에 관한 사항을 기재하고, 후자의 표제부에는 전유부분의 건물과 그 대지권에 관한 사항을 기재한다.

등기부 등본(말소사항 포함) - 집합건물

서울특별시 강남구 도곡동 527 도곡아파트 제145동 제4층 제405호

고유번호 1146 - 1996 - 050122

【표 제 부】 1) (1동의 건물의 표시)				
표시번호	접 수	소재지번, 건물명칭 및 번호	2) 건물내역	등기원인 및 기타사항
1 (전1)	1978년 10월11일	서울특별시 강남구 역삼동 100 역삼럭키아파트 제145동	3) 철근콘크리트 4) 5층 5)아파트 6) 1층:331.24㎡ 2층:331.24㎡ 3층:331.24㎡ 4층:331.24㎡ 5층:331.24㎡	부동산 등기법시행규칙 부칙 제3조제1항의 규정에 의하여 1998년 11월 12일 전산이기

7) (대지권의 목적인 토지의 표시)				
표시번호	소재지번	지 목	면 적	등기원인 및 기타사항
1 (전1)	8) 1. 서울특별시 강남구 역삼동 100 9) 2. 서울특별시 강남구 역삼동 104	대 도로	144,965.1㎡ 3,083㎡	1986년11월7일 부동산 등기법시행규칙 부칙 제3조제1항의규정에 의하여 1998년 11월 12일 전산이기

※ 실선으로 그어진 부분은 말소사항을 표시함.

※ 등기부에 기록된 사항이 없는 갑구 또는 을구는 생략함.

발행번호

11419911408916118010332301AR00100553SJI12801K11211

1/5

발행일 2010/O1/10

〈설명〉

1) (1동의 건물의 표시) : 집합건물(아파트, 연립, 다세대 등)

인 아파트의 경우 당해 405호 아파트가 속해있는 도곡아파트 145동 건물 전체의 현황을 설명하며 「집합건물의 소유 및 관리에 관한 법률」의 규정에 의한 건물의 공용부분에 관한 용지는 그 표제부만을 둔다.

2) 건물내역 : 1동 전체의 물리적인 현황을 나타낸다.

3) 철근콘크리트 조 슬래브 지붕 : 건물의 구조는 철근콘크리트, 지붕은 슬래브라는 뜻이다.

4) 5층 : 1동 전체의 층수를 가리킨다.

5) 아파트 : 건축물의 용도에 의한 분류를 말한다.

6) 1층-5층 : 각층별 면적 표시

7) (대지권의 목적인 토지의 표시) : 대지권등기가 시행되기 전 아파트 등 집합건물의 토지에 대한 소유권등기는 1등기 용지에 수백 명의 공유지분을 등기했기 때문에 해독하는데 난해하였고 등기 업무상의 오류도 자주 발생하게 되었다. 이 문제를 해결하기 위해서 대지권등기제도를 만들었는 바, 이처럼 복잡한 토지등기를 각자의 집합건물등기부 표제부에 종속시킴으로써 간편하게 만들었다.

8) 1. 서울특별시 강남구 도곡동 527 : 1번 필지인 도곡동 527번지는 지목이 대지로써 면적은 144,965.1㎡이고,

9) 2. 서울특별시 강남구 도곡동 530 : 2번 필지인 도곡동 530번지는 지목이 도로로써 면적은 3,083㎡임을 표시한 것이다.

3. 갑구

갑구에는 소유권에 관한 사항을 표시하며, 순위번호란과 사항란으로 나뉜다. 순위번호란에는 사항란에 등기한 순서를, 사항란에는 부동산의 소유권에 관한 사항을 각각 기재한다. 소유권에 대한 압류, 가등기, 경매개시결정등기 그리고 소유권의 말소 또는 회복에 관한 재판이 진행 중임을 예고하는 예고등기, 소유자의 처분을 금지하는 가처분등기 등이 기재된다. 권리관계의 변경·소멸에 관한 사항도 갑구에 기재된다.

1) 【갑 구】 (소유권에 관한 사항)				
2) 순위번호	3) 등기목적	4) 접 수	5) 등기원인	6) 권리자 및 기타사항

〈설명〉

1) 갑구 : 소유권 및 소유권에 관한 여러 가지 처분제한과 변경, 소멸의 등기 등을 기재한다.
2) 순위번호 : 등기가 이루어진 순서대로 번호를 부여하게 되므로 순위번호라 한다. 따라서 이 순서에 따라 소유권에 관한 사항이 변동되어 왔다는 내역이 기록되는 것이며, 맨 후순위번호에 있는 소유자가 현재의 이 부동산 소유권자

임을 나타낸다.

3) 등기의 목적 : 갑구 또는 을구 상의 등기목적란에는 '소유권보존, 소유권이전, 근저당권설정 또는 등기명의인 표시변경 등'의 등기목적과 같이 신청하는 등기의 내용 내지는 종류를 나타낸다.

4) 접수 : 접수장에 기재된 '접수연월일'과 '접수번호'를 기재한다.

5) 등기원인 : '등기를 하게 된 그 원인(예: 매매, 증여, 상속 등)', '그 연월일'을 기재한다.

6) 권리자 및 기타사항

가) 사항란에 등기를 함에 있어서는 '등기권리자의 성명 또는 명칭(주민등록번호 또는 부동산 등기용등록번호 병기), 주소 또는 사무소 소재지 등 기타 신청서에 기재된 사항으로서 등기할 권리에 관한 것'을 기재하고,

등기권리자가 법인 아닌 사단이나 재단인 경우에는 그 대표자나 관리인의 성명과 주소를 기재하는 외에 그 주민등록번호를 병기하여야 한다. 이 경우 등기권리자의 성명 또는 명칭을 기재하는 데 있어서는 그의 주민등록번호나 부동산 등기용 등록번호를 병기하여야 한다.

4. 을구

을구에는 소유권이외의 권리에 관한 사항을 표시하며, 순위번호란과 사항란으로 나뉜다. 순위번호란에는 사항란에 등기한

순서를, 사항란에는 소유권이외의 권리 즉, 지상권, 지역권, 전세권, 저당권, 권리질권, 임차권에 관한 사항이 각각 기재되며 이러한 권리관계의 변경·이전이나 말소도 을구에 기재된다.

서울특별시 강남구 역삼동 100　　　　　고유번호 1146 - 1996 - 005260

【을　　구】 1) (소유권 이외의 권리에 관한 사항)				
2) 순위번호	3) 등기목적	4) 접　수	5) 등기원인	6) 권리자 및 기타사항

7) -- 이　하　여　백 --

8) 수수료　1,200원 영수함　　관할등기소 서울지방법원 강남등기소

이 등본은 부동산 등기부의 내용과 틀림없음을 증명합니다.
서기 2010년 1월 16일
서울지방법원 서부지원 용산등기소　　　등기관 박동선

※실선으로 그어진 부분은 말소사항을 표시함.
※등기부에 기록된 사항이 없는 갑구 또는 을구는 생략함.
발행번호
11419911408916118010332301AR00100553SJI12801K11211

2/2

발행일 2010/01/16

〈설명〉

1) (소유권 이외의 권리에 관한 사항) 지상권, 지역권, 전세권, 근저당권, 권리질권, 임차권 등의 설정・이전・변경・처분제한 또는 소멸에 관한 사항을 등기한다.

2),3),4),5),6) : 앞에서 설명한 갑구의 사항란 설명을 참조하기 바란다.

7) – 이하여백– : 을구 사항란 끝 부분에 표시한다.

8) 등기부등본 발급수수료

5. 종합

등기부 등본(말소사항 포함)–건물

【갑 구】 (소유권에 관한 사항)				
순위번호	등기목적	접 수	등기원인	권리자 및 기타사항
1	소유권 보존	1999년 7월5일 제33349호		소유자 정종정 370118-1 * * * * * * 대구광역시 남구 대명동 1251-2
2	소유권 이전	1999년 7월10일 제33350호	1999년 7월10일 증 여	소유자 박순호 400401-2 * * * * * * 서울특별시 강남구 역삼동 1451-2
3	가처분	1999년 7월15일 제35346호	1999년 7월15일 대구지방법원의 가처분결정 (99카단31178)	피보전권리 사해행위취소를 원인으로 한 소유권이전등기말소청구권 채권자 국민은행 금지사항 : 매매, 증여, 전세권, 전세권, 임차권의 설정, 기타일체의 처분행위 금지

4	소유권 이전	1999년 8월10일 제35468호	1999년 7월5일 매 매	소유자 이필영 401204-2 * * * * * * 서울특별시 서초구 서초동 1001-2
5	2번 소유권이전, 3번 가처분 및 4번 소유권이전 말소	2000년 1월15일 제35623호	2000년 1월15일 사해행위 취소소송 승소(2000다1915)	
6	가압류	2000년 1월16일 제35630호	2000년 1월16일 서울지방법원의 가압류 결정 (2000카단399)	청구금액 일억 원 권리자 기업은행
7	강제경매 신청	2000년 3월11일 제36752호	2000년 3월11일 서울지방법원의 강제경매개시 결정 (2000타경1011)	권리자 기업은행
8	소유권 이전	2000년 5월13일 제37685호	2000년 5월13일『경락(매각)』	소유자 홍길동 500418-1 * * * * * * 서울특별시 서대문구 홍제동 10
9	6번가압류, 7번강제경매 신청등기 말소	2000년 5월13일 제37685호	2000년 5월13일『경락(매각)』	

【을 구】 (소유권이외의 권리에 관한 사항)				
순위 번호	등기목적	접 수	등기원인	권리자 및 기타사항
1	근저당권 설정	1999년 8월15일 제35491호	1999년 8월15일 설정계약	채권최고액 금 오억 원 채무자 이필영 401204-2 * * * * * * 근저당권자 최종경
2	1번 근저당권 말소	2000년 1월15일 제35623호	2000년 1월15일 사해행위취소 소송 승소 (2000다1915)	

〈문제〉

1) 위 등기부 등본을 보고 1이 부동산의 우여곡절 많은 히스토리를 각자 설명해 보시오.
2) 위 등기부 등본에서 朱抹되어야 하는 부분을 선택해 줄을 그으시오.

제3절 등기의 효력 및 순위

1. 본등기의 효력

가. 권리변동적(권리창설적) 효력

등기는 원칙적으로 부동산물권변동을 일으키는 효력을 가지는 바, 이것이 등기의 효력 중에서 가장 중요한 것이다. 물권변동의 효력은 등기를 신청한 때가 아니고, 실제로 등기부에 기재한 때에 발생한다.

나. 추정적 효력

등기가 존재하더라도 실체적 권리관계가 수반되지 않으면 그 등기는 무효이지만, 그 등기가 말소될 때까지는 실체적 권리관계가 존재하는 것으로 추정된다. 단순한 추정에 지나지 않기 때문에 반증에 의하여 뒤집어질 수 있음은 물론이다.

다. 대항적 효력

‘부동산임차권 · 환매권’등이 등기된 때에는 제3자에 대하여서도 대항할 수 있게 된다. 또한 지상권 · 지역권 · 전세권 · 저당권에 있어서 그 존속기간 · 지료 · 이자 · 지급시기 등에 대해서도 마찬가지다. 등기가 허용되는 일정한 사항에 관하여는 등기하지 않으면 당사자 사이에서의 채권적 효력이 있을 뿐이나, 이것을 등기한 때에는 당사자 이외의 제3자에 대해서도 주장할 수 있게 된다.

라. 공신력

등기에는 공신력이 인정되지 않는다. 따라서 실체적 무권리자의 등기는 무효이고, 이 무권리자의 등기를 믿고 이전등기를 하더라도 무효이다.

마. 등기의 점유적 효력

부동산의 소유자로 등기되어 있는 자가 10년 소유의 의사로 선의 · 무과실 · 평온 · 공연하게 점유한 때에는 그 소유권을 취득한다(민법 제245조제2항).

2. 가등기의 효력

가등기는 본등기의 순위를 보전하기 위한 등기로서 부동산물권변동을 일어나게 할 청구권을 공시한다. 가등기를 한 경우에 본등기의 순위는 가등기의 순위에 따른다.

3. 등기부에 기재된 등기의 순위

같은 부동산에 관하여 등기한 권리의 순위는 법률에 다른 규정이 없으면 등기한 순서에 따른다. 등기의 순서는 등기기록 중 같은 구(區)에서 한 등기 상호간에는 순위번호에 따르고, 다른 구에서 한 등기 상호간에는 접수번호에 따른다(법 제4조).

등기부 등본(말소사항 포함) - 집합건물

서울특별시 강남구 논현동 155-4 서광연립주택 나동 제3층 제301호

고유번호 1146 - 1996 - 147442

【표 제 부】 (전유부분의 건물의 표시)				
표시번호	접 수	건물번호	건물내역	등기원인 및 기타사항
				도면편철장 제5책414장
1 (전1)	1982년 9월29일	제3층 제301호	벽돌조 66.75㎡ 지하실 18.94㎡	부동산 등기법시행규칙 부칙 제3조제1항의 규정에 의하여 1998년 11월 25일 전산이기
(대지권의 표시)				
표시번호	대지권종류	대지권비율	등기원인 및 기타사항	
1 (전1)	1. 소유권 대지권	1184.4분의 66.08	1986년11월3일 대지권 1986년11월3일	

【갑 구】 (소유권에 관한 사항)				
순위번호	등기목적	접 수	등기원인	권리자 및 기타사항
1 (전1)	소유권 보존	1982년 9월29일 제13353호		소유자 이도령 500418-1＊＊＊＊＊＊ 서울특별시 강남구 수서동 973-12
2	가압류	2009년 7월14일 제61034호	2009년 7월12일 서울지방법원의 가압류결정 (카단 117399)	청구금액 20,000,000원 채권자 김춘삼 서울시 중구 명동2가 377-153
3	강제 경매 신청	2010년 4월19일 제62965호	2010년 4월13일 서울지방법원의 강제경매개시결정(2010타경 33011)	
4	3번 강제경매 신청등기 말소	2010년 8월19일 제63681호	2010년8월16일 취하	
5	2번가압류등기 말소	2010년 8월24일 제64895호	2010년8월22일 해제	

【을 구】 (소유권 이외의 권리에 관한 사항)				
순위 번호	등기목적	접 수	등기원인	권리자 및 기타사항
1 (전13)	근저당 권설정	2010년 7월14일 제61028호	2010년 7월12일 설정계약	채권최고액 금 삼천만 원 채무자 김재현 490701-2 * * * * * * 서울특별시 강남구 논현동 155-4 햇살연립 나동 제101호 근저당권자 농업협동조합 110136-000018 서울특별시 중구 충정로1가75 (부천시청 출장소)
2 (전14)	전세권 설정	2010년 8월20일 제73263호	2010년 8월15일 설정계약	전세금:오천만 원 범위:제3층 제301호 전부 존속기간 : 2010년8월15일부터 2년 전세금반환시기 : 2012년8월14일 전세권자 : 강유희 691112-2 * * * * * * 서울특별시 영등포구 여의도동 36-3

〈문제〉

위 등기부 등본에서 등기의 순위관계에 대해 정리해 보시오.

제4절 부당한 보전처분 집행으로 인한 손해배상책임 일반론

1. 보전처분과 손해배상책임 인정의 필요성

보전처분은 채권자가 본안판결의 확정 전에 자기의 권리를 신속하게 보전하기 위하여 피보전권리와 보전의 필요성이라는 2가지 요건을 전제로 소명 또는 보증만에 의하여 법원으로부터 그 가정적, 잠정적 권리상태를 승인받아 채무자의 재산 또는 권리관계에 제한을 가하는 절차이다.

이와 같이 보전처분의 가정성, 잠정성 및 간이 신속성 때문에 위 2가지 요건의 흠결이 판명되는 경우, 즉 채권자가 본안소송에서 패소하여 피보전권리의 부존재가 확정되거나 이의 또는 상소에 의하여 보전명령이 취소되어 피보전권리나 보전의 필요성의 흠결이 판명되는 경우가 생길 수 있다. 이와 같이 요건이 흠결된 보전처분에 의하여 채무자가 손해를 입은 경우 채권자는 하자있는 보전처분을 이용한 자로서 그 손해를 배상할 책임이 있다.[122)]

2. 손해배상책임의 성립

가. 손해배상의 근거

부당한 보전처분으로 인하여 손해가 발생한 경우에 손해배상

122) 이충상, 「보전처분으로 인한 손해배상책임」, 민사법연구(제2집) pp.187-188.

을 청구할 수 있다. 민법 제750조의 불법행위책임은 과실책임이므로 신청인의 고의·과실을 요건으로 하는 것이 당연한 것처럼 보이지만, 무과실책임을 인정하여야 한다는 견해가 유력하게 주장되고 있고, 일본의 다수설이다. 우리나라의 다수설은 과실추정설 또는 입증책임전환설이다.

판례도 과실추정설 또는 입증책임전환설을 채택하여, 가압류나 가처분 등 보전처분은 그 피보전권리가 실재하는지 여부의 확정은 본안소송에 맡기고 단지 소명에 의하여 채권자의 책임하에 하는 것이므로, 그 집행 후에 집행채권자가 본안소송에서 패소 확정되면 그 보전처분의 집행으로 인하여 채무자가 입은 손해에 대하여 집행채권자에게 고의 또는 과실이 있다고 사실상 추정되지만, '특별한 사정'이 있는 경우에는 위와 같은 고의·과실의 추정이 번복될 수 있다고 한다.[123]

나. 손해배상의 범위

1) 원칙

부당한 보전처분으로 인한 손해배상의 범위를 일반 불법행위에 비하여 특별히 제한할 이유가 없으므로 보전처분과 상당인과관계 있는 통상의 손해 및 예견가능한 특별손해를 배상하여야 하고 적극적 소극적인 재산상 손해 및 정신적 손해를 모두 배상하여야 한다.

123) 대법원 2010. 2. 11. 선고 2009다82046,82053 판결.

2) 부당한 보전처분으로 인하여 채권금을 제때에 지급받지 못한 경우

민사상의 금전채권에 있어서 부당한 보전처분으로 인하여 그 채권금을 제때에 지급받지 못함으로써 발생하는 통상의 손해액은 그 채권금에 대한 민법 소정의 연 5푼의 비율에 의한 지연이자 상당액이라 할 것이고, 이 채권이 공탁되었다면 그 공탁금에 딸린 이자와의 차액 상당액이 손해액이 된다고 할 것이며(대법원 1991. 3. 8. 선고 90다17606 판결 참조), 이러한 이치는 가집행을 면하기 위하여 강제집행정지신청을 하면서 담보로 금전을 공탁하였는데 가집행이 실효된 경우에도 마찬가지라고 할 것이므로, 가령 원고가 실제로 원심이 인용한 바와 같은 손해를 입었다고 하더라도 이는 특별손해로서 보전처분 채권자 또는 가집행 채권자인 피고가 이를 알았거나 알 수 있었을 경우에 한하여 그에 대한 배상책임이 있다고 판시하였다.[124)]

3) 부당한 보전처분으로 인하여 물건을 사용하지 못한 경우

피고의 이 사건 기계들에 대한 해체 및 반출금지가처분으로 말미암아 원고들이 그 주강공장의 기본설비인 전기주강로를 포함한 이 사건 기계들을 그 설치된 장소에서나 또는 타에 이전하여 사용할 수 없게 된 이상 결국, 전 공장을 가동할 수 없게 되었다 할 것이므로 이 사건 부당가처분으로 인한 손해액은 특별한 사정이 없는 한 그 공장을 가동함으로써 얻을 수 있는 이익

124) 대법원 1999. 9. 3. 선고 98다3757 판결.

에 상응하는 주강 공장 전체에 대한 차임상당액을 기준으로 하여 산출하여야 할 것이고, 이는 이 사건 부당 가처분과 상당인과 관계에 있는 '통상의 손해'라고 판단하였다.

즉, 부당집행으로 인하여 채무자가 당해 물건을 사용하지 못하는 손해를 입었다면 그 물건의 차임 상당의 손해가 통상손해가 되고, 부당집행으로 인하여 당해 물건뿐만 아니라 다른 물건(사안에서는 공장 전체)까지도 사용할 수 없게 되었다면 그 물건 전체의 차임 상당의 손해가 통상손해가 된다고 한다.[125)]

4) 부당한 보전처분으로 인하여 부동산을 처분하지 못한 경우

부동산의 등기청구권을 보전하기 위한 처분금지가처분이 부당하게 집행되었다고 하더라도 이러한 처분금지가처분은 처분금지에 대하여 상대적 효력만을 가지는 것이어서 그 집행 후에도 채무자는 당해 부동산에 대한 사용·수익을 계속하면서 여전히 이를 처분할 수 있으므로, 비록 그 가처분의 존재로 인하여 처분기회를 상실하였거나 그 대가를 제때 지급 받지 못하는 불이익을 입었다고 하더라도 그것이 당해 부동산을 보유하면서 얻는 점용이익을 초과하지 않는 한 손해가 발생하였다고 보기 어렵고, 설사 점용이익을 초과하는 불이익을 입어 손해가 발생하였다고 하더라도 그 손해는 특별한 사정에 의하여 발생한 손해로서 가처분채권자가 그 사정을 알았거나 알 수 있었을 때에 한하여 배상책임을 진다고 할 것이라고 판시하였다.[126)]

125) 대법원 1983. 2. 8. 선고 80다300 판결.
126) 대법원 2001. 1. 19. 선고 2000다58132 판결.

5) 채무자가 위약금을 부담한 경우

매매목적물인 아파트에 대하여 채권자의 가처분집행이 되어 있다고 해서 위 매매에 따른 소유권이전등기가 불가능한 것도 아니고, 다만, 채권자가 본안소송에서 승소하여 채권자에게 소유권이전등기가 경료되는 경우에는 매수인이 소유권을 상실할 수 있으나 이는 담보책임 등으로 해결할 수 있고 경우에 따라서는 신의칙 등에 의해 대금지급채무의 이행을 거절할 수 있음에 그친다고 할 것이므로 매수인으로서는 위 가처분집행이 유지되고 있다는 점만으로 매도인이 계약을 위반하였다고 하여 위 매매계약을 해제할 수는 없는 노릇이어서, 매도인이 받은 계약금의 배액을 매수인에게 지급하였다고 하더라도 그것은 매매계약에 의거한 의무에 의한 것이라고는 볼 수 없고 호의적인 지급이거나 지급의무가 없는데도 있는 것으로 착각하고 지급한 것이라고 보일 뿐이어서 위 위약금 지급과 위 가처분집행 사이에는 법률적으로 상당인과관계가 있다고 볼 수는 없다고 한다.[127)]

6) 위자료

다른 사람의 불법행위로 인하여 재산권이 침해된 경우에는 이로 인한 통상적인 손해는 재산적인 것에 불과하므로 일반적으로는 그 재산적 손해의 배상에 의하여 정신적 고통도 회복된다고 보아야 할 것이나, 재산적 손해의 배상만으로는 회복할 수 없는 정신적 손해가 있다면 위자료로서 이에 대한 손해도 배상

127) 대법원 1995. 4. 14. 선고 94다6529 판결.

하여야 할 것이다. 그러나 이러한 손해는 특별한 사정으로 인한 손해이므로 그러한 특별사정의 존재와 함께 가해자가 그러한 특별사정을 알았거나 알 수 있었을 경우에 한하여 그 손해에 대한 위자료를 인정할 수 있는 것이다.[128)]

그리고 이와 같은 법리는 이른바 소송절차에 의한 불법행위의 경우에 있어서도 같다고 볼 것이고, 부당소송을 당한 상대방이 입게 되는 정신상의 고통은 통상 당해 소송에서 승소하는 것에 의하여 회복되고 승소하여도 회복할 수 없는 정신적 고통은 특별사정으로 인한 손해라고 볼 것이므로(당원 1978. 12. 13. 선고 78다1542 판결), 이 사건에서 원고는 피고들의 부당소송으로 인하여 입은 경제적 손실에 대하여는 당연히 그 배상을 청구할 수 있다고 볼 것이나, 이로 인한 위자료청구가 인용되기 위해서는 승소나 재산적 손해의 배상만으로는 회복될 수 없는 정신적 고통을 입었다고 인정될 만한 특별사정의 존재와 그러한 특별사정에 대한 피고들의 예견가능성이 전제되어야 할 것이다.

3. 보전처분 시 유의사항

책임재산의 보전은 무엇보다 중요한 것이지만 자칫 사실관계를 오인하여 부당한 보전처분으로 인한 손해배상의 문제가 발생할 수도 있다. 책임재산의 보전을 위한 가압류·가처분 등 보전처분 시에는 사실관계를 명확하게 파악하는 것이 중요하다.

참고로 00기금에서는 '사실조회 협조요청'이라는 제목하에

128) 대법원 1994. 9. 9. 선고 93다50116 판결.

아래의 내용으로 사해행위로 의심되는 부동산취득자에게 내용증명을 발송하고 있다.

1. 귀하의 무궁한 발전을 기원합니다.
2. 우리 ○○기금은 신용은 있으나, 담보력이 미약한 중소기업에 신용보증 등을 지원함으로써 국민경제 발전에 기여함을 목적으로 설립된 비영리 특수법인입니다.
3. 다름이 아니오라, 귀하가 연대보증한 홍길동의 채무가 2010년 1월 1일자로 보증부실 발생되어 재산조사한 바, 보증당시 귀하 소유 부동이던 '서울시 강남구 역삼동 100번지 부동산'이 배우자 성춘향님을 소유자로 증여 처리되어 우리 기금의 손실이 예상되고 있습니다.
   따라서, 귀하와 홍길동님과의 상기 부동산 소유권 이전 행위에 대한 소명자료를 제출하시어 불필요한 법적분쟁이 일어나지 않도록 적극적인 업무협조를 부탁드립니다.
4. 본 사실조회 요청문서 수령 즉시 위의 전화번호로 문의하여 주시기 바라며, 2010년 1월 20일까지 연락이 없거나 제출 자료의 신빙성이 적을 시 사해행위와 관련된 소송절차를 진행할 수밖에 없음을 알려드립니다.
5. 적극적인 업무협조를 간곡히 부탁드리며, 기타 문의사항은 상기의 연락처로 연락주시면 성의껏 안내해드리겠습니다.

제출요청서류 : 소유권 이전관련 서류
가족관계증명서, 혼인관계증명서, 주민등록등본 등
기타 참고서류 등. 끝.

제2장 관련문제

제1절 유치권

1. 유치권 일반

우리 민법은 '타인의 물건 또는 유가증권을 점유하는 자는 그 물건에 관하여 생긴 채권이 변제기에 있는 경우에는 변제를 받을 때까지 그 물건을 유치할 권리가 있다(민법 제320조 제1항)'고 정하고 민사집행법 제91조 제5항에서 '매수인은 유치권자에게 그 유치권으로 담보하는 채권을 변제할 책임이 있다'고 정하고 있다.

유치권은 공평의 원칙에 근거하여, 타인의 물건 또는 유가증권의 점유자가 그 물건이나 유가증권에 관한 채권을 가지는 경우에 그 채권을 변제받을 때까지 그 목적물을 유치할 수 있는 권리를 말한다.

저당권은 금융거래의 필요를 위하여 당사자가 약정하여 설정하는 것이 일반적이지만, 유치권은 어떠한 사실 때문에 목적물을 유치한 자가 그 목적물로부터 발생한 자신의 채권을 확보하기 위하여 이를 변제받을 때까지 그 목적물을 유치하는 것으로서 유치적 효력이 그 핵심이다.[129] 따라서 유치권자는 그의 채권을 변제받을 때까지 목적물을 유치하여 목적물의 인도를 거절할 수 있다.

그러나 공평의 원칙에 근거하여 인정되는 유치권이 현실에서는 널리 악용되고 있다. 부동산에 대한 압류가 집행된 이후에 부동산을 수리하여 부동산수리업자가 수리비를 받지 못했음을 이유로 경매부동산에 대해 유치권을 신고하는 경우를 생각해보자. 머지않아 부동산의 소유권을 상실할 자가 돈을 들여 수리를 하는 경우가 있을까? 누구나 상식에 부합하지 않는 행위이지만 이러한 일들이 일어나고 있다. 누구일까? 유치권신고하라고 가르쳐 준 사람은.

이러한 경우 대법원은 '채무자 소유의 부동산에 경매 개시 결정의 기입등기가 경료되어 압류의 효력이 발생한 이후에 채권자가 채무자로부터 위 부동산의 점유를 이전받고 이에 관한 공사 등을 시행함으로써 채무자에 대한 공사대금채권 및 이를 피담보채권으로 한 유치권을 취득한 경우, 이러한 점유의 이전은 목적물의 교환가치를 감소시킬 우려가 있는 처분행위에 해당하여 민사집행법 제92조 제1항, 제83조 제4항에 따른 압류의 처분금지효에 저촉되므로, 위와 같은 경위로 부동산을 점유한 채권자로서는 위 유치권을 내세워 그 부동산에 관한 경매절차의 매수인에게 대항할 수 없고, 이 경우 위 부동산에 경매개시결정의 기입등기가 경료되어 있음을 채권자가 알았는지 여부 또는 이를 알지 못한 것에 관하여 과실이 있는지 여부 등은 채권자가 그 유치권을 매수인에게 대항할 수 없다는 결론에 아무런 영향을 미치지 못 한다'고 판시한 바 있다.[130]

---

129) 추신영, 「가장유치권의 진입제한을 위한 입법적 고찰」, 민사법학(2009) p.358.

130) 대법원 2006. 8. 25. 선고 2006다22050 판결.

2. 유치권이 성립하기 위한 요건

유치권이 성립하기 위해서는 물건과 채권과의 사이에 견련관계[131]가 있을 것, 유치권자가 타인의 물건이나 유가증권을 점유하고 있을 것, 점유가 불법이 아닐 것, 채권이 변제기에 있을 것, 당사자 사이에 유치권 배제의 특약이 없을 것 등의 조건을 갖추어야 한다. 유치권은 법에서 정하고 있는 요건을 갖추면 당연히 성립하는 법정담보물권이다(민법 제320조). 다만 당사자가 유치권의 발생을 배제하는 특약을 한 경우에 그 특약은 유효하다.

3. 유치권과 원상회복특약

부동산에 대한 유치권은 대부분 임차인의 비용상환청구권에서 유래한다. 이에 대하여 우리민법은 제626조(임차인의 상환청구권) 제1항에서 '임차인이 임차물의 보존에 관한 필요비를 지출한 때에는 임대인에 대하여 그 상환을 청구할 수 있다' 고 정하고, 제2항에서 '임차인이 유익비를 지출한 경우에는 임대인은 임대차 종료 시에 그 가액의 증가가 현존한 때에 한하여 임차인이 지출한 금액이나 그 증가액을 상환하여야 한다. 이 경우에 법원은 임대인의 청구에 의하여 상당한 상환기간을 허여할

---

131) 견련관계란 유치권이 성립하기 위하여 점유자의 채권이 그 물건이나 유가증권에 관하여 생긴 것이어야 한다는 것을 말한다. 견련관계가 유치권의 핵심 중 하나이다. 많은 판례와 연구논문들이 있다. 무작정 유치권이 성립한다, 안 한다 할 것이 아니라 견련관계를 따져 보아야 성립여부를 확실히 알 수 있다. 아무런 관련성이 없는데 무슨 유치권이 성립할 수 있나 당연한 것이다.

수 있다'고 정하고 있다.

여기서 필요비라 함은 수선비, 보존비 등과 같이 물건의 보존에 필요한 비용과 조세·공과금과 같이 관리에 불가결한 비용을 말하고, 유익비는 유치권자가 선관주의 의무를 이행하기 위하여 반드시 필요한 것은 아니지만 물건의 본질을 변화시키지 않고 이용·개량하기 위하여 지출한 비용을 말하는데 이러한 유익비는 목적물의 객관적 가치를 증가시키는 것이어야 한다. 다만, 유익비는 가액의 증가가 현존하는 경우에 소유자의 선택에 좇아 그 지출한 금액이나 증가액의 상환을 청구할 수 있다.[132)]

이 경우에도 원상회복의무와 관련하여 유의할 점이 있다. 각종 유익비와 필요비의 상환청구권을 미리 포기하는 것이 가능하다는 것이다. 이와 관련하여 '건물의 임차인이 임대차관계 종료 시에는 건물을 원상으로 복구하여 임대인에게 명도하기로 약정한 것은 건물에 지출한 각종 유익비 또는 필요비의 상환청구권을 미리 포기하기로 한 취지의 특약이라고 볼 수 있어 임차인은 유치권을 주장을 할 수 없다'는 판결이 있다.[133)]

임차인이 자신의 부담으로 임차목적물에 설치한 시설을 원상복구하기로 함과 아울러 필요비, 유익비 등의 금전청구를 하지 않기로 약정을 한 경우 '임차인이 임차건물을 증·개축 기타 필요한 시설을 하되 임대인에게 그 투입비용의 변상이나 일체의 권리주장을 포기하기로 특약하였다면 이는 임차인이 임차건물

---

132) 대법원 1980. 10. 14. 선고 80다1851,1852 판결, 민법 제626조로서 임대인의 상환의무를 규정한 유익비란 임차인이 임차물의 객관적 가치를 증가시키기 위하여 투입한 비용을 말하는 것이고 필요비란 임차인이 임차물의 보존을 위하여 지출한 비용을 일컫는 것이다.

133) 대법원 1975. 4. 22. 선고 73다2010 판결.

을 반환 시에 비용상환청구 등 일체의 권리를 포기하는 대신 원상복구의무도 부담하지 아니한다는 내용을 포함하는 약정으로 볼 것이므로, 동 임차계약서상에 '임차인은 임대인의 승인하에 가옥을 개축 또는 변조할 수 있으나 차가를 반환할 기일 전에 임차인이 일체의 비용을 부담하여 원상복구키로 함'이라는 인쇄된 부동문구가 그대로 남아 있다 하여 이에 기하여 임차인의 원상복구의무를 인정할 수 없다'고 한다.[134]

4. 유치권과 부동산 경매

채권의 강제적 실현을 위한 법원의 경매절차에서 유치권이 문제가 되고 있다. 한때 경락허가 결정에 대한 항고제도가 경매절차를 지연시켜 이를 돈 버는 수단으로 악용된 적이 있었다. 이에 항고이유서 제출강제제도, 경락허가결정에 대한 보증공탁의 확대 등의 제도를 마련하자 경락허가결정에 대한 항고제도는 막을 내렸다. 그러나 경매절차가 지연될수록 많은 이득을 보던 자들이 다시 경매절차를 지연하여 이로 인한 이득을 챙기기 위해 제도를 연구했다. 그로 인하여 지금도 활용하고 있는 것이 이 유치권이다. 나라는 정책을 만들고 꾼들은 대책을 만든다.

유치권과 관련하여 대체로 이런 절차를 거치게 된다. 즉, 경매절차 진행 중 유치권자의 권리신고가 있으면 법원은 그 성립여부에 대한 소명자료 등을 참작하거나 경우에 따라 심문절차를 통하여 유치권의 성립여부를 판단하고 그 성립여부가 불분명하면 매각물건 명세서에 유치권이 신고된 사실과 그 성립여

134) 대법원 1981. 11. 24. 선고 80다320,321 판결.

부에 대해 표시를 하게 된다. 보통은 '유치권 신고 있으나 성립 여부는 불분명'이라고 표시되는 경우가 많다. 이러한 취지의 기재가 있는 부동산에 대해서는 혹시나 유치권이 성립되어 채무를 인수해야 할 가능성이 있으므로 이 부동산을 낙찰 받을 사람은 많지 않다는 점을 노린다. 부동산경매를 신청한 채권자의 입장에서는 매각가격이 터무니없이 낮아질 수가 있어 채권회수에 지장을 초래하게 된다.

또한 유치권이 신고된 부동산을 낙찰 받은 경우에 매수인은 유치권에 대한 사실관계를 확인한 후 '유치권신고자와 채무자 혹은 소유자가 서로 공모하여 집행을 회피하거나 입찰을 방해할 목적으로 유치권신고를 한 것'이라 하여 인도명령을 신청하게 된다. 이에 대해 유치권자들은 법원에 부동산인도명령신청에 대해 '인도명령을 인용하지 말 것과 정당한 유치권자라는 점을 들어 명도소송을 제기할 것'을 구하는 의견서를 제출하게 된다. 인도명령보다는 명도소송에 훨씬 많은 시간이 소요됨을 노리는 것이다.

이러한 경우에 채권자는 채권회수에 많은 지장을 받게 되고 매수자가 낙찰대금을 완납한 경우에도 정당한 재산권을 행사할 수 없게 된다. 가장유치권자는 이를 기화로 매수인에게 부동산의 인도를 조건으로 금품을 요구하는 사례가 많아 신속한 강제집행과 채권의 만족을 저해하게 된다. 인도명령과 명도소송의 차이점을 악용하여 소송에서 판결이 선고되어 확정되기까지 시간비용을 매수인에게 부담시키고 이로 인한 비용을 요구하는 것이다. 그렇다면 이에 대한 대책은 없는 것인가?

5. 부당한 유치권 신고에 대한 대책

가장 유치권에 대한 대책은 대체로 유치권자로 하여금 권리신고 종기일까지 권리신고를 하게 하여 유치권자가 이해관계인으로서 배당을 받게 하거나 매수인에게 채무의 변제를 요구할 수 있게 하는 방안, 유치권신고에 대해 경락허가결정에 대한 항고의 경우와 같이 담보를 제공하게 하는 방안, 채권자가 유치권 부존재확인 소송을 적극적으로 제기하고 법원은 이를 신속히 판결을 선고하는 방안, 허위의 유치권자에 대해 업무방해죄와 경매・입찰방해죄를 적용하고 부당이득죄를 적용하는 방안 등을 제시할 수 있겠다. 나아가 경매목적부동산의 채무자와 임차인을 현혹하고 있는 브로커들에 대해서도 대대적으로 단속이 이루어져야 한다고 본다.[135)]

제2절 부동산실명제

1. 부동산실명법의 유래와 명의신탁

「부동산 실권리자 명의등기에 관한 법률(이하 부동산실명법

135) 과거 IMF 시절에 필자가 전세로 살던 집이 경매에 넘어갔다. 그 당시에는 그런 일들이 흔했다. 경매 넘어가고 난 다음에 각종 컨설팅이라는 곳으로부터 '집에서 합법적으로 쫓겨나지 않고 오래 오래 살거나 이사비용 받아 나오는 방법을 알려준다'고 안내문이 거짓말 좀 보태 수백 통 날아왔다. 이분들은 무엇 하는 분들인가? 임차보증금을 전액수령하지 못한 분에게는 구세주 비슷한 분이고 매수인에게는 악마 같은 분이다. 경매절차가 지연됨으로 인해 돈을 버는 분. 이분들이 악마라면 나라에서는 어떻게 해야 할까 혹은 천사라면 또 어떻게 해야 될까.

이라 한다)」은 부동산에 관한 소유권 기타 물권을 실체적 권리관계에 부합하도록 실권리자 명의로 등기하게 함으로써 부동산 등기제도를 악용한 투기·탈세·탈법행위 등 반사회적 행위를 방지하고 부동산거래의 정상화와 부동산가격의 안정을 도모하여 국민경제의 건전한 발전에 이바지함을 목적으로 1995년 7월 1일부터 시행되었다.

부동산명의신탁은 원래 성문법상의 규정이 없었음에도 불구하고 조선고등법원이래 대법원 판례에 의하여 그 유효성이 인정되어 효력 일반에 대한 방대한 이론체계가 형성되어 왔고, 국민들 또한 부동산 거래와 관련된 사회·경제적 필요 등에 따라 이 제도를 광범위하게 이용하여 왔기 때문에 명의신탁행위자를 형사범으로 처벌하고 명의신탁행위의 사법적 효력을 부인하는 부동산실명법의 시행은 1993. 8. 시행된 금융실명제와 함께 국민들의 사회·경제·법률적 생활에 커다란 충격을 가한 일대 사건이었다.[136)]

명의신탁의 경우에 신탁자와 수탁자 사이의 내부관계에 있어서는 신탁자가 소유권을 그대로 보유하지만 제3자와의 대외관계에 있어서는 완전한 소유권의 이전이 있게 되는 결과 수탁자는 소유자로서의 모든 권리를 행사할 수 있고, 따라서 수탁자로부터 신탁재산을 취득한 제3자는 그 선의·악의를 불문하고 그 소유권을 취득하게 된다고 하는 것이 확립된 판례의 입장이었다.

명의신탁제도는 자신의 소유권을 다른 사람의 명의로 등기함으로써 부동산 투기·탈세·강제집행 면탈 등 탈법행위의 목적으로 활용되었고 이러한 문제점을 시정하기 위하여 부동산실명

136) 이경철, 「부동산실명제하의 명의신탁」, 중앙법학 제4집 제2호 pp.23-24.

법이 제정되었으나 그 유효성과 실효성은 입법자의 강력한 의지에도 불구하고 여전히 의문이다.

2. 부동산실명법의 주요내용

가. 제정목적

이 법은 부동산에 관한 소유권과 그 밖의 물권을 실체적 권리관계와 일치하도록 실권리자 명의로 등기하게 함으로써 부동산 등기제도를 악용한 투기·탈세·탈법행위 등 반사회적 행위를 방지하고 부동산 거래의 정상화와 부동산 가격의 안정을 도모하여 국민경제의 건전한 발전에 이바지함을 목적으로 한다(법 제1조).

나. 명의신탁 약정의 정의

'명의신탁약정'이란 부동산에 관한 소유권이나 그 밖의 물권을 보유한 자 또는 사실상 취득하거나 취득하려고 하는 자가 타인과의 사이에서 대내적으로는 실권리자가 부동산에 관한 물권을 보유하거나 보유하기로 하고 그에 관한 등기는 그 타인의 명의로 하기로 하는 약정을 말한다. 여기에는 가등기를 포함되고 위임·위탁매매의 형식에 의하거나 추인에 의한 경우도 포함된다.

다. 명의신탁약정의 효과

명의신탁약정은 무효로 하고(법 제4조 제1항), 명의신탁약정에 따른 등기로 이루어진 부동산에 관한 물권변동은 무효로 한다. 다만, 부동산에 관한 물권을 취득하기 위한 계약에서 명의수탁자가 어느 한쪽 당사자가 되고 상대방 당사자는 명의신탁약정이 있다는 사실을 알지 못한 경우에는 그러하지 아니하다(같은 조 제2항).

라. 부동산 실권리자의 등기의무

누구든지 부동산에 관한 물권을 명의신탁약정에 따라 명의수탁자의 명의로 등기하여서는 아니 되며(법 제3조 제1항), 채무의 변제를 담보하기 위하여 채권자가 부동산에 관한 물권을 이전받는 경우에는 채무자, 채권금액 및 채무변제를 위한 담보라는 뜻이 적힌 서면을 등기신청서와 함께 등기관에게 제출하여야 한다(같은 조 제2항).

마. 처벌규정 등

이를 위반한 경우에는 해당 부동산 가액의 100분의 30에 해당하는 금액의 범위에서 과징금을 부과한다(법 제5조 제1항). 과징금을 부과받은 자는 지체 없이 해당 부동산에 관한 물권을 자신의 명의로 등기하여야 하며 이를 위반한 자에 대하여는 기간에 따라 이행 강제금을 차등하여 부과한다(법 제6조 제1 · 2항).

바. 적용의 특례

종중(宗中)이 보유한 부동산에 관한 물권을 종중(종중과 그 대표자를 같이 표시하여 등기한 경우를 포함한다) 외의 자 명의로 등기한 경우와 배우자 명의로 부동산에 관한 물권을 등기한 경우로서 조세 포탈, 강제집행의 면탈 또는 법령상 제한의 회피를 목적으로 하지 아니하는 경우에는 과징금 등 벌칙을 적용하지 아니한다(법 제8조).

3. 부동산실명법의 실효성

가. 부동산실명법은 실효성 있게 엄수되고 있는가?

이 법률을 위반한 경우에는 여러 가지 법률적인 불이익이 부과된다. 그렇다면 이 법률을 제정한 입법자의 강력한 의지에도 불구하고 부동산실명제는 지켜지고 있는가?[137)]

인사청문회법에 따라 공직후보자에 대한 인사청문회에는, 국

137) 감사원은 43개 시・군・구를 대상으로 부동산실명법을 위반하여 본인 소유의 부동산을 타인 명의로 등기한 명의신탁자나 장기 미등기자에게 부과하는 과징금 등 부과 실태를 감사한 결과 시・군・구의 업무담당자들이 명의신탁자와 유착하여 부동산실명법 위반사실을 임의로 무혐의 처리하거나 세무당국으로부터 부동산실명법 위반사실을 통보받고서도 장기간 방치하여 과징금 부과 제척기간 경과로 과징금을 부과할 수 없게 되었으며 세무서 업무 담당자 등이 명의신탁자 등의 부동산실명법 위반사실을 확인하고서도 이를 해당 시・군・구에 통보하지 않아 과징금을 부과할 수 없게 한 사례 등을 적발하여 과징금 부과업무를 태만히 하여 손실을 초래한 관련자(14명)에 대하여 징계를 요구하고 범죄 혐의가 있는 관련자에 대해서는 수사를 요청(2명)하는 한편, 미부과한 과징금 등 244억여 원을 부과하도록 시정 요구하였다. 감사원, 「부동산실명법 위반자 처리 관련 비리 점검」 결과 발표 2009. 10. 13.

회에 제출하는 임명동의안 등에는 요청사유서 또는 의장의 추천서와 직업·학력·경력에 관한 사항, 병역신고사항, 재산신고사항, 최근 5년간의 소득세·재산세·종합토지세의 납부 및 체납 실적에 관한 사항, 범죄경력에 관한 사항에 관한 증빙서류를 첨부하여야 한다(인사청문회법 제5조 제1항)고 정하고 있다.

국회의 인사청문회에서 항상 쟁점이 되는 것은 공직후보자에 대한 병역문제와 함께 차명부동산에 관한 문제이고, 인터넷 검색엔진으로 차명부동산이라는 검색어를 사용하여 인터넷을 검색해 보면 그 개수를 헤아릴 수 없을 만큼의 부동산실명법 위반혐의에 대한 뉴스가 검색된다. 위반자에 대해서는 형벌까지 부과하겠다는 입법자의 강력한 실명제 의지에도 불구하고 부동산실명제는 제대로 정착이 된 것인가?

대부분의 기업들 대표이사는 그 기업의 규모나 나이에 상관없이 본인 소유의 재산(특히 부동산)은 거의 없는 것이 현실이고, 채무불이행자에 대한 재산명시신청제도를 통해서도 아무런 재산이 없음을 확인할 수 있다. 과연 기업의 대표이사들은 그 나이가 먹도록 부동산 하나 취득하지 못한 가난한 사람들인가? 기업을 경영해서 번 돈은 다 어디로 갔을까? 아니면 어디에 숨겨두었을까?

부동산실명법은 현재에도 그 효력을 꿋꿋하게 유지하고 있는 법률이지만 그 법률에서 금지하고 있는 명의신탁은 지금도 입법자와 국가의 사법기관을 비웃듯이 광범위하고 보편적으로 만연해 있다. 이 법률 위반자를 모두 처벌하면 감옥이 넘쳐나거나 과징금과 이행강제금 등으로 국고가 넘쳐날지도 모른다.

나. 부동산실명법의 효력이 별 볼일 없는 이유

부동산실명법 역시 편의에 따라 법률제정에 대한 사회대중의 공감대 형성 없이 입법자의 일방적인 의지만으로 법률을 제정하다보니 지켜지지도 않고 처벌받는 사람만이 억울한 마치 도로교통법과 비슷한 결과가 초래되었다.

시민과 아무런 상관없는 시민단체 등이 개인정보 보호라는 그럴듯한 명분을 내세워 개인신용정보에 대한 보호를 강화하고 이를 위반한 경우에는 엄히 처벌하라고 입법부를 압박하고 선거에 불리할까 입법부는 채무자들의 부동산명의 신탁을 통한 재산은닉행위를 방조하거나 최소한 은익행위를 묵인하는 법을 만들어 채권자들의 은익재산 추적행위를 방해하기까지 한다.

법원은 파산제도를 통해 무분별하게 면책을 인용하여 합법적인 수단으로 채무를 소멸시키는 행위를 도와줌으로써 국가는 도덕적 해이를 부추기고[138] 은행 등 금융기관에는 부실자산을

---

138) 조합원 파산에 지역농협마저 파산 위기, 대출받은 100여 명 파산 신청… 70여 명 면책 결정 받아, 법률신문 2007. 02. 01. 기사 재구성.
개인파산으로 인해 금융기관마저 파산 위기에 몰리는 '파산 도미노' 현상이 심각한 것으로 검찰조사 결과 나타났다. 특히 도서지역 한 농협의 경우에는 조합원들의 개인파산에 영향을 받아 결국 조합이 파산 직전에 놓이기도 했다. 이번 사건을 직접 수사 지휘하고 있는 검사는 '파산자들 중 상당수가 농어민이 가입한 조합에 속해 있어 조합도 동시에 파산할 수 있을 정도'라고 말했다. 또 한 관계자는 '소규모 제2금융권의 경우 신원보증기금에서 보증을 받지 못 하는 경우도 있어 개인파산으로 인해 도산 직전까지 가는 경우도 상당하다'고 말했다. 지난해 10월에 법원에 파산 신청한 ○○농협의 경우 수천만 원에서 수억 원대의 대출을 받은 조합원 가운데 100여 명이 지난해 개인파산 및 개인회생 신청을 했으며 이 가운데 70여 명이 파산 및 개인회생 선고를 받은 것으로 알려졌다. 이로 인해 개인파산을 받은 ○○농협 조합원들이 모든 채무에 대해 대부분 면책 결정을 받았으며 그 규모는 60억 원에 이르는 것으로 파악되고 있다. 법원 관계자는 '비록 ○○농협의 경우 신원보증기금에서 보증을 받고 개

누증시키면서 그 피해는 은행에 아무런 해도 끼치지 않고 꼬박꼬박 이자를 내는 착하고 어리석은 백성들에게 전가하고 있다.

어떤 시절에는 나라의 경제와 사회와 문화가 정치의 수단쯤으로 알고 아무런 원칙도 목표도 없이 무엇인가를 똑바로 세우려고 하다가 제풀에 지쳐 온 나라와 백성을 힘들게 하더니만, 어떤 시절에는 고맙게도 신용카드를 길거리에서 묻지도 따지지도 않고 나누어 주고 답례품까지 듬뿍 안겨 주기도 했다. 외상이면 소도 잡아먹는다는 말을 몰랐을까? 어리석은 백성은 시키는 대로 주는 대로 갚을 걱정은 나중에 하고 우선 지름신이 강림하셨을 때 질러라 질러라 질렀더니만 이제는 법원이 그 채무를 시원하고 화끈하게 면제시켜주고 있다.[139] 바야흐로 채무자

인에게 대출을 해주기에 개인파산자들 때문에 ○○농협이 퇴출됐다고 보기는 어렵지만 혈세가 낭비된 것은 사실'이라며 '개인채무 때문에 범죄에 빠지거나 자살하는 사람이 늘어나 이를 구제키 위해 개인파산제도가 실시됐지만 현재는 그 부작용도 상당한 것 같다'며 '법원에서도 이에 대해 여러 가지 대책을 강구하고 있다'고 말했다. 한편 법조 브로커와 손잡고 신용불량자를 모집해 개인파산을 도와주는 대가로 거액의 수수료를 받아 챙긴 전직 고법원장 출신 변호사가 최근 구속되기도 했다. '최근 7~8명의 직원을 거느리면서 팀으로 움직이는 사건브로커 조직이 변호사, 법무사 명의를 빌리거나 동업 형태로 활동하고 있다'며 '농어촌 주민과 주부들을 겨냥해 개인파산·회생제도의 장점만을 부각하는 광고로 신청자를 모집하는 등 브로커가 활개치고 있어 수사를 확대하고 있다'고 밝혔다.

139) 전국 파산재판부 30개 … 판사 수 26명 연간 1인당 1,851건 처리, 조세일보 2009. 10. 15. 기사 재구성.
국회 법제사법위원회 소속 한나라당 박민식 의원이 전국지방법원 국정감사에서 제출한 자료에 따르면, 2005년부터 약 50만 건에 가까운 개인파산 신청이 접수됐으며 올 6월까지 처리된 43만 1,800여 건 중 96.1%인 41만 5,000여 건이 받아들여진 것으로 조사됐다. 각 지방법원별로는 창원지법이 1만 3,823건 처리에 1만 3,587건을 인용 98.1%라는 전국 최고율을 보였으며, 서울이 97.7%, 춘천이 97.2%, 청주와 수원이 97.1%로 평균치를 웃돌아 인용률이 서울과 지방을 막론하고 대체로 높은 것으로 나타났다. 게다가 파산신청과 관련된 법원의 관리도 허술한 것으로 보인다. 지난 2007년 3월 법원은 개인파산·면책 사건의 심사 강화방안

가 채권자에게 악을 쓰고 빚을 갚는 자가 바보인 세상이 되었다.

법과 제도를 만들면 허황한 명분에 휘둘리지 말고 제대로 만들자. 경제는 정치의 수단이 아니고 법률은 정치의 종속물이 아니다.

> 즉흥적이거나, 형식적으로 법이라는 문장만 대충 번역하고 짜집기하거나, 비전문가들이 권한만 갖고 법령을 만든다고 일방적으로 작문을 해댄다고 한들, 익지도 않은 선 밥을 만들듯이, 이렇게 만든 것도 4,800만이 지키지 않으면 처벌하거나, 불이익을 주는 국법이라고 한다면…….
> 만들 때 미리 곧장 고칠 생각으로 만들고, 만든 사람들은 물론이고, 4,800만의 이 나라의 주인들이 미처 알기도 전에 수시로 뜯어 고쳐 가면서, 결국은 이런 법령이라면, 이는 초등학교의 학생들이 자치적으로 만든 학급규칙보다 쉽게 고쳐지고, 만들어지고 편집되는 셈이 아닌지.
> 형식적으로 대충 작문한 법조문의 낱말 뜻만을 종이 위에서 이리저리 해석하고, 수학공식처럼 이런 법조문들의 종이위의 낱말 뜻의 해석만으로 4,800만의 주인들의 소중한 생명과 재산과 행복과 구체적인 다양한 삶에 기계적으로 대입만 하거나, 이 나라 주인들의 다양한 생각이나 천차만별인 빈부의 격차도 심한 삶의 현실에는 외면하거나 소홀하다면…….
> 결국 이런 엉성하게 급조한 법령만으로, 정성이 부족하고, 연구와 이론과 준비도 부족한 비전문가가 만든 법이이거나, 4,800만의 구체적인 삶의 현실과 생각과 뜻도 자세하게 언제나 찾아가 잘 알려고 하지 않고, 무시하거나 책상에 앉아서 대충 주먹구구식의 통계나 방법으로 만든 법이라면…….

을 명확히 하고 불성실・허위신청 등에 대한 심사 및 재제를 강화했다고 했지만, 2006년 98.6%의 인용률과 2007년과 2008년의 97.2%, 94.4%의 인용률과 크게 다르지 않아 별다른 차이를 보이지 않고 있다. 이어 박 의원은 '최근 개인파산사건 수임으로 돈을 벌어보려는 법률가와 신청하면 받아들여진다는 인식이 확산됨에 따라 지방의 소금융기관이 휘청거리고 성실한 채무자에게도 대출을 꺼리는 금융기관이 늘고 있는 것도 문제'라며 '이번 국감에서 개인파산제도의 운영 및 사후관리에 대한 지적과 함께 법 개정 등 개선책에 대해 모색해야 한다'고 말했다.

결코 4,800만의 이 나라의 주인들의 어려운 삶들이 쉽게 해결되기나 하겠는지.

비유하자면 이렇게 급조하여 만든 법령은, 마치 책상에 앉아서 급조하여 만든 기성복 몇 가지의 종류나, 색상이나, 사이즈만으로, 4,800만의 이 나라의 주인들 몸에 마음에 알맞은 옷이라며 강제로 입으라고 하는 것과 뭐가 다르겠는지요. 그리고 또 옷의 크기와 모양과 색상을 몇 달이 못가서 고치고, 또 고치며 나라의 주인들에게 강제로 입지 않으면 처벌한다면, 옷감의 낭비, 시간의 낭비, 불편함, 혼란 등으로 그 옷을 입지 않거나, 무슨 옷을 입으라는 건지… 나라의 주인들도 혼란스럽고 공무원들도 혼란스러워하고, 점점 나라에서 정한 옷을 좋아하지 않으며, 싫어하고, 나라에서 정하는 것은 믿지 않게 되어, 이런 잘못 만들어진 많은 법령들이 쌓여서 이 나라를 가난하고 힘없게 만들고, 이 나라의 주인들의 국제경쟁력에 발목을 잡게 되지 않겠는지요.[140]

4. 부동산실명제에 대한 보완방법

가. 등기공무원에게 실질적 심사권 부여

물권변동에 대한 등기를 언제나 정확하게 실체관계에 부합하도록 하기 위한 가장 효과적인 방법은 신청된 등기에 부합하는 실체관계가 있는지 여부를 사전에 철저히 조사 내지 심사할 수 있도록 등기공무원에 대하여 실질적 심사권을 인정하는 것이다.

그러나 실질적 심사주의는 등기절차의 지연과 과도한 비용발생의 가능성을 내포하고 있으므로 현행과 같이 형식적 심사주의를 유지하되 등기원인을 증명하는 서면을 공정증서로 작성해서 제출하도록 하는 것이다. 공정증서가 가지는 고도의 증명력으로 원인관계의 존재와 유효성을 확실하고 간단하게 확인할

140) http://wwwk.dongguk.ac.kr/~kjm/

수 있게 되어 결국 실질적 심사주의를 채택하는 효과를 가져 오면서 등기절차의 지연을 방지할 수 있게 될 것이다.[141)]

나. 국가의 직접 등기권

법률은 부동산명의신탁에 대한 약정은 무효로 하면서 국가가 이 부동산에 대한 원상회복등기의무는 당사자에게 부여하고 이를 이행하지 않은 경우에 각종 벌칙을 부여하도록 하고 있다. 차라리 이행강제금을 부과시키기보다 국가가 직접 원상회복 등기를 할 수 있도록 법률을 개정하는 것은 어떨까? 이행강제금이 부과됨에도 불구하고 이를 이행하지 않는 것은 이행강제금 이상의 경제적 이득이 명의신탁에 있기 때문이다. 국가가 직권으로 명의신탁 부동산에 대해 원상회복 등기를 하고 소유자와 명의신탁자에게 원상회복 등기에 따른 비용을 청구하는 것은 어떨까? 보다 근본적으로는 부동산 등기에 대한 공신력을 인정하여 등기부상 권리자가 부동산에 대한 진정한 권리자로 인정하는 것도 방법이라고 생각한다.

다. 배우자 명의로 부동산에 관한 물권을 등기한 경우에 대한 제한

대부분 사람들은 사용하는 가장 흔해 빠진 수법이 배우자 명의로 재산을 등기하는 것이다. 이러함에도 부동산실명법은 배

---

141) 권중기, 「부동산실명제 개선방안 모색에 관한 연구」 p.53. 2007 건국대학교 부동산대학원 석사학위논문.

우자 명의로 명의신탁한 경우에는 적용을 배제하고 있다. 오히려 이를 국가가 명의신탁을 보호하고 권장하고 있는 것 같다.

우리민법은 부부간의 재산관계에 대하여 별산제를 천명하고 불분명한 재산은 공유로 추정하고 있다. 부부간의 재산관계는 이러한 별산제와 공유의 법리로 모두 해결되는 것이다. 만약 이혼을 하게 되면 재산분할 청구권이 인정되고 있으므로 이에 따르면 될 것이다. 탈세·탈법이나 투기목적, 더 나아가 강제집행 면탈 이외에 무슨 목적 때문에 배우자 명의로 명의신탁을 인정해야 할 필요가 있나? 탈법이나 탈세 등을 누가 입증해야 하는가. 국가기관에서 해야 한다면 명의신탁을 한 모든 부부들의 재산관계를 추적해서 입증해야 하는데 이것이 가능한가? 추적하지 않는다면 부부간의 명의신탁을 원칙적으로 장려하는 것이 될 것이다.[142)] 500% 공감하며 이 조항은 시급히 개정이 되어야 할 것이다.

그러나 헌법재판소는 부동산 실권리자명의 등기에 관한 법률 제8조 위헌소원 사건에서 아래와 같이 판단하여 법률혼 부부에 대한 명의신탁의 유효성은 인정하고 사실혼 배우자 명의로 부동산에 관한 물권을 등기한 사람의 평등권을 침해하지 아니하여 헌법에 위반하지 않음을 밝혔다.[143)]

즉, 우리나라는 좁은 국토에 많은 인구가 밀집되어 있어 부동산가격의 비정상적 상승을 여러 차례 경험하였고, 부동산이 투기의 대상이 되어 빈부의 현격한 격차를 초래하고 건전한 근로의욕을 떨어뜨리는 등 사회불안의 요인으로까지 작용하여 온 상황이므로, 투기나 탈세 등을 방지하고 부동산거래의 정상화

142) 윤철홍, 「부동산 실권리자 명의등기에 관한 법률의 사법적 검토」, 현대민법의 전망 p.228.

143) 헌법재판소 2010. 12. 28. 선고 2009헌바400 판결.

와 부동산가격의 안정을 도모하려는 '부동산 실권리자명의 등기에 관한 법률'의 입법목적은 지극히 정당하고도 필요하다(헌재 2001. 5. 31. 99헌가18, 판례집 13-1, 1017, 1075 참조). 만일 사실혼 배우자 사이에서도 특례를 인정한다면 공부상으로나 외관상으로 쉽게 확인이 안 되는 사실혼관계를 가장하여 명의신탁을 행하는 탈법행위를 막기가 어려우므로 특례대상을 법률혼관계의 부부 사이의 명의신탁에 한정하여야 할 필요가 크다. 또, 자발적으로 사실혼을 선택한 당사자는 법적 구속을 받지 않으려는 스스로의 적극적인 의사에 따라 국가의 개입을 거부하는 것이고, 중혼 등 법률상 금지되는 혼인을 한 경우는 법률에 의하여 금지되는 행위를 한 것이므로, 두 경우 모두 명의신탁을 금지하는 규정을 위반한 결과 부과되는 공적 규제로 인한 불이익을 감수하는 것이 불합리하다고 보기는 어렵다. 그리고 고용보험법 등 각종 사회보장법에서 사실혼 배우자를 배우자로 인정하여 일정한 범위 안에서 법률혼에 준하여 보호하고 있지만, 이것은 사실혼관계의 부부 중 일방이 사망한 경우 잔존 배우자의 경제적 안정을 도모하기 위한 것에 불과할 뿐이고, 사실혼에 대하여 혼인의 효과 가운데 신고를 전제로 하는 것이 인정되지 아니하는 것과 마찬가지로 조세나 과징금 부과 등의 공법관계에서는 획일성이 요청되므로 사실혼을 법률혼과 동일하게 취급할 수 없다. 따라서 이러한 점들을 고려할 때, 이 사건 법률조항이 사실혼 배우자에게 명의신탁한 사람을 법률혼 배우자에게 명의신탁한 사람에 비하여 불리하게 차별 취급하는 데는 합리적인 이유가 있고 이를 가리켜 자의적인 차별이라고 할 수 없다고 한다.

5. 마치며

부동산명의신탁의 기원에 대해, 일제의 조선 강점 후 조선총독부는 1912년부터 1917년까지 토지조사령에 의한 토지조사와 1918년부터 1935년까지 임야조사령에 의한 임야조사를 실시하였는데, 당시 종중재산에 관하여 종중명의로 소유신고를 하여 査定받을 수 있는 근거가 없었고, 1912년 공포된 조선부동산 등기령에도 종중명의로 등기할 길이 없었기 때문에 종손 등 종중원의 단독 또는 수인명의로 査定을 받거나 등기할 수밖에 없었다. 이 결과 실소유자인 종중과 소유명의자인 종중원 사이에 분쟁이 생기게 되었고 이를 해결하는 과정에서 조선고등법원은 명의신탁이론으로 종중재산을 인정해 주는 한편 소유명의자로부터 종중재산을 취득한 제3자를 보호해 주었다고 설명한다.[144)]

그러나 현대에 있어서 부동산실명법으로 인하여 고통을 받거나 재산권이 침해된 사람이 얼마나 될까? 오히려 이 법률이 생기기 전 명의신탁으로 인해 탈세·탈법이 난무하게 되었고 선량한 백성들의 근로의욕을 꺾는 일들이 너무 많았다. 명의신탁의 인정범위를 최소한으로 줄이는 것이 타당하다고 본다. 자기의 재산을 자기 것이 아닌 것으로 등기하는 것에는 무슨 말 못할 이유가 있지 않을까? 그 이유는 무엇일까? 그 이유는 탈세·탈법이나 투기·강제집행 면탈이 아닐까? 그렇다면 이러한 행위들은 사회적으로 권장할 만한 일이 아닌 것은 분명한데 국가가 이를 허용하거나 권장해야 할 이유가 있을까? 하루빨리 실효성이 있는 법률이 되도록 그 보완방안을 마련하여 시행해야 할 것이다.

144) 이경철, 앞의 논문 p.25.

제3절 부동산신탁

1. 개념

신탁이라 함은 신탁법 제1조 제2항에서 '신탁이라 함은 신탁설정자(위탁자)와 신탁을 인수하는 자(수탁자)와 특별한 신임관계에 기하여 위탁자가 특정의 재산권을 수탁자에게 이전하거나 기타의 처분을 하고 수탁자로 하여금 일정한 자(수익자)의 이익을 위하여 또는 특정의 목적을 위하여 그 재산권을 관리, 처분하게 하는 법률관계를 말한다'고 정의하고 있다. 부동산 신탁이라 함은 신탁의 목적이 되는 신탁재산이 부동산에 대한 재산권인 것을 말한다.

2. 종류

가. 부동산 관리신탁

신탁회사가 소유자를 대신하여 임대차관리, 시설의 유지관리, 법률 · 세무관리, 수입금의 자금운용 등 일체의 관리를 하고 그 수익을 수익자에게 교부하거나 수탁재산의 소유권을 관리해주는 제도를 말한다.

나. 부동산처분신탁

고가의 부동산, 권리관계가 복잡하여 처분에 어려움이 있는 부동산의 처분을 목적으로 수탁자에게 소유권을 이전하고 수탁자가 그 부동산을 처분하여 수익자에게 정산해 주는 제도를 말한다.

다. 담보신탁

부동산의 소유자가 채권자에 대한 자신 또는 타인의 채무이행을 담보하기 위하여 자기소유의 부동산을 신탁회사에게 이전하고 신탁회사는 채권자를 위하여 일정기간 신탁부동산의 담보력이 유지되도록 관리하다가 채무가 불이행되면 신탁부동산을 환가하여 채권자에게 변제하는 제도를 말한다.

라. 토지개발신탁

부동산신탁회사가 수탁자로서 신탁된 토지상에 건축물을 신축하는 등 개발행위를 하고, 토지 및 지상건물을 일체로 분양 또는 임대하여 그 수입으로 신탁회사의 투자금을 회수하고 수익을 교부하는 것을 내용으로 사는 제도를 말한다.

마. 분양관리신탁

「건축물의 분양에 관한 법률」에 따라 부동산 소유권 및 분양대금을 보전·관리하는 제도를 말한다.

3. 저당권과 부동산담보신탁의 비교[145)]

가. 유통성

저당권과 부동산담보신탁은 채무이행의 담보하기 위하여 부동산을 담보제공한다는 점에서 서로 유사한 제도이다. 그러나 저당권의 경우 피담보채권과의 부종성으로 인하여 저당권 자체만을 유통시킬 수 없고, 환가절차에 있어 법원의 경매실행절차에 의한다는 점에서 시간과 비용이 많이 소요된다. 이에 반해 부동산담보신탁의 경우 피담보채권과 분리하여 수익권만을 양도할 수 있고 임의매각 방법에 의하여 실행할 수 있다는 점에서 경제적이다.

나. 우선특권의 배제

주택임대차보호법, 상가건물임대차보호법, 근로기준법, 국세기본법, 지방세법 등 경매시에 담보권에 우선하는 제도가 널리 인정되고 있다. 이러한 우선특권들이 경매절차를 복잡하게 만드는 요소이기도 하다. 근저당권을 설정하는 경우 위에서 나열한 우선특권이 적용되어 담보권자는 자칫 예상하지 못한 불이익을 당할 위험이 있다. 이에 반해 부동산담보신탁은 위탁자로부터 수탁자에게 부동산 소유권이 이전되어 신탁 후에는 위탁자의 재산으로 볼 수 없게 되어 신탁재산에 대한 우선특권이 적

145) 박종희, 「신탁법에 관한 연구」 pp.33-36. 재구성, 고려대학교 법무대학원 석사논문.

용되지 않는다.

다. 신탁부동산에 대한 강제집행의 곤란

부동산담보신탁의 경우 신탁재산은 수탁자에게 귀속하지만, 수익자를 위한 재산이므로 수탁자 개인의 고유재산과는 구분되어 신탁설정 이전에 위탁자에 대한 채권을 가지고 있는 채권자라도 그 재산에 가압류 등 보전처분을 하지 않는 경우에 나중에 신탁재산이 된다면 이에 대해 강제집행을 할 수 없게 된다.

라. 환가방법의 차이

근저당권을 실행하는 경우에 많은 기간과 비용이 필요하고 절차의 신속진행에 방해가 되는 요소들이 발생하기도 한다. 그러나 부동산담보신탁의 경우에 수탁자는 임의경매가 아닌 시장에서 경쟁을 통해 임의 매각방식에 따라 신속하게 매각하여 채권을 회수할 수 있다.

마. 회생절차와 관련하여

부동산담보신탁의 경우에는 회생계획에 영향을 받지 않고 회생절차와 관계없이 목적물을 처분하여 환가할 수 있는 장점이 있다. 이와 관련하여 대법원은, 신탁자가 자기 소유의 부동산에 대하여 수탁자와 부동산관리신탁계약을 체결하고 수탁자 앞으로 신탁을 원인으로 한 소유권이전등기를 경료해 주어 대내외적으로 신탁부동산에 관한 소유권을 수탁자에게 완전히 이전한 다음 수탁자로 하여금 신탁부동산에 관하여 다시 신탁자의 채권자의 채권을 위하여 근저당권설정등기를 경료하도록 하였다면, 수탁자는 결국 신탁자를 위한 물상보증인과 같은 지위를 갖게 되었다고 할 것이고 그 후 신탁자에 대한 회사정리절차가 개시된 경우 채권자가 신탁부동산에 대하여 갖는 근저당권 등 담보권은 회사정리법 제240조 제2항에서 말하는 '정리회사 이외의 자가 정리채권자 또는 정리담보권자를 위하여 제공한 담보'에 해당하여 정리계획이 여기에 영향을 미칠 수 없다고 할 것일 뿐만 아니라 채권자가 정리채권 신고기간 내에 신고를 하지 아니함으로써 정리계획에 변제의 대상으로 규정되지 않았다 하더라도, 이로써 실권되는 권리는 채권자가 신탁자에 대하여 가지는 정리채권 또는 정리담보권에 한하고, 수탁자에 대하여 가지는 신탁부동산에 관한 담보권과 그 피담보채권에는 아무런 영향이 없다고 한다.[146]

4. 기타 제도들[147]

가. 부동산투자신탁(REIT'S, Real Estate Investment Trusts)

부동산투자신탁이란 부동산 투자를 전문으로 하는 뮤츄얼펀드로써 다수의 소액투자자로부터 자금을 조달하여 부동산의 구

146) 대법원 2003. 5. 30. 선고 2003다18685 판결.
147) 『한국토지신탁 직무교육교재Ⅰ』 p.14.

입, 운용, 개발 등 부동산에 대한 투자를 행하고, 그 운용수익을 투자자에게 분배하는 것을 말한다.「부동산투자신탁회사법」에서 규율하고 있다.

나. 프로젝트파이낸싱(PF, Project Financing)

금융기관이 특정사업의 사업성에 따라 자금을 지원하고 그 사업의 수익으로부터 투자자금 및 수익을 반환받는 것을 말한다. 이것은 차주의 신용상태보다는 개별사업의 수익에 중점을 두고 있어 차주의 책임은 없거나 제한되는 특성이 있다.

다. 자산담보부채권(ABS, Asset-Backed Securities)

자산유동화란 부동산, 매출채권 등 유·무형자산을 근거로 유동화증권을 발행하여 사실상 자산을 현금화하는 것으로 기업 및 금융기관의 자산이 고정화됨으로써 발생하는 자금조달의 애로해결 및 각종 위험회피가 가능하도록 하는 제도를 말한다. 유동화전문회사가 자산보유자로부터 유동화자산을 양도 받아 이를 기초로 유동화증권을 발행하고 유동화자산을 관리·운용·처분에 의한 방법에 의하여 얻은 수익으로 유동화증권의 소지자들에게 배당을 하는 일련의 과정을 거치게 된다.

라. 주택저당증권(MBS, Mortgage Backed Securities)

주택저당채권이란 금융기관이 주택을 담보로 만기 20년 또는 30년짜리 장기대출을 해준 채권을 대상자산으로 하여 발행한 증권으로 자산담보부증권(ABS)의 일종이다. '주택저당채권 담보부증권'이라고도 한다. 은행, 보험회사, 할부금융사 등 금융회사는 주택을 담보로 길게는 20-30년의 자금을 대출해 준 뒤, 이 담보권을 기초로 주택저당채권(주택에 근저당이 설정된 대출채권)을 보유하게 된다. 은행 등 금융회사들은 그 주택저당채권을 유동화중개회사(SPC)에 팔고, 유동화중개회사(SPC)는 이를 담보로 하여 MBS라는 상품을 발행하며, 자본시장의 투자자들에 의해 이 MBS 상품이 판매가 되고 현금화됨으로써 금융회사에게 그 돈을 지급한다. 금융회사들은 장기간에 걸쳐 고객(채무자)들로부터 상환 받아야 할 돈을 한 번에 회수하여 목돈을 마련하는 셈이 되므로 그 돈으로 다시 주택 구입자들을 위한 대출재원으로 사용할 수 있게 된다.

제3편 회생절차

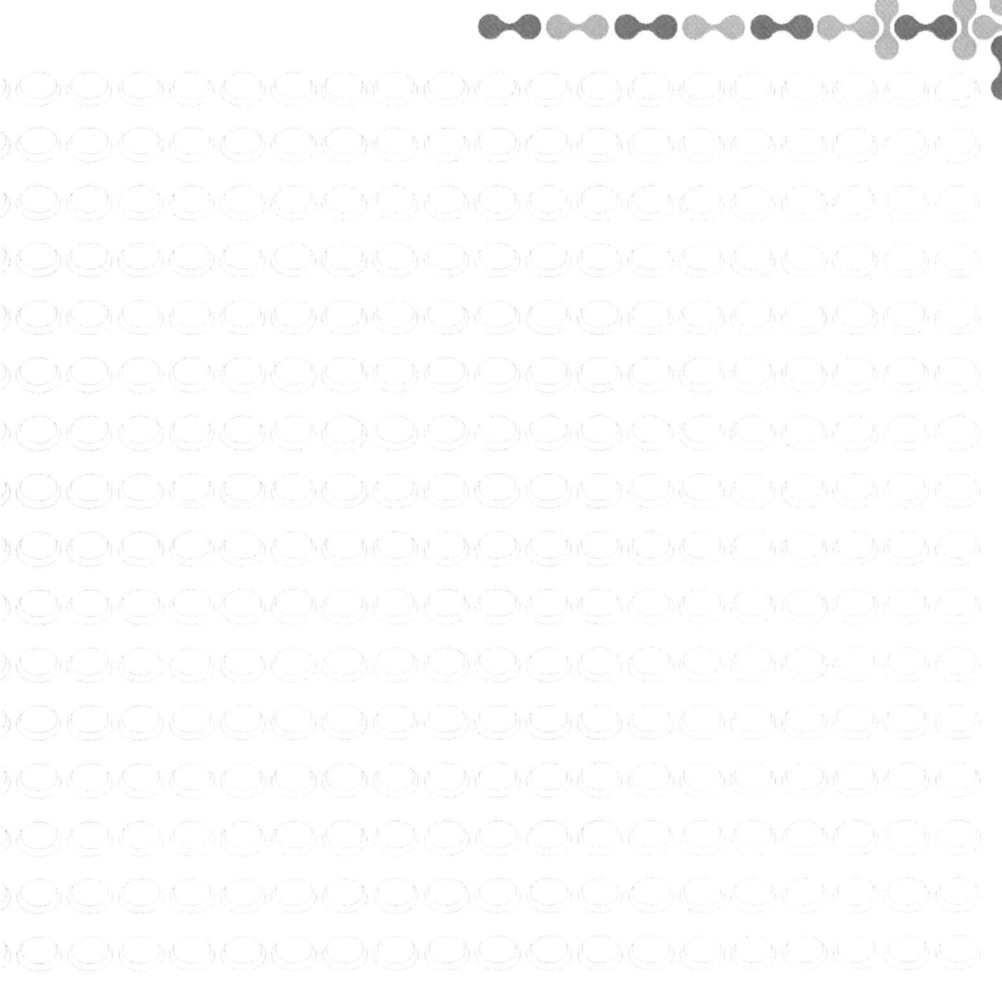

제1절 서론

사람이 생로병사의 과정을 거치는 것처럼 기업도 이와 마찬가지로 오늘도 내일도 수없이 설립되고, 경영활동을 유지하고, 일부는 소멸해 가는 과정을 거친다. 기업의 성쇠는 주주, 종업원, 지역사회 및 거래관계를 형성하고 있는 다른 기업에게도 많은 영향을 미치게 된다. 기업이 설립되어 정상적인 경영활동을 하다가 내·외부적인 사정으로 인하여 도산에 이르는 경우에 기업과 관계를 맺고 있는 수많은 이해관계자들과의 채권·채무관계를 집단적·체계적으로 해결할 목적으로 제정된 것이 도산관련 법률이다.

제2절 기업의 도산과정

1. 산업의 발전과 기업의 성쇠

기업은 내·외부 환경에 적응하면서 영속성을 유지하고자 부단히 노력한다. 기업이 제공하는 재화와 서비스는 사회구성원의 편익에 기여하고 대중으로부터 선택받을 때에 존재할 수 있다. 이러한 점에서 기업들은 소비자들의 NEEDS를 파악하고 PROMOTION 활동을 통해 수요를 창출하고자 많은 노력과 비용을 지출하고 있다.

한편, 기업도 우리 사회의 구성원으로서 사회의 경제적·사회적 상황과 분리되어 존재할 수 없는 이유로 기업이 제공하는 재화와 서비스가 시대를 앞서 갈 경우에 시장을 선점하여 오랫동안 FIRST MOVER의 지위를 확보할 수 있으나 시장이 아직 형성되어 있지 않거나 여건이 조성되지 않았음에도 지나치게 앞서가거나 이와 반대로 시대의 트렌드와 경쟁자에 뒤처지는 경우에도 생존이 곤란하다.

1960년대에는 경쟁국에 비해 저렴한 인건비를 경쟁력으로 섬유 등 노동집약적인 경공업이 대세를 이루었다. 저렴한 인건비를 바탕으로 하는 섬유산업은 1985년까지 우리산업의 중추로서 호황기를 누렸다. 이 시기에 섬유산업에 종사하는 기업에게는 더 많은 부가가치를 창출할 수 있는 많은 기회가 있었다.

1980년대에 이르러 경제개발 5개년 계획 등으로 중화학공업 투자가 본격화되자 철강, 정유 등의 산업이 우리산업의 중추로 자리 잡았다. 중화학공업에 대한 투자가 이루어지는 과정에서도 노동집약적인 산업은 1985년까지 주력산업의 지위를 유지했다. 1990년에 이르러 전기전자 산업에 대한 과감한 의사결정과 대규모 투자를 기반으로 정보통신산업이 우리나라를 대표하는 산업으로 등장하여 지금까지 그 지위를 굳건하게 유지하고 있다. 1990년에 이르러서는 조선업이, 1995년에 이르러서는 자동차 산업이 새로운 주력산업으로 등장했다.[148)]

---

148) 전용옥, 「한국기업의 생존보고서」, 한국경제연구원(2008), 이 분야에 관심이 있으신 분은 이 논문을 일독하시기 바란다. 내용도 재미있고 생각할 거리도 많이 제공해준다. 심심할 때 읽어도 괜찮다.

〈한국의 시기별 주력산업(생산액 기준)〉149)

구분	1975	1980	1985	1990	1995	2001
1	섬유	섬유	섬유	전기전자	전기전자	전기전자
2	정유	정유	전기전자	섬유	자동차	자동차
3	화학	화학	화학	화학	섬유	화학
4	식품	식품	정유	자동차	화학	일반기계
5	전기전자	철강	식품	철강	일반기계	식품
6	철강	전기전자	철강	조립금속	철강	정유
7	담배	자동차	조선	정유	식품	섬유
8	음료	고무	자동차	일반기계	조립금속	철강
9	목제품	제지	조립금속	고무	정유	조립금속
10	고무	담배	일반기계	조선	조선	조선

우리나라의 기업수명은 선진국과 비교했을 때 비교적 짧은 것이 특징이다. 우리나라가 고도성장을 하는 과정에서 외부환경의 변화가 다른 선진국보다 빨라 이에 적응하지 못한 기업은 도태되었다. 1987년 정부가 최초로 대기업집단을 지정한 이후 지금까지 살아남은 기업의 수는 많지 않다.

누구도 망할 것으로 생각지 않았던 기업들, 성공신화를 쓰며 승승장구했던 그 기업들은 지금 어디에 있는가? 한국이 좁다며 세계로 진출했던 기업들, 때로는 무모하리만큼 인수와 합병을 통해 덩치를 키웠던 그 회사들은 어디에 있는가? IMF 관리체제는 오로지 성공밖에 몰랐던 우리 기업들에게 큰 도전과 시련이

149) 이언호, 『기업경쟁력 현황과 제고방안』(삼성경제연구소)

었다. 이러한 상황을 처음 겪어본 해당기업 및 그 기업과 이해관계를 맺고 있는 주주, 종업원, 지역사회 그리고 거래관계를 형성하고 있는 다른 기업들은 생존의 문제에 직면할 수밖에 없었다.

〈10대 대규모 기업집단의 변천(자본금 기준)〉150)

구분	1960	1979	1992	2002
1	삼성	현대	현대	삼성
2	삼호	럭키	삼성	현대
3	개풍	삼성	대우	LG
4	대한	대우	LG	SK
5	럭키	효성	선경	현대자동차
6	동양	국제	한진	한진
7	극동	한진	쌍용	포항제철
8	한국유리	쌍용	기아	롯데
9	동립산업	한화	한화	금호
10	태창방직	선경	롯데	한화

'2000년대에 삼성경제연구소 조사에 따르면 1955년의 100대 기업 중 2005년까지 남아 있는 기업은 7개에 불과하다는 결과가 있습니다. 60년대에서 70년대로 넘어가는 과정에서도 6개의 기업집단이 10대 기업에서 제외되는 것을 보면 정말 기업들의 부침(浮沈)이 많은 것 같습니다. 당시 기업들은 소위 재벌이라고 할 수 있는 여러 개의 자회사들을 거느리는 대기업 집단이 하나 둘씩 만들어져 가고 있는 것이 보입니다. 지금도 부동의 1위 기업 자리를 차지하고 있는 삼성은 제일제당의 성공을 발판으로 제일모직 등 사업분야를 확대해 가고 있습니다. 정부로부터 금융분야의 사업 참여를 허가 받아 한 때 조흥은행의 대주주가 되기도 합니다. 그리고 동양방송 등 언론사도 보유하고 있었던 가장 규모가 큰 재벌기업이었습니다. 삼호는 조선방직을 인수하여 국내 최대의 면방

150) 이언호, 앞의 논문.

직 기업이 된 기업입니다. 그리고 동양은 동양제과로 유명한 기업이었죠. 화신은 백화점 사업을 하던 기업이었습니다. 개풍그룹이라고 있는데 이름이 좀 생소하지요? 시멘트를 만들고 있는 쌍용시멘트 전신인 대한양회를 가지고 있던 기업입니다. 북한의 개풍지역을 연상시키는 이름을 가지고 있지요? 사실 창업주가 개성상인 출신이라고 하네요. 현재 LG그룹의 전신인 락희가 리스트 안에 끼여 있습니다. 락희는 화장크림과 플라스틱을 만들던 락희화학이 모기업이었고 전자제품을 생산하는 금성사를 자회사로 가지고 있었죠. 주로 의식주와 관련된 경공업분야에서 기업들이 대부분인 것을 알 수 있습니다. 이 당시만 하더라도 필리핀의 경우 우리나라 2배에 해당하는 국민소득을 자랑하며 아시아에서 제법 선진화된 면모를 보일 때이며 이제 우리는 산업화에 이제 막 진입을 하던 때였다고 합니다.'[151]

2. 수명주기 모형에 의한 기업의 성공과 퇴조과정[152]

가. 초창기

기업의 초창기에는 창조력에 의한 창업과 초기성장을 특징으로 한다. 물적·인적 노력은 제조와 판매에 집중이 되고 경영활동의 효율성은 후순위가 된다. 의사전달은 비공식적이며 필요에 따라 수시로 이루어진다. 종업원의 보수는 기업주가 정하는 방식에 따라 적당히 결정이 되고 이익에 따라 수시로 변할 수도 있다. 이러한 기업이 성장함에 따라 생산성 및 효율성을 높이기 위한 지식이 요구된다.

종업원 수가 증가함에 따라 비공식적인 의사전달 만으로는

151) 네이버 블로그 세상의 이야기들, 작성자 : jonggum1013. 〈1964년의 세상〉 (http://blog.naver.com/jonggum1013?Redirect=Log&logNo=117706722).
152) 조동성, 『21세기를 위한 전략경영』 pp.322-328. 재구성, 서울경제경영 (2006)

업무처리가 곤란해지며, 자본금이 더 필요해 지고 재무활동을 위한 새로운 회계절차가 필요해 진다. 경영자의 관리책임은 증가하지만 과거에 해왔던 방식으로 경영을 하려고 하는 과정에서 마찰이 생기게 되고 종업원은 경영자의 리더십에 대한 불만을 갖게 될 수 있다. 이 때 기업주가 능력 있는 경영자를 과감히 고용한다면 그 기업은 제1변혁기로부터 벗어나 다음 성장단계로 들어갈 수 있다.

나. 제2성장기

유능한 경영자를 고용함으로써 첫 단계의 위기에서 벗어난 기업은 그의 지도력 아래 지속적이고 순탄한 성장기에 들어가게 된다. 제2성장기의 특징은 업무지시에 의한 성장으로 특징지을 수 있다. 조직의 수직적·수평적 분화가 이루어지고, 재고 및 구매를 위한 회계제도가 도입되며, 예산제도와 인사고과를 통한 장려임금제가 도입되고, 경영방침의 결정, 조직의 직무와 권한이 명확히 됨으로써 의사결정과정이 공식화 된다. 최고경영자는 대부분의 시간을 능동적인 업무지시에 사용하는 반면에 중간 관리자는 자치화된 의사결정 관리자로서보다는 기능적 전문가로서 취급된다.

그러나 업무지시라는 경영방식이 종업원의 노력을 훨씬 효과적으로 기업성장에 공헌하도록 한다 할지라도, 그와 같은 수직적인 방식은 기업 활동이 방대해 짐에 따라 다양해지고 복잡해지는 조직을 조정·통제하는데 적합하지 못하게 된다. 동시에 각 기능이 전문화됨에 따라 하부조직의 관리자들은 최고경영층

보다 시장에 대한 직접적인 지식을 더 많이 소유하게 된다. 여기서 하부관리자는 더 많은 자치권을 요구하게 되고 두 번째 성장기는 또 다시 한계에 이르게 된다. 이를 해결하기 위한 방안은 권한의 위임이다. 그러나 하부관리자들은 권한의 위임을 요구하면서도 의사결정을 수행하는데 익숙하지 못하며, 최고경영층 또한 권한의 위임을 주저하기 때문에 많은 기업체들이 혼란상태를 겪게 된다.

다. 제3성장기

제3성장기는 집권적 관리로부터 분권적 관리로 전환함으로써 이루어진다. 여기서는 최고경영층의 의사결정권한이 사업부의 책임자에게 대폭 위임되고, 사업부는 마치 독립회사와 같이 자주적이고 독립채산적인 경영을 실시한다. 최고경영자는 주로 신규 사업 또는 돌발사고의 수급과 같이 기업의 방향을 변경시키는 중대한 사항에 대한 결정만을 책임진다. 제3성장기에서 나타나는 권한의 위임은 하부계층에 경영의욕을 불러일으키고 이것은 시장 확대를 가져온다.

그러나 권한을 위임받은 각 사업부의 관리자들이 대개 사업계획이나 재정, 기술, 인력 등 여러 사항에 대해서 다른 부서와 상호조정, 협동함이 없이 독자적으로 그들 자신의 능력을 과시하므로 지나친 자유가 오만한 태도를 낳게 되는 결과를 초래하게 되는 것이다. 따라서 최고경영층은 전사적인 조정, 통제를 하려고 하며, 심지어는 중앙집권적인 관리체제로 돌아가려고 한다. 그러나 조직은 이미 방대해 있고 계획, 조직, 지휘, 통제,

조정에 대한 관리직능은 최고경영자 한 사람의 힘으로는 수행될 수 없게 된다.

라. 제4성장기

이 단계의 성장은 제3성장기에서 이룩된 사업부 조직을 파괴함 없이 부서 간의 조정, 통제를 좀 더 원활하게 수행할 수 있는, 기획을 중심으로 한다. 공식적인 계획제도가 도입되고, 최고경영자의 관리직능 수행을 돕기 위한 스태프들이 고용된다. 자본의 지출은 그 효과를 상호 비교하여 결정되고 예산통제가 전반적으로 실시된다. 각 제품그룹에 대한 투자는 투자수익률을 기준으로 결정되고, 정보처리와 이에 의한 의사결정과 같은 특수한 기능은 최고경영층에 집중되지만 반복 업무는 하부조직의 관리자들이 계속 담당한다. 종업원지주제도 및 이익분배제도 등이 종업원의 사기를 높이기 위해서 채택된다.

제4성장기에서 스태프 부문이 강화되어 각 라인 부서의 업무를 조정, 통제하게 됨에 따라 라인과 스태프 부문 사이에 상부와 하부 담당자들 사이에 신뢰가 상실되기 시작한다. 제도와 계획이 그 효용성에 비해서 지나치게 많아지고 경직화 된다. 형식을 내용보다 앞세우고, 절차를 문제해결보다 중요시하며, 독창성보다 규칙의 준수를 고집하게 된다. 이와 같이 형식적이고 의례적인 프로그램으로는 이미 방대해지고 복잡해진 조직을 더 이상 효율적으로 관리할 수 없게 된다.

마. 제5성장기

마지막 단계는 조직의 지나친 관료화를 극복하기 위해서 조직의 구성원 사이에 강력한 협동관계를 형성하는 제5성장기이다. 제4성장기는 고정화된 조직과 절차를 유지하면서 성장이 이룩된 반면, 제5성장기에서는 여기에서 탈피함으로써 성장이 이룩된다. 이 단계에서는 개인능력의 다양성을 활용할 수 있는 경영제체를 강조하게 되며, 팀을 통한 경영활동을 전개하게 된다. 제5성장기에서는 구성원 개인의 능력을 활용할 수 있는 프로젝트팀 또는 태스크포스와 같이, 그 목적을 달성될 때까지만 일정기간 존속하는 조직형태가 필요하게 된다. 이러한 조직을 매트릭스조직 또는 그리드 체제라고 한다. 현재 미국의 많은 기업 등이 제5성장기에 있다고 한다.

따라서 제5변혁기에는 혁신적인 아이디어와 집중적인 팀워크에 대한 부담이 조직 구성원에게 극심한 정신적, 육체적 피로를 가져다 줄 것으로 예측되고 있다. 이러한 위기를 극복하기 위해서는 구성원이 업무수행에서 오는 긴장과 피로를 완화시킬 수 있도록 종업원에 대한 복지가 중요하다. 다른 방법으로는 기업을 일상적인 업무를 수행하는 부문과 창의적, 혁신적인 사고에 의한 목적 달성을 담당하는 부문으로 분리하는 것이다.

이상과 같이 각 단계에서 성장통을 겪으면서 그에 맞는 적절한 해결책을 찾지 못하는 경우 도약은 기대할 수 없다. 기업에 있어서 정체는 도태와 유사어이다. 매출이나 영업이익이 정체된 기업은 흐르는 물속에서 비록 앞으로 나아가지는 못해도 최소한 제 자리를 지키는 것으로 착각하지만 사실은 이미 뒤로 떠밀려가 있다. 단지 그 기업만이 그 사실을 모를 뿐이다.

3. 재무적 관점에서 기업의 성공과 퇴조과정

기업이 1년 동안 경영활동을 하는 과정에서 발생하는 현금유출이 발생한다. 현금유출의 중요한 내용은 대체로, 금융비용, 세금, 배당금 지급, 장기차입금 상환, 순운전자본 증가분 지원, 단기차입금 상환 및 자산투자(건물 구매 등) 또는 장기차입금 상환으로 구분할 수 있다. 현금의 유입과 유출과정을 통해서 재무적 관점에서도 기업의 흥망을 예측할 수 있다. 부도라는 것도 결국은 현금이 부족하여 발생하는 현상이므로 현금흐름을 통해 부실가능성을 예측한다는 점에서 가장 정확한 정보를 우리에게 준다.

가. 우량기업의 현금흐름

정상적인 경영활동을 하는 우량한 기업의 경우에는 영업활동에서 유입된 현금으로 금융비용, 세금, 배당금 지급, 장기차입금 상환, 순운전자본 증가분 지원, 단기차입금 상환 및 자산투자(건물 구매 등) 또는 장기차입금 상환할 수 있을 만큼 현금흐름이 양호한 상태를 유지한다. 이런 기업의 경우 장기적인 투자로 매출이 꾸준히 증가하고 장기차입금의 많은 부분이 상환되어 부채비율이 감소하고 아울러 금융비용도 줄어들고 신규차입이 없는 상태가 되어 경쟁력을 유지할 수 있게 된다.

나. 관찰이 필요한 기업의 현금 흐름

관찰이 필요한 기업의 경우에는 영업활동에서 유입된 현금흐름으로 금융비용과 배당금을 지급하고 유동성 장기부채의 일부를 상환할 수 있게 된다. 다만 유동성 장기차입금 상환액의 부족분은 신규차입을 통해 해결을 하게 된다. 이 경우에 순운전자본이 증가하면 단기차입금도 증가하게 되어 총차입금 규모가 증가하기 시작한다. 만기 도래한 장기차입금의 상환을 위해 새로운 장기차입금에 의존하는 것은 적절하지만 단기차입금에 의존하게 된다면 그 기업은 미래의 특정기간에 동시에 만기되는 단기차입금 때문에 단기지급능력이 위험하게 된다. 이 경우에 신규 단기차입금으로 기존 장기차입금을 상환 할 가능성이 높으므로 기업은 단기차입금 상환압력을 받을 수 있다.

이러한 기업은 원감절감, 경쟁력 확보 등을 통해 현금흐름을 개선시켜야 한다. 차입금으로 차입금을 상환하는 현금흐름이 계속될 경우에는 당장은 문제가 발생하지 않더라도 장기적으로는 경영상태가 나빠질 수 있다.

다. 주의를 요하는 기업의 현금 흐름

주의를 요하는 기업의 경우에, 영업활동에서 유입된 현금흐름으로 금융비용을 지급하고 유동성장기차입금의 일부만을 상환할 수 있으며, 유동성장기차입금 상환액의 대부분과 순운전자본 증가분에 소요되는 자금을 추가로 차입하여야 한다. 이 단계에 있는 기업은 대체로 매출과 이익의 감소 혹은 손실의 발생, 부채비율의 악화 등의 징후를 발견할 수 있다.

갑작스런 불경기의 도래, 관련 기업의 부도, 자금시장의 경색 등의 현상이 나타나면, 신규차입이 어려워져 만기 도래하는 차입금의 상환할 수 없게 되어 부채상환능력을 상실할 수도 있으며, 심지어 매입채무를 결제할 지급능력을 상실하게 될 수도 있다. 심지어 현금흐름의 악화 심화 단계를 거치지 않고 지급불능의 상태에 이르게 되어 기업은 도산하게 될 수도 있다.

라. 도산의 징후가 있는 기업의 경우

영업활동에서 유입된 현금흐름으로 금융비용의 일부에만 사용할 수 있거나, 심지어 현금흐름으로 금융비용조차 제대로 지급할 수 없는 상태에 이르게 되면 기업은 지급능력을 향상시키거나 유지하기 위해 자금의 확보에 최선의 노력을 기울이게 된다. 이 경우 재무제표에서 발견할 수 있는 현상으로는 매출액의 감소, 계속되는 적자, 자본잠식의 상태 등이 있으며, 이 경우 정상적으로 제도권 금융회사로 부터의 신규차입은 불가능하게 된다. 따라서 사채시장에서 높은 금리를 지불하고 융통어음으로 자금을 조달하게 된다.

마. 구조조정을 통한 비상경영

기업의 현금흐름이 악화되어 영업활동을 통해 창출한 현금유입으로 금융비용도 상환할 수 없게 되는 경우 유상증자, 비수익자산 매각 및 비수익사업의 철수, 인력구조조정 및 내부혁신 등이 실행되지 않는다면 그 기업은 결국 도산의 상태에 도달하게 된다. 이점에서 금융회사들은 이자보상배율[153)]을 중요한 평가 지표로 활용하고 있다. 경영활동을 통해 이자비용 조차 상환할 수 없는 기업의 경우 영속성은 담보되기 어렵다.

4. 거래기업의 도산에 대한 대비

아래의 표는 일반적으로 비재무적 요인을 통해 부실징후를 판단하기 위한 체크리스트의 항목과 그 확인방법이다.

〈비재무적 부실징후 체크리스트 및 확인방법〉

번호	체크리스트 항목	확인방법
1	금융권 차입금 증가 / 고금리의 차입금 또는 악성사채사용	신용정보회사
2	연간 / 분기별 매출액의 지속적 감소 여부	부가세 신고서류
3	매출비중이 큰 거래처의 부실기업 해당여부	신용정보회사
4	대출 / 법인카드결제 / 공과금 / 종업원 급여이체 등의 연체	신용정보회사
5	부실한 관계회사에 대한 채권보유 또는 연대보증 여부	감사보고서
6	후계자가 없는 고령의 대표자 / 경영권다툼이 있는 회사	기업실사, 대표자 면담
7	종업원의 불친절함 / 회사의 인재이탈 급증	기업실사
8	공사실적 대비 공사 미수금의 증가 / 공장 가동율의 저하	기업실사, 대표자 면담
9	약속어음의 월별 만기 도래액이 증가하는지 여부	어음대장
10	동종업계의 불황여부 / 수주한 대규모 공사의 진척도	보도자료

153) 기업이 부채에 대한 이자지급 의무를 이행할 수 있는 능력을 보기 위한 지표다. 영업이익을 지급이자 비용으로 나누어 산출한다. 이자보상배율이 1 미만일 때는 갚아야 할 이자비용보다 기업이 벌어들인 영업이익이 더 적었다는 뜻이다. 결국 기업경영을 통해 지급해야 할 금융권 이자도 벌어들이지 못한다면 이 기업은 도산의 길로 접어들 수밖에 없다.

거래기업이 도산에 이르게 되어 지급불능의 상황이 발생하면 수많은 이해관계자에게 피해를 주게 된다. 이러한 상황에 처하게 되는 것을 방지하기 위하여 기업 간의 거래에서는 상대방의 지불능력과 경영상황에 대한 모니터링이 필요하게 된다. 신용평가회사들은 거래상대방에 대한 지불능력과 경영상황에 대한 정보를 제공하는 거래처 신용조회서비스를 제공하고 있다.

그러나 시장의 수요는 당장 오늘, 당장 내일 등 실시간으로 그 회사에 대한 정보제공을 요구하므로 신용평가회사에서 제공되는 정보와 시장에서 요구하는 정보 사이에는 괴리가 있을 수밖에 없다. 실시간으로 제공되는 정보라는 것이 당해 기업의 내부에서만 극히 제한된 사람들끼리 공유하는 것이라서 기업외부의 신용평가회사에서 이를 알기는 어렵다.[154] 또한 예전에 비해 많이 나아지기는 했지만 재무자료 자체에 대한 불신이 여전하여 이를 기초로 산출된 신용등급 자체도 의문이 있다.

기업의 신용상태에 있어서 가장 중요한 요소는 대표자라고 생각한다. 일반적으로 기업의 규모가 작을수록, 업력이 짧을수록 경영자의 경영능력에 대한 정보가 기업의 부실예측에 중요하다. 또한 높은 타인자본, 단기자금의 부족, 과잉생산, 매출부진, 출혈과당경쟁, 융통어음 발행 등도 이에 못지않게 중요하다. 결국은 거래회사에 대해 잘 알고 있는 상태에서 거래를 하는 것이 좋다. 이미 소개한 바와 같이 신용보증기금 등 금융회사에서 판매되고 있는 매출채권보험이나 어음보험에 가입하는 것도 좋은 방법일 수 있다. 돈이 든다는 단점이 있지만.

---

154) 명동의 사채금리 정보가 그나마 변별력 있는 실시간 정보를 제공해준다. http://www.interbill.co.kr.

제3절 도산관련 법률체계

1. 제도의 현황

「채무자회생 및 파산에 관한 법률」이 제정되기 이전의 우리나라 도산법체계는 복잡하였다. 「파산법」, 「화의법」, 「회사정리법」, 금융기관도산절차에 대한 특례를 규정한 「금융산업의 구조개선에 관한 법률」, WORK OUT의 법적인 근거를 마련하기 위해 2001년 제정된 「기업구조정촉진법」, 그리고 「개인채무자회생법」이 있었다.[155)]

기존의 회사정리법, 화의법, 파산법은 각각의 절차상 연계성이 부족하였다. 채무자가 회사정리절차를 신청하여 정리계획을 인가받는데 평균 615일이 소요되었다. 이 채무자가 파산에 이를 경우에 정리절차 신청에서부터 파산선고까지 평균 2,881일이 소요되었다.[156)] 이런 기나긴 과정을 겪으면서도 채권자는 채권자라는 이유로 일방적으로 희생을 강요당하면서도 채권의 만족은 구할 수 없게 되었고 오로지 이 절차는 빚진 채무자를 보호하기 위한 절차일 뿐 이었다고 해도 과언이 아니다.

이러한 반성에서 도산3법을 통합하여 「채무자 회생 및 파산에 관한 법률」이 제정되었다. 부수적으로는 IMF에서 우리나라의 도산법제가 복잡하여 단일법을 만들 것을 요구하기도 했었다.[157)]

---

155) 2006년 4월 이후 '채무자 회생 및 파산에 관한 법률'의 시행과 동시에 파산법, 화의법, 회사정리법, 개인채무자 회생법은 폐지되었다.

156) 박승두, 『한국도산법의 선진화 방안』 pp.99-100. 법률SOS(2003)

157) 채무자의 회생 및 파산에 관한 사항이 회사정리법・화의법 및 파산법에

현재 우리나라의 자율적인 기업구조조정과 관련한 제도는 매우 복잡하고 그때 그때 필요에 따라 만들어지는 양상이다.

〈기업구조조정 체계〉[158]

	대기업	중소기업	건설사 금융지원	중소기업 및 KIKO
대상 기업	채권금융기관 신용공여액 500억원 이상 부실징후기업	채권금융기관 신용공여액 500억원 미만 부실징후기업	영업력 · 인지도를 갖춘 건설사 및 연관 시행사	신용위험평가 A · B 등급 및 KIKO 피해기업
근거	기업구조조정 촉진법	채권은행협약	대주단협약	중소기업 FAST-TRACK 프로그램[159]
조정 기구	채권금융기관 조정위원회	채권은행 조정위원회	없음	채권은행 조정위원회

이 가운데에는 「기업구조조정촉진법」처럼 법률로써 제도화된

분산되어 있어서 각 법률마다 적용대상이 다를 뿐만 아니라, 특히 회생절차의 경우 회사정리절차와 화의절차로 이원화되어 있어서 그 효율성이 떨어지므로 상시적인 기업의 회생 · 퇴출체계로는 미흡하다는 지적이 있는 바, 회사정리법 · 화의법 및 파산법을 하나의 법률로 통합하여 채무자의 회생 및 파산에 관한 법률의 체계를 일원화하는 한편, 기존의 회생절차 중 화의절차를 폐지함과 아울러 회사정리절차를 개선 · 보완하고, 정기적 수입이 있는 개인채무자에 대하여는 파산절차에 의하지 아니하고도 채무를 조정할 수 있는 개인회생제도를 도입하여 파산선고로 인한 사회적 · 경제적 불이익을 받게 되는 사례를 줄이며, 국제화시대에 부응하여 국제도산절차에 관한 규정을 신설하려는 것으로, 최근 어려운 경제상황에서 회생 및 퇴출시스템을 개선하기 위한 대책마련이 시급한 상황이고, 특히 도산법제의 개선은 우리나라의 국제적 신인도와 지대한 관계가 있다. 〈채무자 회생 및 파산에 관한 법률 제정안〉(대안) 중 제안 이유.

158) 권영종, 「금융기관에 의한 기업워크아웃제도」, 2011년도 한국 채무자 회생법학회 춘계학술대회 발표논문.

159) 일시적 유동성 부족에 직면하여 경영상 어려움을 겪고 있는 중소기업에 대해 유동성을 지원함으로써 거래기업의 경영정상화를 도모하고 채권은행의 자산건전성 제고를 주된 목적으로 만들어진 제도를 말한다.

것도 있지만 채권금융기관의 협약이라는 이름하에 어쩌면 금융회사가 정부에 의해 등 떠밀려 만들어진 제도도 있다. 도산법 중에서 「기업구조조정촉진법」과 「채무자회생 및 파산에 관한 법률」의 대체적인 내용을 살펴본다.

2. 기업구조조정촉진법

가. 제정배경

이 법의 제정배경은 크게 두 가지로 이해할 수 있다. 하나는 WORK OUT을 중심으로 한 자율적인 구조조정시스템이 제도상의 한계성을 노출하여 개선이 시급하였다는 점이고, 또 하나는 법원을 중심으로 진행되는 화의·법정관리 등 법적 도산절차가 신속하고 효율적으로 진행되지 못하여 개선이 요망되었다는 점이다. 이러한 문제는 자율적 구조조정시스템의 정착과 도산 3법의 개정을 통하여 해결하여야 하지만, 국가적으로 구조조정의 신속한 추진이 절실히 요망되어 한시법의 성격을 가진 특별법으로 우선 대처하고자 한 것이다.[160)]

종래 「기업구조조정 촉진법」은 그 유효기간이 2010년 12월 31일까지로 정해진 한시법으로 유효기간이 경과됨에 따라 그 효력이 상실되었는 바, 아직 시장 자율의 기업구조조정 관행이 정착되지 않은 현재 상황에서 「기업구조조정 촉진법」의 효력이 상실됨으로 인해 앞으로 기업구조조정을 추진해 나가는데 많은 어려움이 있을 것으로 예상되고 워크아웃 추진과정에서 기업의

160) 박승두, 앞의 책 p.20.

자율성을 강화하는 한편, 채권금융기관협의회의 의결에 반대한 채권금융기관 및 소액채권금융기관의 권리 보호를 강화하는 것으로 그 내용을 보완하여 2013년 12월 31일까지 한시적으로 적용되는 「기업구조조정 촉진법」을 다시 제정함으로써 향후 경제의 잠재 불안 요인에 대비하고 시장자율에 의한 기업구조조정 관행을 조속히 정착시켜 나가려는 것이다.[161]

나. 목적(법 제1조)

기업구조조정촉진법은 기업구조조정이 신속하고 원활하게 추진될 수 있도록 필요한 사항을 규정함으로써 시장기능에 의한 상시적인 기업구조조정이 촉진될 수 있도록 함을 목적으로 제정되었다.

다. 적용범위(법 제2조 제4호)

채권금융기관으로부터 신용공여를 받은 회사로서 신용공여액의 합계가 500억 원 이상인 회사로서 부실징후기업으로 인정된 후 채권재조정·채무변제 등으로 신용공여액의 합계가 기준금액 미만으로 감소한 경우에도 이를 기업으로 본다.

라. 부실징후기업(법 제2조 제5호)

부실징후기업이란 거래기업에 대한 신용위험평가를 통하여

---

161) 〈기업구조조정 촉진법〉 제정 이유

주채권은행 또는 채권금융기관협의회가 외부로부터의 자금지원 또는 별도의 차입(정상적인 금융거래에서 발생하는 차입은 제외한다)이 없이는 금융기관으로부터의 차입금 상환이 어렵다고 인정한 기업을 말한다.

마. 부실징후기업의 관리(법 제4조 · 5조)

주채권은행은 거래기업의 신용위험을 평가한 결과 부실징후기업에 해당된다고 판단할 경우에 관리절차의 개시를 신청할 수 있음을 해당기업에 통보한다. 채권금융기관은 부실징후기업으로부터 관리절차의 개시신청이 있는 경우 사업계획서 등을 평가하여 경영정상화 가능성이 있다고 판단할 경우에는 협의회의 의결을 거쳐 채권금융기관 공동관리 절차를 개시할 수 있다.

바. 채권행사의 유예 및 채권재조정 등(법 제6조 · 10조)

채권금융기관은 해당기업에 대하여 채권행사의 유예기간을 정할 수 있고 해당기업에 대하여 채권재조정 또는 신규 신용공여를 할 수 있다.

사. 경영정상화 계획의 이행을 위한 약정(법 제8조)

채권금융기관협의회는 공동관리 절차가 개시된 부실징후기업과 경영정상화계획[162]의 이행을 위한 약정을 체결해야 한다.

---

162) 경영정상화 약정에는 아래 각 호의 사항이 포함되어야 한다.

아. 공동관리 절차의 중단(법 제12조)

해당기업이 정당한 사유 없이 경영정상화계획의 중요한 사항을 이행하지 아니하였거나 경영정상화계획이 이행되기 어렵다고 판단되는 경우, 평가결과 공동관리를 지속하는 것이 적절하지 아니하다고 판단되거나 해당기업의 경영정상화 가능성이 없다고 판단되는 경우, 해당기업이 공동관리 절차의 중단을 요청하는 경우에 협의회는 그 의결에 따라 공동관리 절차를 중단할 수 있다.

자. 기업구조조정촉진법의 성과

「기업구조조정촉진법」은 그 목적에 맞게 신속하고 성공적인 구조조정으로 금융시장 안정에 기여하였다. 또한 구조조정 대상기업의 경영이 채무재조정, 신규자금지원 등으로 인해 조기에

---

1. 매출액·영업이익 등 해당기업의 경영 목표수준
2. 제1호에 따른 목표수준을 달성하기 위하여 필요한 해당기업의 인원·조직 및 임금의 조정 등의 구조조정 계획과 신주의 발행, 자본의 감소 등의 재무구조 개선계획 등을 포함한 구체적인 이행계획. 이 경우 그 이행기간은 1년 이내의 기간으로 하되 협의회의 의결에 의하여 연장할 수 있다.
3. 제1호에 따른 목표수준을 달성하지 못할 경우 총인건비의 조정 등 해당기업이 추가적으로 추진할 이행계획
4. 제2호 및 제3호에 따른 사항과 관련하여 해당기업의 노동조합 또는 주주 등 이해관계인의 동의가 필요한 사항에 대한 동의서
5. 해당기업의 경영정상화에 필요한 유동성을 지원하기 위하여 수립되는 채권 재조정 및 신용공여 계획
6. 제3자 매각, 경영위탁 등을 통하여 경영을 정상화할 경우 그 구체적인 계획
7. 그 밖에 기업의 경영정상화를 위하여 필요한 사항으로서 대통령령으로 정하는 사항

정상화되는 성과가 있었다. 구조조정 추진과정에서도 상거래채무에 대한 정상결제를 허용함으로서 대기업 도산으로 인한 중소협력업체의 연쇄도산을 예방하는 등 사회적 비용감소에 크게 기여하였다.

3. 채무자회생 및 파산에 관한 법률[163)]

가. 회생절차 개시의 신청

회생절차는 신청에 의하여 시작된다. 즉 ① 사업의 계속에 현저한 지장을 초래하지 아니하고는 변제기에 있는 채무를 변제할 수 없는 경우, 또는 ② 채무자에게 파산의 원인인 사실이 생길 염려가 있는 경우에는 채무자는 회생절차개시의 신청을 할 수 있다. 이 중 ②의 사실이 있는 경우에는 채무자 이외에도 일정액 이상의 채권을 가지는 채권자 또는 일정한 비율 이상의 주식 또는 출자지분을 가지는 주주·지분권자도 신청할 수 있다(법 제34조).

---

163) 회생절차의 장점으로 기업의 경영권을 유지할 수 있다는 점, 보전처분으로 채무변제가 중단이 되며 채권자의 개별적인 권리행사도 금지된다는 점, 부정수표단속법상 처벌대상에서 제외된다는 점, 채무를 10년에 걸쳐 분할 상환할 수 있으며 면제받을 수도 있다는 점, 채권에 대한 권리변경이 있는 경우 회생절차가 폐지되어도 회생채권이 부활하지 않는다는 점 등을 들고 있다.

나. 보전처분·보전관리명령, 중지 또는 취소명령, 포괄적 금지명령

회생절차 개시결정 전에 재산적 권리의 실현행위를 금지함으로써 채무자 재산의 산일을 방지하여야 하는데, 채무자 자신에 대하여 일정한 행위를 제한함으로써 위 목적을 달성하기 위한 제도로서 보전처분·보전관리명령이 있고(법 제43조), 채무자의 채권자 등 제 3자에 대하여 강제적인 권리실현을 금지하는 제도로서 중지 또는 취소명령, 포괄적 금지명령이 있다(법 제44조, 제45조).

다. 회생절차 개시결정

법원은 회생절차 개시의 원인인 사실이 있다고 인정되고, 달리 신청기각사유가 없다고 판단한 경우에는 회생절차 개시결정을 하고(법 제49조), 개시결정의 주문, 관리인의 성명 등을 공고하여야 하며, 알고 있는 회생채권자 등에게 위 사항 등을 기재한 서면을 송달하여야 한다(법 제51조). 회생절차가 개시된 후에는 회생채권자나 회생담보권자는 원칙적으로 회생계획에 규정한 바에 따르지 아니하고는 변제를 받을 수 없게 된다(법 제131조, 제141조 제2항).

라. 채권자 목록제출과 채권신고

회생절차 개시결정 후 회생계획안의 작성을 위한 전제로서 관리인에 의한 회생채권자, 회생담보권자, 주주·지분권자의 목록 제출과 회생채권, 회생담보권, 주식·출자지분의 신고 및 조사·확정의 절차가 뒤따르게 된다. 목록에 기재되거나 신고된 회생채권자, 회생담보권자, 주주·지분권자만이 의결권을 행사할 수 있고, 목록에 기재되거나 신고된 회생채권자, 회생담보권자만이 회생계획에 의하여 변제를 받을 자격이 부여된다.

마. 채무자 재산의 조사·확보

관리인은 취임 후 즉시 채무자의 재산의 관리에 착수하여야 하고(법 제89조), 취임 후 지체 없이 채무자에게 속하는 모든 재산의 회생절차 개시 당시의 가액을 평가하여야 하며(법 제90조), 회생절차 개시 당시 채무자의 재산목록 및 대차대조표를 작성하여 법원에 제출하여야 한다(법 제91조).

법원은 필요하다고 인정하는 때에는 조사위원을 선임할 수 있고, 법원은 조사위원에게 채무자에게 속하는 모든 재산의 회생절차개시 당시의 가액을 평가하게 하고, 회생절차 개시 당시 채무자의 재산목록 및 대차대조표를 작성하여 법원에 제출하게 할 수 있다(법 제87조제3항).

이 재산평가의 결과에 의하여 채무자의 재산이 정확하게 파악되고, 관리인은 이 결과에 기초하여 회생담보권에 대한 인부를 하며, 회생채권자 등에 대한 변제의 범위를 판단하게 된다. 나아가 재산평가의 결과는 회생계획의 공정·형평성, 수행가능성 및 청산가치 보장여부 등을 판단하는 기초가 된다.

한편 관리인은 채무자에 의한 사해행위나 편파행위가 있는 경우에는 부인권을 행사할 수 있고(법 제100조 이하), 채무자의 임원 등이 위법행위를 하여 채무자에게 손해를 가한 경우에는 손해배상청구를 하는 등으로 채무자의 재산의 확보를 꾀하게 된다(법 제114조 이하).

바. 회생계획안의 제출 · 결의 · 인가

채무자의 부채, 자산의 조사 등의 절차를 거친 다음, 법원은 채무자의 사업을 계속할 때의 가치가 채무자의 사업을 청산할 때의 가치보다 크다고 인정하는 때에는 제1회 관계인집회의 기일 또는 그 후 지체 없이 관리인에게 사업의 계속을 내용으로 하는 회생계획안의 제출을 명하여야 하고(법 제220조 제1항), 관리인은 이에 따라 회생계획안의 작성의 작업을 진행하여 법원이 정한 기간 안에 회생계획안을 법원에 제출하여야 한다.

회생계획은 채무자의 향후 사업 수익에 대한 추정을 기초로 회생채권자 등 이해관계인의 권리를 변경하여 회생채무 등을 변제하는 것을 주된 내용으로 하고 있는 바, 회생계획에서 정해야 하는 구체적인 내용은 법에 정해져 있다(법 제193조). 회생계획은 법률의 규정에 적합하고, 공정하고 형평에 맞아야 하며, 수행이 가능하고 청산가치를 보장하는 것이어야 한다(법 제243조).

사. 회생계획의 수행

회생계획이 인가되면, 관리인은 지체 없이 회생계획을 수행하여야 한다(법 제257조).

아. 회생절차의 종결

회생계획이 인가된 경우에는 회생절차의 종결결정, 회생절차의 폐지결정의 확정 등에 의하여 종료한다. 원칙적으로 회생계획에 따른 변제가 시작되면, 법원은 관리인, 목록에 기재되어 있거나 신고한 회생채권자 또는 회생담보권자의 어느 하나에 해당하는 자의 신청에 의하거나 직권으로 회생절차종결의 결정을 한다(법 제283조).

제4절 채무자회생법에 있어서 주요쟁점

1. 회생채권 · 회생담보권 등

가. 회생채권

1) 회생채권의 의의

채무자회생법은 채무자에 대하여 회생절차 개시 전의 원인으로 생긴 재산상의 청구권(법 제118 조 제1호)과 회생절차 개시 후에 생기는 재산상의 청구권(법 제118조 제2호 내지 제4호, 제123조 제1항, 제124조 제2항)을 '회생채권'으로 규정하고 있다.

이에 반하여 공익채권은 원칙적으로 대부분이 회생절차 개시결정 후의 원인으로 생긴 채권(법 제179조)을 말한다.

회생채권은 회생절차에 의하여서만 변제가 가능하고, 그 이외의 소멸하게 할 행위(면제는 제외)는 원칙적으로 금지되지만

(법 제131조 본문), 공익채권은 회생절차에 의하지 않고도 수시로 회생채권과 회생담보권에 우선하여 변제할 수 있다(법 제180조 제1항, 제2항)는 점에서 차이가 있다.

2) 회생채권의 요건

회생채권은 채무자의 일반 재산을 담보로 하는 채권, 즉 채권적 청구권 또는 인적 청구권으로 원칙적으로 회생채권은 의사표시 등 채권발생의 기본적 구성요건 해당사실이 개시결정 전에 존재하여야 한다.[164] 또한 회생채권의 원인이 회생절차 개시 전의 원인에 기한 것인 한 그 내용이 구체적으로 확정되지 아니하였거나 변제기가 회생절차 개시 후에 도래하더라도 회생채권이다. 회생채권은 재산상의 청구권이어야 하지만 회생채권에 있어서는 이른바 금전화·현재화의 원칙을 취하지 않고 있기 때문에 재산상의 청구권이라면 금전채권에 한정되지 아니하고 계약상의 급여청구권과 같은 비금전채권도 그 대상이 된다.[165]

또한 회생채권은 물적 담보를 가지지 않는 청구권이어야 하고 회생절차 개시 당시 채무자의 재산상에 존재하는 질권·저당권·유치권 등에 의하여 담보된 범위의 것은 회생담보권(법 제141조 제1항)으로서 회생채권과는 구별된다. 다만, 회생담보권자가 가지는 채권이더라도 그 담보목적물의 가액을 초과하는 부분은 회생채권으로 된다(법 제141조 제4항).

---

164) 대법원 2001. 8. 24. 선고 2001다34515 판결; 2000. 3. 10. 선고 99다55632 판결, 이와 같은 채권인 한 확정기한 미도래의 채권, 장래의 정기예금채권, 불확정기한부 채권, 해제조건부 채권, 정지조건부 채권은 물론 장래의 구상권과 같은 장래의 청구권도 상관없다.

165) 대법원 1989. 4. 11. 선고 89다카4113 판결

재판상 주장 할 수 없는 청구권, 강제집행에 의하여 실현할 수 없는 청구권이나 不提訴 계약 또는 不執行 계약이 있는 채권 등은 그 채권을 회생절차에서 주장하는 것까지 배제하는 취지라면 회생채권이 될 수 없다.

3) 회생채권의 범위

① 채무자에 대하여 회생절차개시 전의 원인으로 생긴 재산상의 청구권
② 회생절차개시 후의 이자
③ 회생절차개시 후의 불이행으로 인한 손해배상금 및 위약금
④ 회생절차참가의 비용

위의 요건에 해당하는 채권은 원칙적으로 회생채권이 되고, 그 채권이 공·사법상의 채권이든 불문한다. 따라서 벌금·과료·형사소송비용·추징금·과태료(법 제141조 제1항), 국세징수법 또는 지방세법의 예에 의하여 징수할 수 있는 청구권으로서 그 징수 우선순위가 일반 회생채권에 우선하지 않거나 우선하는 것(법 제58조 제1항 제3호, 제140조 제2항)도 회생채권이 된다.

외부의 제3자가 가지는 거래상 또는 거래 외의 채권뿐 아니라, 주주·지분권자의 사단관계상의 채권, 이사·대표이사·감사의 채권 등도 위 요건을 갖추는 한 회생채권이 된다. 따라서 회생절차개시 전에 주주총회의 결의에 따라 발생한 구체적 배당금 지급청구권, 건설이자 지급청구권, 정관, 또는 주주총회결의에 따라 회생절차개시 전에 발생한 이사·대표이사·감사의

미지급보수청구권도 회생채권이 된다.

4) 회생절차 개시 후에 생기는 회생채권

① 쌍무계약의 해제로 인한 손해배상청구권(법 제121조 제1항)
② 어음에 대한 선의 지급인의 채권(법 제123조 제1항)
③ 차임지급을 주장하지 못함으로 인한 손해배상채권(법 제124조 제2항)
④ 상호계산 종료의 경우 상대방의 잔액청구권(법 제125조 제2항)

5) 회생채권의 종류

가) 일반의 우선권 있는 회생채권

민법·상법 등의 규정에 의한 일반의 우선채권은 회사 사용인의 우선변제청구권(상법 제468조), 특별한 적립금에 대한 우선변제 청구권(보험업법 제32조, 제33조 상호저축은행법 제37조의2) 등이 있다. 그 밖에 근로자의 임금·퇴직금·재해보상금등의 청구권도 일반의 우선권이 있는 채권에 해당하지만(근로기준법 제37조 참조) 법은 근로자보호라는 공익적인 이유로 이를 '공익채권'으로 규정하고 있다(법 제179조 제10호 참조).

나) 일반 회생채권

일반 회생채권은 우선적 회생채권과 후순위 회생채권 이외의 회생채권으로서 대부분 이에 해당한다. 회사정리법에서 후순위

정리채권으로 규정되었던 청구권 중에서 다음의 것은 법에 의하여 일반 회생채권에 해당하게 되었다.

① 회생절차 개시 후의 이자(법 제118조 제2호)

② 회생절차 개시 후의 불이행으로 인한 손해배상과 위약금(법 제118조 제3호)

③ 회생절차참가의 비용(법 제118조 제4호)

④ 회생절차 개시 전의 벌금·과료·형사소송비용·추징금과 과태료(법 제140조 제1항)

다) 후순위 회생채권

법정 후순위 회생채권의 개념은 없어졌으나 당사자의 계약에 의해 성립되는 후순위 회생채권이 있을 수 있다. 대표적인 것은 변제순위에 있어 담보부 사채·무담보부 사채, 기타 은행대출채권 등 일반 채권보다 후순위특약을 한 후순위사채 등을 들 수 있다.

6) 회생채권자의 지위

가) 채권의 개별적 행사 금지

회생절차가 개시된 경우에 회생채권에 기한 채권의 개별적 행사는 금지된다. 그러나 정하여진 변제기는 그대로 유효하며, 이를 넘긴 경우 지연손해금이 발생한다.[166] 또한 개시결정 전에 확정된 강제집행절차의 효력은 상실되지 않으므로, 회생절차 개시결정전의 그를 채무자로 하여 압류 및 추심명령은 별도

166) 대법원 1982. 2. 11. 선고 82누56 판결

의 수계나 승계집행문 또는 경정 없이도 제3채무자나 채무자에 대하여 효력을 가진다.[167] 한편 위와 같은 개시결정의 효과는 당해 채무자에만 미치므로 채권자의 보증인 및 물상보증인에 대한 저당권 실행에는 지장이 없다.[168]

나) 변제금지의 원칙에 대한 예외

① 중소기업자의 소액채권(법 제132조 제1항)

② 채무자의 회생에 현저한 지장을 초래할 우려의 경우(법 제132조 제2항)

다) 상계의 제한

회생채권은 회생절차에 의해서만 권리를 행사할 수 있다고 해도 상계까지 금지되는 것은 아니다(법 제144조). 다만, 관리인이 한 상계에서 회생채권은 회생절차가 아니면 소멸시킬 수 없다는 법 제131조의 규정에 의해 원칙적으로 허용되지 않지만[169] 법원의 허가가 있는 경우에는 가능하며, 회생채권자 또는 회생담보권자는 회생절차 개시 당시 회사에 채무를 부담하는 경우이어야 하고, 채권과 채무의 쌍방이 회생채권과 회생담보권의 신고기간 만료 전에 상계할 수 있다(법 제144조 제1항).

---

167) 대법원 1996. 9. 24. 선고 96다13781 판결
168) 대법원 2001. 6. 12. 선고 99다1949 판결 등
169) 대법원 1988. 8. 9. 선고 86다카1858 판결

나. 회생담보권

1) 회생담보권의 의의

회생담보권이란 회생채권이나 회생절차개시 전의 원인으로 생긴 채무자 외의 자에 대한 재산상의 청구권으로서 회생절차개시 당시 채무자의 재산상에 존재하는 유치권·질권·저당권·양도담보권·가등기담보권·「동산·채권 등의 담보에 관한 법률」에 따른 담보권·전세권 또는 우선특권으로 담보된 범위의 것은 회생담보권으로 한다. 다만, 이자 또는 채무불이행으로 인한 손해배상이나 위약금의 청구권에 관하여는 회생절차개시결정 전날까지 생긴 것에 한한다(법 제141조).

2) 회생담보권의 종류

법 제141조는 회생담보권이 되는 유치권 · 질권 · 저당권 · 양도담보권 · 가등기담보권 · 전세권과 우선특권을 규정하고 있다.

다. 공익채권

1) 공익채권의 의의

공익채권이란 회생절차의 수행에 필요한 비용을 지출하기 위하여 인정된 채무자에 대한 청구권으로서 공익채권에 대한 일반규정인 법 제179조에 의하여 인정되는 채권이거나 개별적인 규정에 의하여 공익채권으로 인정된 청구권에 한한다. 다만, 회생절차 개시 후의 원인으로 생긴 청구권은 공익채권이라는 규정이 없는 한 개시 후 기타 채권이다.

2) 종류

가) 회생절차 개시전의 채권중 공익채권

① 근로자의 임금·퇴직금 및 재해보상금 등(법 제179조 제10호·제11호)

② 개시신청 후의 차입금 등(법 제179조 제12호)

③ 계속적 공급의무상의 채권(법 제179조 제8호)

④ 원천징수할 국세 등(법 제179조 제9호)

⑤ 기타

그 밖에 회생절차 개시신청의 비용, 신청서류의 작성·제출비용, 보전처분 또는 개시결정 기타 재판을 위한 비용 등 회생채권자, 회생담보권자 및 주주·지분권자의 전원에게 이익이 되는 재판상 비용(법 제179조 제1호), 보전관리인 등의 보수·보상금, 대리위원 등의 보상금(법 제179조 제4호, 제30조, 제31조) 등이 있다.

⑥ 법 제179조에 열거된 이외의 공익채권

그 밖에 법 제58조 제6항, 제59조 제2항, 제108조 제3항 제2호 제4호, 제121조 제2항, 제177조, 제256조 제2항에서 공익채권으로 되는 경우를 규정하고 있다.

3) 공익채권의 효력

가) 수시변제

공익채권은 회생절차에 의하지 아니하고 수시로 변제할 수 있다(법 제180조 제1항). 관리인이 변제를 해태하면 강제집행을 할 수 있다.

나) 우선변제

공익채권은 회생채권 또는 회생담보권에 우선하여 변제한다(법 제180조 제2항). 채무자의 재산이 공익채권의 총액을 변제하기에 부족한 것이 명백하게 된 때에는 공익채권은 법령이 정하는 우선권에 불구하고 아직 변제하지 아니한 채권액의 비율에 따라 변제한다.

다) 공익채권에 기한 강제집행・가압류의 중지・취소 등

공익채권에 기한 강제집행 또는 가압류로 인하여 회생에 현저한 지장이 초래되고, 채무자에게 환가하기 쉬운 다른 재산이 있는 때 또는 채무자의 재산이 공익채권의 총액을 변제하기에 부족한 것이 명백하게 된 때에는 공익채권에 기한 강제집행 또는 가압류의 중지 또는 취소를 명할 수 있다(법 제180조 제3항).

라. 공익담보권

채무자의 재산에 의하여 담보되는 공익채권을 공익담보권이라고 한다. 이러한 공익담보권은 약정에 의해서도 발생할 수 있고, 법률의 규정에 의해서도 발생할 수 있다.

2. 부인된 채권의 확정절차

회생채권자 등의 목록에 기재되어 있거나 신고된 회생채권 및 회생담보권에 관하여 채권의 존부와 금액, 급부의 내용과 우선권 여부에 대해 관리인·회생채권자·회생담보권자·주주·지분권자가 부인할 경우에 이의채권은 채권조사 결과에 기한 확정의 효력이 부여되지 않으므로 그 회생채권 또는 회생담보권을 보유한 권리자는 그 권리의 확정을 위하여 이의자 전원을 상대방으로 하여 법원에 채권조사확정의 재판을 신청할 수 있다(법 제170조 제1항).

가. 회생채권 등의 조사확정 재판

조사확정재판의 심리의 대상이 되는 것은 목록에 기재되어 있거나 신고된 것으로서 회생채권의 경우에는 그 존부와 금액, 비금전채권인 경우에는 급부의 내용, 일반 우선권이 있는지 여부 등이고, 회생담보권의 경우에는 피담보채권의 존부와 금액, 권리의 우선순위도 그 대상이 된다.

이의채권을 보유한 회생채권자 등이 조사확정재판을 신청하여야 하는 기간은 조사기간의 말일 또는 특별조사기일부터 1월 이내이다(법 제170조 제2항).

나. 조사확정재판에 대한 이의의 소

조사확정재판에 대하여 불복이 있는 경우에는 즉시항고를 하는 대신에 이에 대한 이의의 소를 제기하여야 한다. 이의의 소는 채권조사확정재판의 결정서를 송달받은 날부터 1월 이내에 제기하여야 한다(법 제171조 제1항).

다. 회생채권 등의 확정에 관한 재판의 효력

회생채권 등의 확정에 관한 소송에 대한 판결은 소가 부적법하여 각하된 경우를 제외하고는 역시 회생채권자, 회생담보권자, 주주・지분권자 전원에 대하여 확정판결과 동일한 효력이 있다(법 제176조 제2항).

3. 채권자협의회

가. 의의

회생절차에 있어서 채권자협의회라 함은 회생채무자에 대해 채권을 가지고 있는 채권자들의 모임을 말한다. 채권자협의회는 실질적으로 회생절차에 가장 많은 이해관계를 가지고 있지만 회사정리법 체계하에서는 채권자들의 목소리는 제대로 반영이 되지 못하였다. 이러한 반성에서 채무자회생 및 파산에 관한 법률에서는 몇가지 제도를 마련하였는데 그 중 하나가 채권자협의회의 권한강화이다.

나. 채권자협의회의 권한(법 제21조 등)

채권자협의회의 주요한 권한으로는 회생절차에 관한 의견제시, 관리인 및 보전관리인의 선임 또는 해임에 관한 의견제시, 법인인 채무자의 감사 선임에 대한 의견제시, 회생계획 인가후 회사의 경영상태에 관한 실사청구, 회생계획인가 전 영업 등의 양도의 허가에 대한 의견제시, 자료의 제공 및 설명요구, 변호사・회계사 등 전문가 선임할 수 있고 이에 따른 비용은 채무자에게 부담시킬 수 있으며, 기타 채권자협의회 활동에 필요한 비용의 부담을 채무자가 부담하도록 법원에 신청할 수 있다. 이 가운데 쓸모 있는 것은 관리인 및 보전관리인의 선임 및 해임에 관한 의견제시와 회생계획인가 전 영업 등의 양도의 허가에 대한 의견제시 정도이고 나머지는 별 볼일 없는 것으로 보인다.

다. 채권자협의회의 권한강화와 관련하여

회사정리법에서 채권자의 권리가 제대로 반영되지 못했다는 비판이 제기되자 이에 대해 위에서 언급한 몇 가지 점을 보완하였다. 그러나 여전히 채권자의 권리는 제대로 보호가 되지 않고 있다.

먼저, 기업이 도산에 이르게 되는 경우에 최종 책임은 경영자에 귀속된다. 경영자의 경영능력부족으로 인해 도산에 이르게 되었음에도 대부분의 경영자는 여전히 관리인의 지위를 유지하면서 경영권을 상실하지 않고 법원의 일정한 감독을 받게 되는 불편만 감수하면 된다.

법 제74조 제1항에서 '법원은 관리인의 직무를 수행함에 적합한 자를 관리인으로 선임하여야 한다'고 정하고 있고 '일정한 경우를 제외하고는 개인인 채무자나 개인이 아닌 채무자의 대표자를 관리인으로 선임하여야 한다'고 정하고 있다. 관리인의 직무를 수행함에 적합한 자는 어떤 자인가? 채무자의 대표자가 '그'인가? 이에 대한 구체적인 고민없이 제2항으로 바로 넘어가 기존 경영자를 대표자로 기계적으로 선임하는 것은 아닐까?

두 번째, 회사가 도산에 이르게 된 경우에 그 회사의 주식가치는 최소한 '0 또는 (−)' 이라고 보는 것이 보편적이다. 아무런 가치도 없는 주식을 가진 자가 여전히 업무수행권과 재산의 관리처분권을 행사한다는 것 자체가 문제이다.[170] 회생절차의 개시결정으로 관리인이 선임되면 채무자 업무의 수행권한과 재산의 관리처분권은 관리인에게 전속하므로(법 제56조 제1항) 기존 대표이사가 관리인으로 선임되어도 관리인으로서의 지위를 유지하면서 회사의 인격적 활동(설립무효의 소 등에서 소송수행권, 주주총회 소집권한 등)에 대해서도 대표이사로서 권한도 가진다. 그렇다면 도대체 관리인이 회사에 대해 행사할 수 없거나 제약을 받는 권한은 무엇인가?

기존의 거래선이나 회사의 경영상태를 가장 잘 알고 있는 대표이사가 회사를 경영하고 법원의 감독을 받게 하는 것이 타당하다는 점도 일응 수긍가는 면도 있다. 그러나 회사를 도산케 한 경영자에게 다시 경영을 맡기는 것이 정말 최선인가?

---

170) 그나마 회사정리법에서 관리인은 대부분 변호사가 맡았었다. 도산에 이른 회사를 살리기 위한 비상경영체제하에서 경영의 천재를 넘어서는 경영의 神이 영입되어도 시원치 않을 판에 법률전문가인 변호사를 관리인으로 선임하다니. 그중에는 간이과세자도 있을 텐데….

세 번째, 회사의 회생에 가장 큰 이해관계를 가진 자는 채권자이다. 회사를 살려낼 능력이 있는 경영자를 영입하여 회생시키든 인수합병을 통해 새로운 주인을 찾든 그것이 채권자에게 주어진 권리가 되어야 한다. 따라서 회생채무자에 대한 관리인의 선임은 채권자협의회가 권한을 행사하는 것이 타당하다. 법원은 이에 대해 후견적 감독권만을 가지는 것이 좋겠다.

네 번째, 관리인을 채권자협의회가 선임해야 한다는 것은 파산절차에서도 역시 마찬가지이다. 일반적으로 변호사가 파산관재인으로 선임이 되는데 재산의 매각 등 처분에 너무 많은 시간이 소요된다. 하루라도 빨리 채권을 행사해야 하는 채권자들의 입장을 생각해 보라.

4. 법원의 감독

법원은 아무런 책임도 부담하지 않으면서 회생절차에서 과도한 권한을 행사하고 있다. 채무자의 모든 행위가 법원의 허가서만 있으면 아무런 문제가 없다. 傳家의 寶刀와 같다.

법원 파산부는 우리나라에서 가장 많은 회사를 거느린 최고 재벌그룹이다. 이 대목에서 우리나라가 자본주의 국가인지 의심스러울 때가 있다. 왜 법원이 가장 큰 권한을 가져야 하는가? 그 권한을 채권자협의회가 가지면 않되는 것인가? 법원은 후견적·감독자의 지위를 유지하고 민간의 자율에 맡겨 주는 것이 보다 바람직하다고 생각한다.

〈도산기업의 실사이전과 실사이후 부채 및 자본〉171)

(단위 : 백만원)

회사이름	부채총계			자기자본 총계		
	실사이전	실사이후	차이(%)	실사이전	실사이후	차이(5)
진로	1,046,728	1,761,451	68.3	270,091	49,882	-81.5
풍산건설	111,227	103,147	-7.26	6,941	-1,566	-319.9
상아건설	184,297	187,836	1.92	41,765	-6,668	-258.2
한보건설	869,047	890,427	2.46	-3,942	-297,276	-74.41
극동건설	808,941	867,215	7.20	8,507	-10,521	-223.7
쌍방울	416,609	429,993	3.21	99,176	35,561	-64.14
충남방적	380,570	296,860	-22.0	230,277	206,162	-10.47
동보건설	258,738	262,122	1.31	16,528	-16,776	-201.5

위의 표는 도산기업의 실사 이전과 실사 이후 부채와 자본에 대해 정리한 것이다. 노란 고무줄인가? 채권과 채무관계가. 자기 맘대로 늘었다 줄었다. 대체로 부채는 거의 비슷하지만 자기자본은 차이가 아주 많이 난다. 차이가 발생하는 이유가 있겠지만 기본적인 양심의 문제이기도 하다. 중대한 경우에는 범죄가 될 수도 있지 않을까?

채무자회생법이 시행이 된지도 꽤 오랜 시간이 지났으므로 계속기업가치와 청산가치 산정에 대한 냉정한 평가와 반성이 있어야 한다고 본다. 부도난 회사의 계속기업가치가 청산가치보다 높게 산정되는 경우에는 특별한 검증절차를 한번 더 거치게 하는 것이 사회적 비용을 줄이는 길이 아닐까?

171) 박승두, 한국도산법의 선진화방안 133면, 법률SOS(2003)

5. 실제사례의 경우

갑과 을은 모두 건설회사이다. 갑은 시공능력순위 20위권의 누구나 알고 있는 중견건설업체이고 을은 갑의 협력업체로 1996년 경 갑으로부터 방조제 건설공사를 하도급받은 자이다. 을이 시공중인 방조제공사는 하루 이틀에 완성이 되는 것이 아니라 방조제를 만들과 방조제가 밀물과 썰물로 인해 유실과 침식이 발생하지 않도록 계속 관리되어야 하는 공사이다. IMF 관리체제하에서 많은 건설회사 들이 그랬듯이 갑은 부도가 나서 1997년 법정관리에 들어갔고 1998년 정리계획안의 인가를 받았다. 그렇지만 갑은 변제계획대로 변제하지 못하다가 결국 M&A를 통해 매각대금으로 정리담보권과 정리채권을 변제하는 것으로 정리계획을 변경하게 되었다. 변경된 변제계획은 정리채권에 대해 채권금액의 30% 면제, 50% 출자전환, 나머지 20% 현금변제조건 이었다. 2002년 채권자들은 이 정리계획에 동의하여 정리계획은 인가되었다.

한편, 하도급자 을은 갑에 대해 20여억원의 공사대금 채권을 가지고 있었다. 이 정리계획에 따라 6억원은 면제되고, 10억원은 출자전환되었으며 4억원만 지급받았다.

갑과 을 사이에 방조제공사는 거의 10년 동안 계속되었는데 을이 적자누적을 이기지 못하고 2006년 부도가 났고 방조제공사는 중단되었다. 을이 계약을 이행할 수 없게 되자 갑은 을과의 계약을 해지하고 이 방조제공사에 대해 이행보증한 보증보험회사를 상대로 2007년 경 이행보증보험금 청구의 소송을 제기하였다. 을은 갑의 법정관리로 인해 공사대금의 80%를 지급받지 못했다는 점, 이것이 을이 도산에 이르는 과정에 상당한 영향을 미쳤다는 점, 갑 자신은 다른 채권자의 양보로 인해 회생했으면서 이제 와서 이행보증금까지 청구한다는 것은 부당하다고 주장하였다. 사실관계가 이러하다. 이 경우 갑의 청구와 을의 주장은 타당한가?

제5절 도산범죄

1. 도산범죄의 의의

도산범죄라 함은 도산에 즈음한 채무자가 책임재산을 은닉하는 등 도산법에서 범죄행위로 정하여 금지하고 있는 행위를 저지르는 것을 말한다. 채무자 회생법에서는 범죄의 유형으로 제643조 사기회생죄 등을 범죄로 규정하고 있다.

2. 보호법익[172)]

도산처리절차는 법원이라는 공적기관이 개입함으로써 도산에 의해 발생되는 사회적 피해를 최소한으로 그치도록 하여 사태를 처리하는 것이며, 많든 적든 선의의 관계자에게 희생을 강요하는 것이기 때문에 절차가 공정하게 이루어져야 한다. 다시 말해 도산처리 절차에는 그 처리의 결과가 관계자에게 최대한 공

172) 이천현, 『파산범죄에 관한 연구』 p.23. 한국형사정책연구원

평하여야 할 뿐만 아니라 사회적 이익을 극대화 시키는 것이어야 하고, 그 때문에 도산재단이 공정하게 확보되고 분배가 공평하게 이루어져야 한다. 이러한 의미에서 도산관련 법률상에 규정되어 있는 벌칙규정, 즉 도산범죄는 모든 '도산처리 절차의 적정성'을 보호법익으로 하는 것이라고 할 수 있다.

현행 도산관련 법률상 규정되어 있는 범죄규정을 보다 세분하면, 2가지 유형, 즉 총채권자의 재산상의 이익을 침해하는 것을 내용으로 하는 '실질적 도산범죄'와 도산처리절차의 원활한 수행침해에 불과한 '절차적 도산범죄'로 대별해 볼 수 있다. 이러한 측면에서 현행도산관련 법률상의 도산범죄는 도산처리 내용의 실현을 직접적으로 방해하는, 즉 '총채권자의 재산상의 이익'을 보호법익으로 하는 유형(실질적 도산범죄)과 도산절차를 침해하는, 즉 '도산처리절차의 원활한 수행'을 보호법익으로 하는 유형(절차적 도산범죄)이 혼재되어 있어, 그 보호법익이 이원론적으로 규정되어 있다고 할 수 있다.

요컨대, 현행 법률상 도산범죄의 보호법익은 총체적으로는 '도산절차의 적정성 보장'이라 할 수 있고, 이를 세분화하면 '총채권자의 재산상의 이익(실질적 도산범죄)'과 '도산처리절차의 원활한 수행(절차적 도산범죄)'으로 이분화할 수 있다.

3. 도산범죄의 유형

가. 사기회생죄(법 제643조)

1) 채무자가 자기 또는 타인의 이익을 도모하거나 채권자를

해할 목적으로 ① 채무자의 재산을 손괴 또는 은닉하거나 회생채권자·회생담보권자·주주·지분권자에 불이익하게 처분하는 행위 ② 채무자의 부담을 허위로 증가시키는 행위 ③ 법률의 규정에 의하여 작성하여야 하는 상업장부를 작성하지 아니하거나, 그 상업장부에 재산의 현황을 알 수 있는 정도의 기재를 하지 아니하거나, 그 상업장부에 부정의 기재를 하거나, 그 상업장부를 손괴 또는 은닉하는 행위 ④ 「부정수표단속법」에 의한 처벌회피를 주된 목적으로 회생절차개시의 신청을 하는 행위를 하고, 채무자에 대하여 회생절차개시의 결정이 확정된 경우

2) 채무자의 법정대리인, 법인인 채무자의 이사, 채무자의 지배인이 자기 또는 타인의 이익을 도모하거나 채권자를 해할 목적으로 위의 행위를 하고 채무자에 대하여 회생절차개시의 결정이 확정된 경우

3) 채무자가 자기 또는 타인의 이익을 도모하거나 채권자를 해할 목적으로 ① 재산을 은닉 또는 손괴하거나 채권자에게 불이익하게 처분하는 행위 ② 허위로 부담을 증가시키는 행위를 하고, 채무자에 대하여 개인회생절차개시의 결정이 확정된 때에는 일정한 형벌에 처한다.

구 개인채무자회생법(2005. 3. 31. 법률 제7428호 채무자 회생 및 파산에 관한 법률 부칙 제2조로 폐지) 제87조 제1호 사기개인회생죄에서 말하는 '재산의 은닉'은 재산의 발견을 불가능하게 하거나 곤란하게 만드는 것을 말하고, 재산의 소재를 불명하게 하는 경우뿐만 아니라 재산의 소유관계를 불명하게 하는

경우도 포함한다. 다만, 채무자가 법원에 개인회생절차개시신청을 하면서 단순히 소극적으로 자신의 재산 및 수입 상황을 제대로 기재하지 아니한 재산목록 등을 제출하는 행위는 위 죄에서 말하는 '재산의 은닉'에 해당한다고 할 수 없다.[173)]

나. 회생수뢰·증뢰죄(제645·646조)

1) 관리위원·조사위원·회생위원·보전관리인·관리인(제637조의 규정에 의한 국제도산관리인을 포함한다), 고문이나 관리인 또는 보전관리인·회생위원의 대리인이 그 직무에 관하여 뇌물을 수수·요구 또는 약속한 경우
2) 회생채권자·회생담보권자·주주·지분권자 또는 그 자의 대리위원(대리인) 및 그 자의 임원 또는 직원이 관계인집회의 결의에 관하여 뇌물을 수수·요구 또는 약속한 때에,
3) 관리인(제637조의 규정에 의한 국제도산관리인을 포함한다)·보전관리인 또는 조사위원·회생위원이 법인인 경우에는 관리인·보전관리인 또는 조사위원·회생위원의 직무에 종사하는 그 임원 또는 직원이 그 직무에 관하여 뇌물을 수수·요구 또는 약속한 경우
4) 관리인·보전관리인·회생위원 또는 조사위원이 법인인 경우 그 임원 또는 직원이 관리인·보전관리인·회생위원 또는 조사위원의 직무에 관하여 관리인·보전관리인·회생위원 또는 조사위원에게 뇌물을 수수하게 하거나 그 공여를 요구 또는 약속한 때,

---

173) 대법원 2009. 1. 30. 선고 2008도6950 판결.

5) 회생증뢰죄의 뇌물을 약속 또는 공여하거나 공여의 의사표시를 한 자도 처벌한다.

다. 사기파산죄(제650조)

채무자가 파산선고의 전후를 불문하고 자기 또는 타인의 이익을 도모하거나 채권자를 해할 목적으로 ① 파산재단에 속하는 재산을 은닉 또는 손괴하거나 채권자에게 불이익하게 처분을 하는 행위 ② 파산재단의 부담을 허위로 증가시키는 행위를 하고, 그 파산선고가 확정된 때에는 ③ 법률의 규정에 의하여 작성하여야 하는 상업장부를 작성하지 아니하거나, 그 상업장부에 재산의 현황을 알 수 있는 정도의 기재를 하지 아니하거나, 그 상업장부에 부실한 기재를 하거나, 그 상업장부를 은닉 또는 손괴하는 행위 ④ 제481조[174]의 규정에 의하여 법원사무관등이 폐쇄한 장부에 변경을 가하거나 이를 은닉 또는 손괴하는 행위를 한 자는 처벌한다.

'파산재단에 속하는 재산을 은닉 또는 손괴하거나 채권자에게 불이익하게 처분을 하는 행위가 있다고 인정하는 때'를 면책불허가 사유로 규정하고 있는 바, 여기에서 '채권자에게 불이익한 처분행위'란 재산의 증여나 현저히 부당한 가격으로의 매각과 같이 모든 채권자에게 절대적으로 불이익한 처분행위를 말하는 것이므로, 채무자가 여러 채권자들 중 일부 채권자에게 채무의 내용에 좇아 변제를 하는 행위는 '채권자에게 불이익한 처

174) 제481조(재산장부의 폐쇄) 파산관재인은 파산선고 후 지체 없이 채무자의 재산에 관한 장부를 폐쇄하고 그 취지를 기재한 후 기명날인하여야 한다.

분행위'에 해당한다고 할 수 없다.[175)]

라. 과태파산죄(제651조)[176)]

채무자가 파산선고의 전후를 불문하고 ①파산의 선고를 지연시킬 목적으로 신용거래로 상품을 구입하여 현저히 불이익한 조건으로 이를 처분하는 행위 ② 파산의 원인인 사실이 있음을 알면서 어느 채권자에게 특별한 이익을 줄 목적으로 한 담보의 제공이나 채무의 소멸에 관한 행위로서 채무자의 의무에 속하지 아니하거나 그 방법 또는 시기가 채무자의 의무에 속하지 아니하는 행위 ③ 법률의 규정에 의하여 작성하여야 하는 상업장부를 작성하지 아니하거나, 그 상업장부에 재산의 현황을 알 수 있는 정도의 기재를 하지 아니하거나, 그 상업장부에 부정의 기재를 하거나, 그 상업장부를 은닉 또는 손괴하는 행위 ④ 제481조의 규정에 의하여 법원사무관등이 폐쇄한 장부에 변경을 가하거나 이를 은닉 또는 손괴하는 행위를 하고, 그 파산선고가 확정된 경우 그 채무자는 형벌에 처한다.

'파산의 원인인 사실이 있음을 알면서 어느 채권자에게 특별한 이익을 줄 목적으로 한 담보의 제공이나 채무의 소멸에 관한 행위로서 채무자의 의무에 속하지 아니하거나 그 방법 또는 시기가 채무자의 의무에 속하지 아니하는 행위가 있다고 인정하

---

175) 대법원 2008. 12. 29. 자 2008마1656 결정.

176) 이천현, 『파산범죄에 관한 연구』 p.184. 한국형사정책연구원, 죄명에 '과태(過怠)'라는 문언이 사용되고 있다. 그러나 이것은 일본파산법에서 차용–過怠(かたに)는 과실을 의미한다–해 온 것으로 연혁적인 이유에서 이러한 용어를 사용한 것에 불과하다. 과실범을 처벌하기 위한 것이 아니라 고의범을 처벌하기 위한 것이라고 한다.

는 때'를 면책불허가사유로 규정하고 있으므로, 채무자가 파산의 원인인 사실이 있음을 알면서 여러 채권자들 중에서 어느 채권자에게 특별한 이익을 줄 목적으로 변제하였더라도 그 행위가 '변제기에 도달한 채무를 그 내용에 좇아 변제하는 것'인 경우에는 위 면책불허가 사유에 해당한다고 볼 수 없다.[177]

마. 기타의 범죄

제647조(경영참여금지위반죄), 제648조(무허가행위 등의 죄), 제649조(보고와 검사거절의 죄), 제652조(일정한 지위에 있는 자의 사기파산 및 과태파산죄), 제653조(구인불응죄), 제654조(제3자의 사기파산죄), 제655조(파산수뢰죄), 제656조(파산증뢰죄), 제657조(재산조회결과의 목적외사용죄), 제658조(설명의무위반죄), 제659조(국외범), 제660조(과태료)

제6절 맺으면서[178]

1. 회생절차는 목적에 맞게 운영되어야 한다

회생절차는 기업의 회생을 위한 절차가 되어야 한다. 회생절차에 의해 기업이 회생한 사례가 극히 드물다는 것은 누구나 알

177) 대법원 2008. 12. 29. 자 2008마1656 판결.
178) 회생절차와 M&A에 관심이 있는 분은 '잊을 수 없는 9월 14일'(법률SOS)이라는 책을 일독하시기 바란다. 이트로닉스(현재의 인켈)라는 회사의 M&A 과정과 관리인 및 직원의 경험담을 기록한 책이다.

고 있다. 무엇보다 신속히 인수와 합병을 통해 기업이 회생하도록 제도를 개선해야 한다. 조사단계에서 인수합병도 불가능한 기업으로 판단되는 경우에는 필요적으로 파산을 선고해야 한다. 아무런 시장가치도 없는 회사를 위해 조사위원이 선임되고 채권신고가 이루어지고 집회기일이 열린다. 채권자가 의결권을 행사하기 위해 법원에 출석하는 등 투입되는 시간과 비용에 비해 효용이 너무 낮다.[179] 절차의 공정보다는 효율성을 높여야 한다.

2. 회생절차는 채권자를 위한 절차이어야 한다

채권자에게 희생을 요구하려면 그에 해당하는 유인책이나 보상이 있어야 한다. 아무런 실권도 없는 채권자협의회만 있고 변제계획에 따라 상환하든 하지 않든지 아무런 제재도 없다면 이런 제도는 왜 만들어서 채권자를 골탕 먹이나?

지금도 돈이 없어 직원은 뿔뿔이 살길을 찾아 퇴사를 하고 계약은 모두 해지되었으며 재무구조가 취약한 기업에게는 입찰의 기회도 부여하지 않는데 무슨 수로 회생을 하고 채무를 변제할까? 자금차입도 막히고 거래관계도 단절된 회사를 위해 어떤 채권자가 10년을 기다리나? 누구나 그렇게 되지 못할 것이라는 것을 너도 알고 나도 알고 하늘도 알고 땅도 아는데 왜 귀중한 시간과 돈을 들이며 법원은 그 계획을 인가하나?

---

179) 모 대기업이 회사정리법에 의한 정리절차에 들어가자 채권신고를 위해 미국 회사에서 한국으로 출장을 왔다. 대동한 한국변호사는 회사정리법 제121조 제1항 제3호 '정리절차참가의 비용'을 후순위 정리채권으로 인정하는 법률조항에 근거하여 출장비용도 정리채권으로 인정해야 한다고 주장을 한 적이 있었다. 출장비용만 수백만 원이 소요되었기 때문이다.

50%가 넘는 출자전환은 허울뿐이다. 요즘은 80%가 대세인 듯하다. 이런 변제계획안은 채권자에게 물어 볼 필요도 없이 법원이 차단을 해야 한다. 과감하게 파산을 선고해야 한다.

3. 회생절차는 책임이 뒷받침되는 제도이어야 한다

회생계획이 인가되기까지 관여한 사람들과 회계법인도 책임을 지는 제도이어야 한다. 마치 소설을 쓰듯이 미래를 장밋빛으로 예상을 하면서 채권자들을 현혹하고 착각하게 만들었으면 그에 대한 책임도 져야 한다. 아무런 의지와 능력도 없으면서 채권의 집행을 늦출 목적으로, 채무를 탕감받을 목적으로 신청한 회생절차는 법원이 아무런 부담 없이 기각시켜야 한다.

4. 마무리

채무자 회생법은 기업의 회생과 채권자의 만족 그리고 사회적 비용의 감소라는 철학에 바탕을 두고 운영되어야 한다. 태생부터 회사정리법, 화의법, 파산법의 내용을 합쳐서 3개의 법률을 1개로 합쳐 놓은 이 법률은, 미국식, 독일식, 프랑스식 잡탕제도를 일본이라는 거름망을 통해 거른 후 오로지 채무자를 위해서, 막대한 사회적 비용은 무시하면서, 운이 좋아 1차년도 변제는 어찌어찌 되더라도 그 다음은 기약도 없고, 채권자의 희생은 안중에도 없이, 채권자는 채권자협의회라는 마치 사채업자 모임처럼 고약한 이름으로 이름 지어져 그저 채무자의 처분만 기다릴 뿐 특별히 할 것도 없고 채무자가 보태주는 커피값이나 받으면서 마치 경로당처럼 모여서 성토해도 아무런 구속력도 없고[180], 한번 권리변경이 된 후에는 다시 되돌릴 수도 없고 빚을 갚든 말든, 채권자의 기준에서는 마치 공○당 같은 어쩌면 그보다 더 나쁜, ○같은[181] 제도가 되어서는 아니 된다.

부도난 회사는 회생할 수 없다고 봄이 경험칙에 부합한다. 파산을 선고한 후 회생의 가능성이 있는 기업에 한하여 선별적으로 회생시켜야 한다.

---

180) 1998-1999년경 모 백화점 채권자 집회에서 있었던 일이다. 백화점 내 중국 음식점 사장이 발언 기회를 잡았다. 그 사장은 영업을 위해 임대료와 권리금, 인테리어 비용으로 수억 원을 지출하고 음식점 영업을 했다. 백화점의 자금 사정이 나빠지고 이로 인해 다른 백화점과의 경쟁에서 밀리자 중국 음식점도 점점 사업이 부진하여 식당을 접으려 했지만 아무도 입점하려고 하지 않아 결국 울며 겨자 먹기로 좋은 날이 오기를 기다리며 버텼다고 한다. 그러나 기대와는 다르게 백화점은 부도가 났고 이로 인해 투자금을 떼일 지경에 이르게 되었다. 정리채권으로 권리금, 인테리어 비용 등을 신고했으나 임대차보증금만 정리채권으로 인정받았고 다시 신고 후 수년을 기다렸으나 백화점이 M&A되면서 관리인은 이 매각대금으로 정리채권과 정리담보권을 변제하고자 하였다. 당시 정리채권의 20%(정확히 기억나지 않지만) 변제안을 제시하자 차라리 백화점을 파산시키라고 성토했었던 기억이 난다.

181) 첫 번째 '○'는 우리나라에는 없는 정당의 이름이고, 두 번째 '○'는 동물의 이름이다.

제4편 중재제도

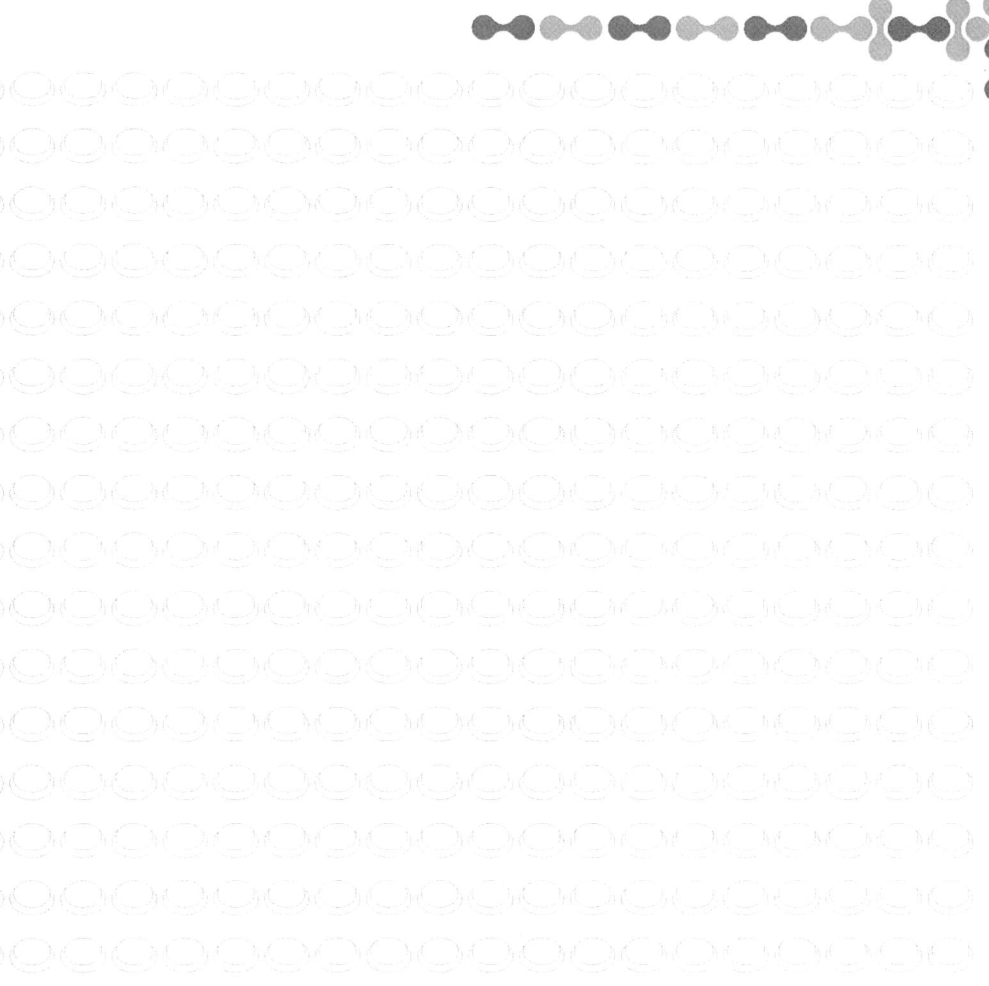

제1장 중재제도와 중재합의

제1절 중재제도 일반

1. 대체적 분쟁해결제도로서의 중재

가. 중재의 의의

소송이외의(대체적) 분쟁해결제도(ADR; Alterative Dispute Resolution)는 소송절차에 의한 판결에 의하지 아니하고 분쟁을 해결하는 것을 말한다. 즉 대체적 분쟁해결제도(ADR)는 전통적 재판절차에 대체함을 뜻하는 것으로, 비소송적 분쟁해결수단이며 공공적인 의미에 대신하여 사적임을 뜻하며 전통적 수단의 강제적인 의미에 대체하여 자율적임을 뜻한다.

대체적 분쟁해결제도에는 당사자들이 제3자의 개입 없이 분쟁을 해결하는 협상(negotiation)이 있고, 협상이 실패로 끝나는 경우 제3자가 개입하는 경우로서 조정(mediation), 중재(arbitration), 간이심리(mini-trial), 조정・중재(med-arb), 법원 ADR(ceort-annexed ADR), 사적결정(private judging : rent-a-judge) 등이다.

이러한 분쟁해결 방법을 상호 비교하면 아래와 같다.[182]

	협상	조정	중재	소송
상대방의 참여강제 여부	자발적	자발적	자발적	강제적
제3자의 개입 여부	없음	당사자 합의 선정 (조정인)	당사자 합의 선정 (중재인)	당사자 의사 관계 없이 선정 (판사)
절차의 요식성	없음	없음	당사자 합의로 절차 정함	소송법에 따른 엄격한 절차
절차의 내용	무제한적 주장 입증	무제한적 주장 입증	합의된 실체규범 따른 중재 판정	법률에 따른 판결
분쟁해결된 경우의 결론	상호 만족할만 한 합의	상호 만족할만 한 합의	합의된 실체규범에 따른 중재 판정	법률에 따른 판결
분쟁 해결된 경우 집행력	없음	없음	있음	있음
공공성의 정도	사적절차	사적절차	사절절차, 이의가 있으면 국가 개입	국가개입

중재제도는 분쟁에 대하여 법원의 판결이 아닌 사인인 제3자를 중재인으로 선임하여 판정을 맡기고 그 판정에 복종함으로써 해결하는 자주법정제도라고 정의할 수 있으며, 그 본질은 사적 재판이라는 점에 있다.

즉 당사자 간의 상호양보나 제3자가 제시하는 조정안에 동의함으로써 분쟁을 해결하는 것이 아니고, 제3자의 판단에 의하여 분쟁을 해결한다는 점에서 재판과 유사하고 화해나 조정과는 다르다. 그러나 중재는 국가권력에 기초를 두는 법원의 법률에

182) 허만, 『미국에서의 사법재판에 의하지 아니한 분쟁해결』, 「민사판례연구XIV」, 박영사(1992)

의한 판단에 의하는 것이 아니고, 당사자의 자주적 의사에 기한 판단에 의한 것이라는 점에서는 소송에 의한 재판과 다르다. 결국 중재는 강제적 분쟁해결 방법인 재판과 자주적 분쟁해결 방법인 화해나 조정의 중간적 위치에 있는 분쟁해결방법이라고 할 수 있다.

나. 중재법상 정의

중재법 제3조에서는 당사자 간의 합의(중재계약)로 사법상의 분쟁을 법원의 재판에 의하지 아니하고 중재인의 판정에 의하여 해결하는 절차를 말한다고 정의한다. 중재는 당사자 간의 합의에 의하여 중재인의 중재판정에 따라 분쟁을 종식시키는 제도로서 일단 중재판정이 이루어지면 중재판정은 법원의 확정판결과 동일한 효력을 가진다(법 제35조).

2. 중재합의

가. 중재합의의 의의

계약상의 분쟁인지의 여부에 관계없이 일정한 법률관계에 관하여 당사자 간에 이미 발생하였거나 장래 발생할 수 있는 분쟁의 전부 또는 일부를 중재에 의하여 해결하도록 하는 당사자 간의 합의를 중재합의라 한다(법 제3조).

나. 중재합의의 형식

중재합의는 독립된 합의 또는 계약 중 중재조항의 형식으로 할 수 있다. 중재합의는 서면[183]으로 이루어져야 하는데, 아래의 경우에는 서면에 의한 중재합의로 본다[184].

① 당사자들이 서명한 문서에 중재합의가 포함된 경우

② 편지, 전보, 전신, 팩스 또는 그 밖의 통신수단에 의하여 교환된 문서에 중재합의가 포함된 경우

③ 어느 한쪽 당사자가 당사자 간에 교환된 문서의 내용에 중재합의가 있는 것을 주장하고 상대방 당사자가 이에 대하여 다투지 아니하는 경우

또한 계약이 중재조항을 포함한 문서를 인용하고 있는 경우에는 중재합의가 있는 것으로 본다. 다만, 그 계약이 서면으로 작성되고 중재조항을 그 계약의 일부로 하고 있는 경우로 한정한다. 중계합의는 분쟁이 발생하기 전에 합의해 두는 사전 중재합의와, 이미 발생되어 있는 분쟁을 중재로 해결하기 위하여 합의하는 사후 중재합의방식도 가능하다.

---

183) 중재합의는 당사자들 간에 분쟁의 해결을 국가기관이 아닌 사인에게 맡기는 매우 특수한 성격의 계약으로 진실성이 담보되어야 하고 당사자들에게 내용의 중요성을 깨닫도록 일깨워주어야 하므로 엄격한 형식이 요구된다.

184) 목영준, 『상사중재법론』 p.40. 박영사(2001) 중재법 제8조 제3항 각 호는 예시적인 것으로 보는 것이 일반적이고, 그러한 형식을 갖추지 못한 경우에도 당사자들의 진정한 의사에 기한 서면에 의한 것이면 유효한 중재합의라고 본다.

다. 중재합의의 효력

중재합의가 유효하다면 다른 계약과 마찬가지로 당사자들에게 계약내용에 따른 의무를 부과한다. 이에 따라 한편으로는 계약당사자로 하여금 중재에 이르고 중재판정에 따르도록 하는 효력과 다른 한편으로는 국가의 재판관할권을 배제하는 효력이 있다. 전자를 적극적 효력, 후자를 소극적 효력이라 부른다. 중재합의의 대상인 분쟁에 관하여 소가 제기된 경우에는 피고가 중재합의 존재의 항변을 하는 때에는 법원은 그 소를 각하하여야 한다(법 제9조). 즉 중재합의가 있음에도 상대방이 법원에 소를 제기하였을 경우 본안전 항변을 통하여 중재계약이 있음을 주장, 입증하면 법원은 소 각하 판결을 하게 된다. 이때 본안전 항변은 본안에 관한 최초의 변론을 할 때까지 하여야 한다.

1) 중재합의의 실례

중재합의를 할 때에는 중재를 행할 중재지, 중재기관 및 적용할 준거법 등을 명확하게 명시하여 중재절차 진행시 이 같은 기본적인 사항에 대한 다툼의 소지를 없애는 것이 바람직하며 대한상사중재원에서 권고하는 '표준중재조항'은 다음과 같다.

① 국내거래 시 중재조항의 예

'이 계약으로부터 발생되는 모든 분쟁은 대한상사중재원에서 중재규칙에 따라 중재로 최종 해결한다.'

② 국제거래 시 중재조항의 예

> '이 계약으로부터 또는 이 계약과 관련하여 또는 이 계약의 불이행으로 말미암아 당사자 간에 발생하는 모든 분쟁, 논쟁 또는 의견 차이는 대한민국 서울에서 대한상사중재원의 중재규칙 및 대한민국법에 따라 중재에 의하여 최종적으로 해결한다. 중재인(들)에 의하여 내려지는 판정은 최종적인 것으로 당사자 쌍방에 대하여 구속력을 가진다.'
>
> 'All disputes, controversies, or differences which may arise between the parties out of or in relation to or in connection with this contract, or for the breach thereof, shall be finally settled by arbitration in Seoul, Koreain accordance with the Arbitration Rules of The Korean Commercial Arbitration Board and under the law of Korea. The award rendered by the arbitrator(s) shall be final and biding upon both parties concerned.'

③ 신청인 또는 피신청인 국가의 중재기관을 이용하기로 하는 중재조항의 예

국제거래에 있어서 계약을 체결하는 당사자 간에 중재를 할 장소, 기관 등에 관하여 원활한 합의가 이루어지지 못하여 계약체결이 지연되거나 계약자체가 이루어지지 못하는 경우가 있다. 외국기업은 자국의 중재기관에서 중재할 것을 고집하고 우리나라 기업은 대한상사중재원에서 중재하기를 고집하기 때문이다. 이러한 문제점의 보완을 위하여 대한상사중재원에서는 아래와 같이 신청인 또는 피신청인 국가의 중재기관을 이용하여 분쟁을 해결할 수 있도록 하고 있다.

– 신청인 국가에서 중재를 하기로 하는 경우(한·중 기업 간의 예)
'이 계약과 관련하여 발생하는 모든 분쟁은 신청인의 국가에서 중재로 최종 해결한다. 만일 신청인이 (한국기업)일 경우 대한상사중재원에서, 만일 신청인이 (중국기업)일 경우 중국 국제경제무역 중재위원회에서 진행한다.'
'All disputes in relation to this contract shall be finally settled by arbitration in the country of the claimant. In case the claimant is (a Korean enterprise), the arbitration shall be held at The Korean Commercial Arbitration Board. In case the claimant is (a Chinese enterprise), The arbitration shall be held at the China International Economic and Trade Arbitration Commission.'

– 피신청인 국가에서 중재를 하기로 하는 경우(한·일 기업 간의 예)
'이 계약과 관련하여 발생하는 모든 분쟁은 피신청인의 국가에서 중재로 최종 해결한다. 만일 피신청인이 (한국기업)일 경우 대한상사중재원에서, 만일 피신청인이 (중국기업)일 경우 중국 국제경제무역 중재위원회에서 진행한다.'
'All disputes in relation to this contract shall be finally settled by arbitration in the country of the respondent. In case the respondent is (a Korean enterprise), the arbitration shall be held at The Korean Commercial Arbitration Board. In case the respondent is (a Japanese enterprise), The arbitration shall be held at the Japan Commercial Arbitration Association.'

④ 중재협정을 이용한 중재조항의 예

대한상사중재원은 각국의 중재기관들과 중재협정을 체결하여 이 협정의 내용에 따른 중재를 하도록 권고하고 있다. 현재 중재원은 41개국 44개 기관들과 중재협정 및 업무협조약정을 맺고 있는데 중재 장소 등의 결정은 주로 피신청인의 국가에서 하도록 하고 있다.

‘이 계약으로부터 또는 이 계약과 관련하여 발생하는 모든 분쟁은, 1973.10.26. 발효한 한일 중재협정에 따라 중재에 부탁할 것으로 한다.’
‘All disputes that may arise under or in relation to this contract shall be submitted to arbitration in accordance with the Korean-Japanese Arbitration Agreement, effective as from October 26, 1973.’

⑤ 제3국주의

분쟁당사자 소속국가의 중재기관이 아닌 제3국의 중재기관에 중재신청을 하는 것이다. 공정성을 우려한 결정이지만 중재인을 중재당사자가 직접 선정하는 것이 중재제도의 본질인 것을 모르는 이해부족에서 오는 결과로서 바람직하지 않다고 한다.

3. 중재제도의 특징

가. 신속성

중재판정은 분쟁당사자 간에 있어서는 법원의 확정판결과 동일한 효력을 가진다(법 제35조). 즉 소송에 의한 재판처럼 2심 또는 3심 등 항고절차가 없다. 중재는 단심제라는 중재제도의 속성과 집중심리로 분쟁을 신속하게 해결한다. 국내중재의 경우 약 5개월, 국제중재의 경우에는 약 7개월 정도 소요된다. 신속절차에 의하여 중재를 진행할 경우에는 2~3개월 안에도 분쟁이 해결될 수 있다. 중재는 단심제이고 신속한 해결에 중점을 둔 제도인 만큼 재판 비용이 소송에 비해 저렴하다.

나. 전문가에 의한 판단

사계의 경험과 학식이 풍부한 전문가들로 중재판정부를 구성하여 사건을 심리함으로써 분쟁의 실체적 진술을 찾아내어 해당분쟁에 대한 정확한 판단이 가능하다. 또한 당사자의 합의에 의하여 중재인을 직접 선임하고 사무국이 추천하는 중재인 후보자에 대한 양당사자의 희망순위로 중재인을 선임하며 중재인의 공정성이나 독립성에 의심의 사유가 있는 경우에는 해당 중재인을 기피할 수 있다.

다. 국제적인 인정

뉴욕협약[185)]에 가입한 체약국 간에는 외국중재판정을 상호 승인하고 강제집행을 보장한다. 따라서 국적을 달리하는 당사자 간의 분쟁해결제도로 널리 이용되고 있다.

라. 심리의 비공개

중재는 당사자의 영업 비밀을 보호하기 위하여 중재절차를 공개하지 아니한다. 따라서 당사자가 동의하지 않는 한 당해 중재사건과 무관한 제3자의 심리과정 참여를 허용하지 않는다.

---

185) The United Nations Convention on the Recognition and Enforcement of the Foreign Arbitral Awards-New York, 1956: 일명 뉴욕협약은 국제적인 상거래의 활성화를 목적으로 중재판정에 대한 강제집행의 요구를 받는 국가 이외의 국가 영토 내에서 내려진 중재판정, 즉 외국의 중재판정의 구속력을 승인하고 강제집행을 보장하기 위해서 UN 주도하에 국제적으로 체결한 다자간 조약이다. 우리나라는 1973. 5. 9. 42번째로 가입했다.

제2절 중재의 대상과 요건

1. 중재의 대상

중재는 당사자가 자유로이 처분할 수 있는 사법상의 분쟁으로서 현재 또는 장래에 발생한 분쟁 모두가 중재의 대상이다. 따라서 형사사건, 강제집행사건, 행정사건과 같이 당사자가 자유로이 처분할 수 없는 법률관계는 중재의 대상이 아니다. 중재당사자는 행위능력상 결격사유가 없어야 하며, 분쟁자체가 현실적으로 존재하고 특정되어야 한다. 또한 중재합의 범위 내에 속하여야 한다.

2. 중재절차

중재절차는 중재사건이 접수되어 판정이 내려질 때까지의 진행과정을 의미하는 것으로 당사자들은 중재절차에 관하여 합의할 수 있고(법 제20조 제1항) 당사자들의 합의가 없는 경우에는 중재판정부가 중재법의 규정에 따라 적절한 방식으로 중재절차를 진행할 수 있다(법 제20조 제2항).

중재를 신청하고자 하는 자는 중재원의 사무국에 중재신청서와 함께 중재비용 및 ① 중재합의서, ② 대리인이 있는 경우 위임장, ③ 법인등기부등본(개인은 주민등록등본)의 서면을 제출하여야 한다(중재규칙 제10조). 중재신청서가 제출되면 당해 신청이 적합한 것인지의 여부를 확인하고 적합한 경우에는 이를 접수하고 쌍방당사자에게 이를 접수하였다는 뜻을 통지한다(중재규칙 제11조). 피신청인은 중재신청 접수통지의 수령일로부터 국제중재는 30일, 국내중재는 15일 이내에 답변서를 사무국에 제출하여 답변할 수 있으며 이 기간 내에 답변서를 제출하지 않는 경우 신청인이 주장하는 청구의 기각을 구하는 것으로 본다(중재규칙 제12조). 피신청인은 중재절차 중 반대신청을 할 수 있으며 피신청인의 반대신청은 신청인의 중재신청과 병합 심리한다(중재규칙 제14조).

3. 중재판정부의 구성

중재인은 중재의 결과에 관하여 법률적, 경제적 이해관계가 있는 자는 될 수 없다. 그러나 당사자가 그런 사정이 있음을 알면서도 그중재인을 선정하기로 합의한 경우에는 중재인이 될 수 있다(중재규칙 제19조).

당사자 간 합의로 중재인을 선정하는 경우 기준일로부터 15일(국제중재:30일)이내에 중재인을 선정하여 중재인 취임승낙서를 제출하여야 한다. 합의가 있더라도 ① 어느 한쪽 당사자가 합의된 절차에 따라 중재인을 선정하지 아니하였을 때 ② 양쪽 당사자 또는 중재인들이 합의된 절차에 따라 중재인을 선정하지 못하였을 때 ③ 중재인의 선정을 위임받은 기관 또는 그 밖의 제3자가 중재인을 선정할 수 없을 때에는 당사자의 신청을 받아 법원이 중재인을 선정한다(법 제12조 제4항). 중재인 선정에 대한 법원의 결정에 대하여는 항고할 수 없다(법 제12조 제5항).

4. 심리

중재판정부는 심리의 일시, 장소와 방식을 결정하고, 심리의 일시와 장소가 결정되면 사무국은 당사자에게 심리개시 10일전(국제중제 20일 전)까지 통지한다(중재규칙 제27조). 신청인과 피신청인은 각기 자신의 주장을 입증하고, 근거를 주장하여야 한다. 중재판정부는 당사자가 주장 및 입증을 다하였다고 인정할 때 심리의 종결을 선언하여야 한다. 그러나 중재 판정부가 요약준비서면 등의 제출을 요구하는 경우에는 동 서류의 제출을 위하여 정한 최종기일에 심리종결이 있는 것으로 본다(중재규칙 제43조).

제3절 중재판정

1. 판정의 범위 및 기간

중재판정부는 중재계약의 범위 내에서 계약의 현실이행뿐만 아니라 공정하고 정당한 배상이나 기타의 구제를 명할 수 있다. 따라서 중재계약의 범위를 벗어난 판정은 효력이 인정되지 아니한다. 또한 중재판정부는 책임 있는 당사자에게 중재비용의 부담 비율을 명하여야 한다(중재규칙 제52조).

중재판정부는 당사자 간의 별도 약정이 없는 한 중재심리가 종결된 날로부터 30일 이내에 중재인 과반수 찬성으로 판정한다(중재규칙 제48조 제2항).

2. 판정의 형식

중재판정은 서면으로 작성하고 다음의 사항을 기재한 후 중재인이 서명한다(중재규칙 제49조 제1항).

① 당사자의 성명 또는 명칭과 주소

② 대리인이 있는 경우에는 그 대리인의 성명과 주소

③ 판정주문 및 판정이유

④ 판정문 작성일자 및 중재지

중재판정은 한국어로 작성한다. 다만 당사자의 요구가 있거나 중재인중 에 외국의 국적을 가진 자가 있을 때에는 한국어와 영어를 공용할 수 있으며 이 때 국문과 영문으로 작성되는 판정문은 모두 이를 정본으로 본다. 그러나 국영문간에 해석상의 차이가 있을 때에는 한국어에 의하여 해석한다(중재규칙 제50조).

3. 판정문의 송부

사무국은 중재판정의 정본을 당사자 또는 대리인의 최후 주소에 등기우편(배달증명)으로 발송하거나 직접 교부하고 중재판정의 원본은 그 송부사실을 증명하는 서면을 첨부하여 관할 법원에 이송한다(중재규칙 제55조).

표지

중 재 판 정

정 본

사단
법인 대한상사중재원

※ 이 중재판정에 관하여는 적법한 관할권이 있는 세계 각국의 어느 법원에서도 그 확인 또는 집행이 가능합니다.

대한상사중재원

중재판정부

중재 판정

중 재 제10111-0100호

신 청 인 : 대한건설 주식회사
주 소 : 서울시 강남구 역삼동 100
대 표 자 : 대표이사 홍길동

피신청인 : 한국건설 주식회사
주 소 : 서울시 강남구 논현동 100
대 표 자 : 대표이사 박문수

중 재 지 : 서울

판정 주문

1. 피신청인은 신청인에게 2010. 10. 1.까지 금 5억 원을 지급한다.
2. 피신청인이 위 제1항의 의무이행을 지체하는 경우에는 2010. 10. 2.부터 다 갚는 날까지 연20%의 비율에 의한 지연손해금을 가산하여 지급한다.
3. 신청인의 나머지 신청은 포기한다.
4. 중재비용은 각자 부담으로 한다.

신청 취지

1. 피신청인은 신청인에게 금 677,937,000원 및 이에 대하여 2009. 9. 28.부터 중재신청서 부본 송달일까지는 연6%의, 중재신청서 부본 송달일 다음날부터 다 갚는 날까지는 연20%의 비율에 의한 금원을 지급하라.
2. 중재비용은 피신청인의 부담으로 한다.

판정 이유

위 중재사건에 관하여 신청인과 피신청인은 2010년 9월 27일자로 판정주문의 내용과 같이 합의하고 이를 화해판정으로 구하므로, 본건 중재판정부는 대한상사중재원의 중재규칙 제53조에 의거하여 주문과 같이 판정한다.

2010. 9. 28.

의장중재인 : 임권수
중재인 : 이병영
중재인 : 심학영

4. 중재판정의 취소

가. 원칙

중재판정은 그 자체로서는 집행력이 없고 승소한 당사자는 법원의 집행판결로 중재판정을 강제 집행할 수 있다. 패소한 당사자는 그중재판정에 불복하여 '중재판정 취소의 소'를 제기하여 구제 받을 수 있다.

나. 취소사유

1) 당사자가 입증해야 하는 취소사유(법 제36조 제2항 제1호)

① 중재합의의 당사자가 무능력자 이었거나 중재합의가 당사자들이 지정한 법에 의하여 무효인 경우
② 중재인의 선정 또는 중재절차에 관한 통지를 받지 못하였거나 본안에 관한 변론을 할 수 없었을 경우
③ 중재판정이 중재합의의 대상이 아닌 분쟁을 다루었거나 중재합의의 범위를 벗어난 사항을 다룬 경우
④ 중재판정부의 구성 또는 중재절차가 당사자 간의 합의에 따르지 아니하거나 중재법에 따르지 아니한 경우

2) 법원의 직권 취소사유(법 제36조 제2항 제2호)

① 중재판정의 대상이 된 분쟁이 대한민국의 법에 따라 중재

로 해결될 수 없는 경우

② 중재판정의 집행이 선량한 풍속 기타 사회질서에 위배되는 경우

다. 취소의 소 제기기한(법 제36조 제3항, 제4항)

중재판정의 정본을 받은 날부터 또는 정정, 해석 또는 추가판정의 정본을 받은 날부터 3월 이내에 제기하여야 한다. 중재판정에 관하여 대한민국의 법원에서 승인 또는 집행판결이 확정된 후에는 취소의 소를 제기할 수 없다.

5. 중재판정과 강제집행

우리나라의 중재법은 영토주의 원칙에 입각하여, 대한민국 영토 내에서 내려진 중재판정을 국내중재판정으로 정의하고 이러한 중재판정에 대하여는 중재판정 취소사유가 없는 한 그 집행을 허용하도록 하였다. 대한민국 영토 밖에서 내려진 중재판정 중 뉴욕협약의 적용을 받지 못하는 중재판정은 외국판결과 동등하게 취급하여 그 집행에 외국판결의 집행에 관한 민사소송법 규정들을 준용하도록 하고, 뉴욕협약의 적용을 받은 외국중재판정의 집행에 관하여는 뉴욕협약에 따르도록 하고 있다.[186)]

외국법원의 판결에 기초한 강제집행은 대한민국 법원에서 집행판결로 그 적법함을 선고하여야 할 수 있다. 집행판결을 청구

---

186) 목영준, 상사중재법론 pp.248-249. 박영사(2001)

하는 소는 채무자의 보통재판적이 있는 곳의 지방법원이 관할하며, 보통재판적이 없는 때에는 민사소송법 제11조의 규정에 따라 채무자에 대한 소를 관할하는 법원이 관할한다. 집행판결은 재판의 옳고 그름을 조사하지 아니하고 하여야 한다. 집행판결을 청구하는 소가 외국법원의 판결이 확정된 것을 증명하지 아니하거나 , 외국판결이 민사소송법 제217조[187)]의 조건을 갖추지 아니한 경우 중 어느 하나에 해당하면 각하하여야 한다(민사집행법 제26・27조).

187) 제217조(외국판결의 효력) 외국 법원의 확정판결은 다음 각 호의 요건을 모두 갖추어야 효력이 인정된다.

1. 대한민국의 법령 또는 조약에 따른 국제재판관할의 원칙상 그 외국법원의 국제재판관할권이 인정될 것.
2. 패소한 피고가 소장 또는 이에 준하는 서면 및 기일통지서나 명령을 적법한 방식에 따라 방어에 필요한 시간여유를 두고 송달받았거나(공시송달이나 이와 비슷한 송달에 의한 경우를 제외한다) 송달받지 아니하였더라도 소송에 응하였을 것.
3. 그 판결의 효력을 인정하는 것이 대한민국의 선량한 풍속이나 그 밖의 사회질서에 어긋나지 아니할 것.
4. 상호보증이 있을 것.

제2장 중재제도 활성화에 대하여

1. 판결과의 차별성

중재제도는 법원의 판결과 비교하여 여러 가지 장점이 많은 제도이다. 중제제도의 제일 큰 장점은 중재판정부를 당사자가 선정한다는 것이다. 중재인 중에서 자신의 법률분쟁과 유사한 업종의 전문가가 합리적이고 객관적인 관점에서 사건에 대한 판정을 내린다는 것은 무엇보다 중요한 장점이다. 또 신속한 판정 및 심리과정의 비밀이 보장된다는 것도 무시할 수 없는 장점이다. 중재제도가 활성화되기 위해서는 중재제도가 가진 이러한 장점들이 적극적으로 활용될 수 있도록 제도가 운영되어야 할 것이다. 단심제에 의해 신속하게 결론이 확정되는 장점이 있지만 그 장점이 오히려 당사자들이 중재를 선택하기에 부담스럽게 만드는 약점이 될 수도 있다. 전문가에 의한 판정이 전문가의 선입견·주관적 편견과 연결되어 왜곡되지 않도록 제도적 장치가 마련되어야 할 것이다.

2. 다른 분쟁해결수단과의 경쟁력

현대사회가 복잡해지고 세분화됨에 따라 당해 분야의 전문가가 아니면 쉽게 판단하기 어려운 점들이 있다. 이러한 취지로 각각의 개별 법률에서 분쟁해결기구에 대해 정하고 있는 경우가 있다. 공정거래조정원, 소비자분쟁조정위원회, 노동위원회, 전자상거래분쟁조정위원회, 건설분쟁조정위원회 등이 그것이다. 중재제도는 이러한 분쟁조정위원회와 비교하여 경쟁력이 있어야 할 것이다. 여기에서 중재제도만의 경쟁력은 무엇이 될 수 있을까? 그것은 이러한 제도를 이용하는 자에게 물어 보아야 한다.

3. 중재인의 전문성

중재인은 전문가 집단이라는 점과 전문가 집단에 의해 합리적인 결론이 도출될 수 있는 제도라는 점은 매우 긍정적인 제도이다. 그렇지만 중재사건이 중재인의 전문성에 맞게 접수되는 것도 아니고 현대의 복잡다기한 사건에 전문성을 갖춘 사람 모두를 중재인으로 선정한다는 것도 매우 힘든 일이다. 중재인의 인력 pool과 선정과정이 객관적 합리적이어야 할 것이다.

또한 대부분의 중재인은 직업을 가지고 경제활동을 하고 있으므로 중재인이 법원의 판사이상으로 중재사건에 몰입을 할 수 있는 제도와 여건도 마련해야 할 것이다. 그리고 중재인으로 선정된 사람들도 상사중재원 중재인이라는 개인적인 명예나 명함에 프로필이 하나 더 늘어나는 것으로 만족할 것이 아니라 책임감과 소명감을 가지고 사건에 임해야 할 것이다.

나아가 국제중재사건도 우리나라를 중재지로 삼을 수 있도록 언어의 장벽을 넘는 노력도 있어야 한다.

제5편 에필로그

제1장 의료과오로 인한 손해배상

제1절 질병에 대한 인식의 변화[188)]

고대 이래로 질병은 신의 벌이거나 한 인간의 숙명이라는 인식이 강했으며, 의사에 대하여는 신과 인간의 중간에 위치하여 신의 뜻을 따라 질병을 다스리는 역할을 하는 존재라거나 신성한 일을 하는 존재로 보는 시각이 오랫동안 지배하였다. 이러한 의사와 환자의 관계에 있어서 의사에게 실수란 있을 수 없고 설사 진료의 효과가 나타나지 않아도 이는 전혀 비난받을 일이 아님은 당연하였다.

19세기 후반에 이르면 의사와 환자의 관계가 법적으로 '건강에 대한 보증이 없는 계약관계'로 파악되었고, 그 계약에 기초하여 의사는 의료법칙에 적합한 진료를 할 의무를 부담하고 환자는 질병치료에 대한 대가로 보수를 지급할 의무를 부담하게 된다. 그렇기는 하지만 전문적인 지식을 갖고 환자의 고통을 덜어주는 의사를 중히 여기는 사회의 시각과 환자의 의사에 대한 사회심리적인 의존성 등으로 인하여 의사・환자 관계에서 의사는 여전히 강력한 가부장적인 지위를 가지고 있었고, 의사에게 책임을 추궁한다는 것은 여전히 생각하기 어려운 일이었다.

---

188) 안춘수, 「의료과오소송의 특수성과 진실발견의 한계(독일이론과 판례의 발전을 중심으로)」, 한국의료법학회지 제11권 제1호, pp.36-37. 재구성.

이러한 의사와 환자의 관계가 본질적인 변화를 겪게 된 것은 20세기 후반에 들어서이다. 이제 의사와 환자는 더 이상 법이론 상으로만 대등한 관계에 있는 것이 아니라 사회심리적으로도 대등한 계약당사자로서의 관계에 서게 되었다. 이러한 상황으로 이끈 원인에는 여러 가지가 있지만 질병에 대한 과학적 이해와 이에 따르는 의학의 과학화 및 기술화, 의료인과 아직 미완성인 현대의학에 대한 믿음의 감소 및 이에 대응한 환자의 자기책임의식의 강화 등이 중요한 것으로 지적되고 있다.

이와 같은 의사·환자 관계의 변화 및 그에 따르는 의사의 책임에 대한 관념의 변화의 결과로 의사를 상대로 한 손해배상 청구소송이 증가하게 됨으로써 의사의 책임을 규율하는 법(의사책임법)에 대한 관심과 연구의 필요성도 커지게 되었고, 1960년대 무렵부터 각국에서 이에 대한 연구가 본격적으로 시작되었다. 이처럼 의사책임법은 어느 나라에서나 비교적 새로운 분야이다. 그리고 1980년대 무렵으로는 나라에 따른 차이가 있지만 계약책임과 불법행위책임을 통합하는 형태를 취한다는 점에서 공통점을 보이고 있다.

제2절 의료사고의 개관

1. 의료인

의료인이라 함은 의료법 제2조 제1항에서 보건복지부장관의 면허를 받은 의사·치과의사·한의사·조산사 및 간호사를 말하는 것으로 정의하고 있다. 의사는 의료와 보건지도를 임무로 하고, 치과의사는 치과 의료와 구강 보건지도를, 한의사는 한방 의료와 한방 보건지도를, 조산사는 조산(助産)과 임부)・해산부・산욕부 및 신생아에 대한 보건과 양호지도를, 간호사는 상병자(傷病者)나 해산부의 요양을 위한 간호 또는 진료 보조 및 대통령령으로 정하는 보건활동을 임무로 한다(의료법 제2조 제2항).

2. 의료기관

의료기관이란 의료인이 공중(公衆) 또는 특정 다수인을 위하여 의료・조산의 업을 하는 곳을 말한다. 의료기관은 의원급 의료기관, 조산원, 병원급 의료기관으로 구분한다(의료법 제3조).

병원・치과병원・한방병원 및 요양병원은 30개 이상의 병상 또는 요양병상을 갖추어야 하고, 종합병원은 100개 이상의 병상, 100병상 이상 300병상 이하인 경우에는 내과・외과・소아청소년과・산부인과 중 3개 진료과목, 영상의학과, 마취통증의학과와 진단검사의학과 또는 병리과를 포함한 7개 이상의 진료과목을 갖추고 각 진료과목마다 전속하는 전문의를 두어야 하고, 300병상을 초과하는 경우에는 내과, 외과, 소아청소년과, 산부인과, 영상의학과, 마취통증의학과, 진단검사의학과 또는 병리과, 정신과 및 치과를 포함한 9개 이상의 진료과목을 갖추고 각 진료과목마다 전속하는 전문의를 두어야 한다.

3. 의료행위

일반적으로 '의료행위'라 함은 의학적 전문지식을 기초로 하는 경험과 기능으로 진찰, 검안, 처방, 투약 또는 외과적 시술을 시행하여 하는 질병의 예방 또는 치료행위 및 그 밖에 의료인이 행하지 아니하면 보건위생상 위해가 생길 우려가 있는 행위를 의미하는 것을 말하고[189] 의학의 발달과 사회의 발전 등에 수반하여 변화될 수 있는 것이어서, 의료법의 목적, 즉 의학상의 전문지식이 있는 의료인이 아닌 일반사람에게 어떤 시술행위를 하도록 함으로써 사람의 생명, 신체상의 위험이나 일반공중위생상의 위험이 발생할 수 있는 여부 등을 감안한 사회통념에 비추어 의료행위의 내용을 판단하여야 한다. 또한 질병의 치료와 관계가 없는 미용성형술, 문신시술[190], 암환자 등을 상대로 통증부위 및 경락부위 등에 홍화기름을 바른 후 물소 뿔이나 옥돌 등의 기구로 피부를 문지르는 괄사요법 유사의 시술행위 등도 의료행위에 해당하고 의료인이 아닌 자가 행하는 경우에는 무면허 의료행위에 해당한다.[191]

4. 의료사고 또는 의료과실

가. 의료사고의 정의

의료사고라 함은 보건의료인이 환자에 대하여 실시하는 진단·

189) 대법원 2004. 10. 28. 선고 2004도3405 판결.
190) 헌법재판소 2007. 11. 29. 선고 2006헌마876 판결.
191) 대법원 2010. 5. 27. 선고 2006도9083 판결.

검사·치료·의약품의 처방 및 조제 등의 행위로 인하여 사람의 생명·신체 및 재산에 대하여 피해가 발생한 경우를 말한다(의료사고 피해구제 및 의료분쟁 조정 등에 관한 법률 제2조 제1호). 따라서 의료행위가 개시되어 그 종료에 이르기까지의 과정에서 예기치 못한 결과의 총칭이라 할 수 있는데 그것의 전부가 법적 책임의 대상이 된다고는 할 수 없으며 그중에서도 특히 의료인의 과실에 기인된 부분만을 법적책임의 대상으로 보아 의료과실(의료사고)이라고 지칭할 수 있을 것이다. 즉, 의료과실이라 함은 의료행위를 행함에 있어 평균수준의 의료인이라면 당연히 해야 할 업무상 필요한 주의의무를 태만히 한 결과 환자에게 사상을 야기한 악한 결과를 초래한 경우라고 정의할 수 있을 것이다.[192)]

의료사고는 의료행위와 관련하여 어느 누구에게 책임이 있다는 것이 판명되지 않고 단지 환자나 환자의 가족입장에서 기대밖의 또는 원치 않은 결과가 발생한 것에 대한 가치중립적인 용어라고 할 수 있다. 여기서 기대 밖이나 바람직하지 않은 결과는 의료행위자 즉 의사에게 있지 않고 환자나 환자의 가족 입장에서 판단하기 때문에 의료 전문성에서 볼 때 하자가 없는 의료행위였다 할지라도 사고라고 할 수 있다.[193)]

---

192) 김재호, 「의료사고와 국가배상, 충남대학교 법학연구소」 법학연구 제4권 제1호(1993) p.231.

193) 최정호, 「의료배상책임보험시장의 문제점과 활성화 방안」, 명지대학교 금융지식연구소, 지식연구 p.170.

나. 주의의무의 내용

의료사고에 있어서 문제되는 과실은 진료 당시의 일반의학적 지식 정도의 능력을 갖춘 통상적 의사가 통상적으로 베풀어야 할 의의의 행태를 의미한다. 과실은 주의의무 위반으로 과실을 논함에 있어서는 그 전제가 되는 주의의무의 내용을 확정하여야 한다. 주의의무는 결과를 예견하여야 할 주의의무와 악결과가 예상되면 이를 회피하도록 행위를 하여야 할 주의의무라는 2단계의 내용으로 이루어진다.[194)]

따라서 의료사고에 있어 의료인의 과실을 인정하기 위해서는 결과발생을 예견할 수 있고 또 회피할 수 있었음에도 불구하고 이를 하지 못하였음이 인정되어야 하고, 그러한 과실의 유무를 판단함에 있어서는 같은 업무와 직무에 종사하는 일반적 보통인의 주의 정도를 표준으로 하여야 하되, 사고당시의 일반적인 의학 수준과 의료 환경 및 조건, 의료행위의 특수성 등이 고려되어야 한다.[195)]

인간의 생명과 건강을 담당하는 의사에게는 그 업무의 성질에 비추어 보아 위험방지를 위하여 필요한 최선의 주의의무가 요구되고, 따라서 의사로서는 환자의 상태에 충분히 주의하고 진료 당시의 의학적 지식에 입각하여 그 치료방법의 효과와 부작용 등 모든 사정을 고려하여 최선의 주의를 기울여 그 치료를 실시하여야 하며, 이러한 주의의무의 기준은 진료 당시의 이른바 임상의학의 실천에 의한 의료수준에 의하여 결정되어야 하

---

194) 황만성, 『의료인과 환자 간의 갈등해소를 위한 법적・제도적 방안』 p.66. (한국형사정책연구원)

195) 대법원 2010. 3. 25. 선고 2008도590 판결.

며(대법원 1997. 2. 11. 선고 96다5933 판결), 의사는 진료를 행함에 있어 환자의 상황과 위와 같은 의료수준 그리고 자기의 지식경험에 따라 적절하다고 판단되는 진료방법을 선택할 상당한 범위의 재량을 가진다고 할 것이고, 그것이 합리적인 범위를 벗어난 것이 아닌 한 진료의 결과를 놓고 그중 어느 하나만이 정당하고 이와 다른 조치를 취한 것은 과실이 있다고 말할 수는 없다(대법원 2007. 5. 31. 선고 2005다5867 판결 등).[196]

다. 손해발생과 인과관계

불법행위 책임이 성립하기 위해서는 가해자의 가해행위로 말미암아 피해자에게 피해가 발생해야 한다. 채무불이행의 경우에도 손해가 발생해야 한다는 점은 동일하다. 또한 의사의 의료행위와 손해 사이에는 인과관계가 존재하여야 한다.

제3절 의료사고와 손해배상 책임

1. 손해배상책임의 근거

우리 민법은 제390조의 채무불이행책임과 제750조의 불법행위책임에서 손해배상청구권의 근거를 인정하고 있다. 따라서 의사의 의료행위 결과 환자에게 피해가 발생한 경우 환자는 채무불이행책임과 불법행위책임을 근거로 의사에게 손해배상을

196) 대법원 2010. 7. 22. 선고 2007다70445 판결.

청구할 수 있다.

의료과실로 인한 손해배상을 불법행위책임에 기초하여 청구하기 위해서는 의사의 의료행위에 고의·과실이 있고 위법하며, 환자에게 손해가 발생하여야 하고 위법행위와 손해 사이에 인과관계가 있어야 하고, 채무불이행을 원인으로 손해배상을 청구하는 경우에, 채무불이행은 이행불능, 이행지체, 불완전이행으로 나눌 수 있는데 의료사고는 불완전이행으로 구성한다. 따라서 채무불이행을 원인으로 손해배상을 청구하기 위해서는 이행행위가 있었으나 그 이행이 불완전하고 채무자에게 귀책사유가 있어야 하며, 불완전한 이행이 위법할 것이어야 한다는 요건이 필요하게 된다.

의료공급자로서의 의사와 의료소비자로서의 환자간의 법률관계는 대부분 계약에 의하여 발생하고, 응급환자를 제외하고는 유상성과 쌍무성을 띤 계약에 의하여 발생하지만 의사의 과실로 인하여 환자에게 손해가 발생한 경우, 실무에서는 거의 대부분 당사자 간에 계약관계가 없는 불법행위책임으로 구성을 하여 손해배상책임을 인정하고 있다.[197]

2. 불법행위책임과 채무불이행 책임의 차이

가. 법률상 차이점

보통 채무불이행 책임과 불법행위로 인한 손해배상 책임의

197) 송오식, 「의료과오의 계약법적 구성」, 법학연구 제48권 제1호·통권57호(하) p.868.

차이점을 비교할 때에 보통 사용자 책임, 소멸시효, 위자료의 인정여부, 지연손해금의 기산일에서 차이가 있다고 한다. 즉, 불법행위로 책임을 구성할 경우에 사용자의 면책가능성이 인정되나 채무불이행 책임으로 구성할 경우에는 사용자의 면책이 인정되지 않고, 채무불이행에 의한 경우에는 10년의 소멸시효가 인정이 되나 불법행위는 3년 10년의 소멸시효가 적용이 되고, 위자료는 불법행위에서 인정이 되고, 채무불이행에 의한 손해배상의 경우에는 적용이 없으며 지연손해금의 기산일은 손해가 발생된 날부터 가산되지만 채무불이행에 의한 손해배상청구권은 채무자가 이행지체를 인식한 다음 날 또는 이행최고일 다음날부터 지연손해금이 기산된다고 한다.

나. 현실에서의 차이점

손해배상의 근거를 불법행위 책임으로 구성할 경우에 피해자인 환자가 과실에 대한 입증책임을 부담하게 된다. 입증책임을 부담하여야 하는 위험에도 불구하고 대부분의 의료사고는 불법행위로 인한 손해배상을 원인으로 청구권을 구성하고 있다고 한다.

그 이유는 첫째로, 진료채무는 하는 채무[198]중 수단채무[199]

---

198) 민법교과서에서 의사의 진료채무를 대표적인 '하는 채무'로 설명하고 있다(지원림, 민법강의 p.885.). 의사는 자신이 가진 의학적 지식을 가지고 환자를 진료하면 채무를 이행한 것이 된다. 궁금한 것은 채권자인 환자가 병원을 찾는 이유가 의사가 가진 의료기술로 자신의 질병을 진료해 주는 것이 목적인가 하는 점이다. 환자는 자신의 병에 대한 쾌유를 목적으로 의사를 찾아가는 것은 아닐까? 의사의 진료채무를 당연히 '하는 채무'로 상식화하는 것은 문제가 있다고 생각한다.

199) 대법원 1993. 7. 27. 선고 92다15031 판결, 의사가 환자에게 부담하는 진

이니 만큼, 결과채무와 달리 환자 측에서 권리근거 사실인 채무의 불이행사실을 입증해야 하는데, 이는 진료채무의 수단채무성 때문에 환자 측에서 의사가 최선의 주의의무를 다하지 않았다는 사실의 입증으로 귀착이 되기 때문이다.

둘째는, 변론주의를 채택하고 있는 현재의 소송구조상 계약법적 책임구성을 하기보다는 종전의 판례에 따라서 불법행위책임으로 이론구성할 가능성이 높다고 한다.

셋째는 위자료 청구의 문제로 민법 제751조와 제752조는 비재산적 손해와 생명침해의 경우에 위자료를 인정하고 있지만 채무불이행편에서는 위자료 청구에 대한 규정이 없기 때문이라고 한다.[200]

그러나 의료비전문가인 피해자가 의사의 과실을 입증하는 것은 지극히 곤란하고 의료행위에 있어서 모든 정보는 의사에게 편재되어 있으므로 환자가 과실 및 인과관계를 의학적으로 완벽하게 입증한다는 것은 극히 어려운 일이다. 그리하여 사건의 공평해결과 손해의 공평, 타당한 분담의 견지에서 전통적인 법률요건 분류설에 대한 수정론과 원고인 환자 측의 입증의 경감

료채무는 질병의 치료와 같은 결과를 반드시 달성해야 할 결과채무가 아니라 환자의 치유를 위하여 선량한 관리자의 주의 의무를 가지고 현재의 의학 수준에 비추어 필요하고 적절한 진료조치를 다해야 할 채무 즉 수단채무라고 보아야 할 것이므로, 위와 같은 주의 의무를 다하였는데도 그 진료 결과 질병이 치료되지 아니하였다면 치료비를 청구할 수 있으나, 의사가 위와 같은 선량한 관리자의 주의 의무를 다하지 아니한 탓으로 오히려 환자의 신체기능이 회복불가능하게 손상되었고, 또 위 손상 이후에는 그 후유증세의 치유 또는 더 이상의 악화를 방지하는 정도의 치료만이 계속되어 온 것뿐이라면 의사의 치료행위는 진료 채무의 본지에 따른 것이 되지 못하거나 손해전보의 일환으로 행하여진 것에 불과하여 병원 측으로서는 환자에 대하여 그 수술비 내지 치료비의 지급을 청구할 수 없다.

200) 송오식, 앞의 논문 pp.869-870. 재구성.

내지 입증책임의 전환에까지 이르는 입증책임완화론이 대두되었다.

우리 대법원은 현실적으로 의료과오소송의 입증책임을 원고인 환자 측이 부담한다는 전통적인 규범설 또는 법률요건 분류설의 테두리는 유지하면서, 다만 일정한 요건을 갖춘 경우 현재의 나쁜 결과가 의사 측의 의료과오로 인한 것으로 추정한다는 '과실 및 인과관계의 추정'을 통하여 환자 측의 입증경감을 도모하고 있다.[201)]

3. 의료과실로 인한 분쟁해결에 대한 반성

우리나라 의료분쟁의 특성은 당사자 합의에 의해 해결하는 경향이 많다고 한다. 그 이유는 환자 측에서는 소송에 이르는 비용부담과 의사의 과실을 입증하기 쉽지 않다는 점에 있고 의사 측에서는 환자의 의료기관 점거 및 난동 등 비합법적인 위협수단으로 위기감을 느끼고 쉽게 합의에 응하는 실정이라고 한다.

또한 의료분쟁은 때때로 형사문제로 비화된다는 데 그 특징이 있다고 한다. 의료사건의 형사문제화 경향은 우선 환자와 의료인 간의 정보의 비대칭성으로 인하여 환자 자신에게 시술된 행위가 정당한 것이었는지를 알기 어렵고 의료행위 자체가 전문적인 영역이므로 일일이 손해를 입증할 수도 없고 설명을 듣는다고 해도 그 내용을 완전히 해득하기 어렵기 때문이다. 따라서 국가의 수사권에 조력을 받는 것이 쉽고 이로 인한 당사자 간의 해결이 음성적으로 시도될 가능성이 높다고 본다. 의료상

201) 김선중, 「의료과오소송의 심리방식과 실무상 제문제」, 사법논집 제32집 p.84.

의 과실이 있는지 여부에 대한 입증곤란의 문제를 수사기관에 의하여 구명하려는 의도, 민사소송에 의할 경우 변호사 비용 및 감정비용 등 장시간의 소요 등에 기인한다고 한다.[202] 이러한 이유로 의사는 과잉진료, 방어적 진료를 하고 이로 인한 의료비 상승 및 응급진료를 기피하게 되며 의료분쟁이 빈발하는 진료과목에 대한 선택을 거부하는 등 사회적인 문제가 발생하고 있는 실정이다.

제4절 의료사고에 대한 분쟁해결 현황

1. 의료분쟁에 대한 합법적인 해결수단

의료사고가 의료 분쟁화되면 결국 최후에는 소송이라는 절차에 의하여 그 분쟁을 해결하게 된다. 소송절차 이외에도 관련 법률에 의해 의료사고를 해결할 수 있는 길은 비교적 다양하게 열려 있다. 먼저 의료행위로 인하여 생기는 분쟁을 조정하기 위하여 보건복지부장관 소속으로 중앙의료심사조정위원회를, 시·도지사 소속으로 지방의료 심사위원회를 두고 있다(의료법 제70조).

소비자와 사업자 사이에 발생한 분쟁을 조정하기 위하여 한국소비자원에 소비자분쟁조정위원회를 두고 있다(소비자기본법 제60조 제1항). 민사조정제도도 의료분쟁에 대한 해결수단이

202) 홍병철, 「의료분쟁에 있어서 의사의 민사책임」, 강원법학 제20권, pp. 350-351. 재구성.

된다.

또한 의료법 제31조에 의한 대한의사협회 공제회도 의료분쟁에 대한 원만한 합의를 위해 중재, 협의, 조정 기능은 물론 환자 등의 진료방해 행위를 방지하고 보상금의 지급과 의료사고에 대한 법률적 자문 등을 지원하고 있다.

2. 의료분쟁의 추이[203)]

의료사고에 대한 피해구제는 합계를 기준으로 할 때 2006년에 2,804건을 기록하였다가 2007년에 2,435건, 2008년에 2,079건으로 점점 감소하는 추세를 보이고 있고 대한의사협회 공제회에 접수되는 건수는 점점 증가하고 있는 실정이다.

203) 사실 우리나라에서는 의료사고 규모조차 제대로 파악되지 않고 있는 실정이다. 약사법에는 사고 발생 시 신고의무가 규정이 돼 있지만, 의료법에는 이런 조항이 없기 때문이다. 그렇다 보니 병원들은 사고를 쉬쉬할 뿐이다. 의료소비자시민연대 강태언 사무총장은 '우리나라에서 한 해 동안 대략 1만~2만 7천 명 정도가 의료사고로 사망하는 것으로 추정하고 있다'고 밝혔다. 이는 한 해 평균 19만 5천 명이 의료사고로 사망하는 미국이나 4만8천 명 정도가 사망하는 영국의 통계를 토대로 인구비율로 나눈 수치다. 강 사무총장은 '통계가 없다 보니 뭐라고 꼬집어 말하긴 곤란하지만 선진국들의 경우 산재나 교통사고로 인한 사망자보다 의료사고 사망자가 훨씬 더 많다는 것은 공공연한 사실'이라고 했다. 우리나라의 경우 지난해 산재로 2천 5백여 명이 사망했으며, 교통사고 사망자는 5천 5백여 명이었다.
출처 : http://www.imaeil.com/sub_news/sub_news_view.php?news_id=14220&yy=2011

〈의료사고 피해구제 접수현황〉[204)]

(단위 : 건)

	연도별 접수건수			
접수기관	2005	2006	2007	2008
한국소비자원	1,093	1,156	940	603
의료심사조정위원회	42	30	16	8
대한의사협회 공제회	598	639	713	720
민사소송	867	979	766	748
합계	3,140	3,192	2,963	2,619

아래의 표는 대법원의 사법연감 중 의료분쟁으로 인한 소송사건을 요약한 것이다.

〈민사본안 사건(소액사건 제외)〉[205)]

(단위 : 건)

년도	금년접수	처리											항소	미제
		합계	각하	판결				취하	조정	화해	인낙	기타		
				원고			각하							
				승소	일부	패소								
09	911	780	6	6	199	195	6	58	128	103	–	79	272	1,193
08	748	894	1	8	218	219	5	47	133	176	–	1	302	1,062
07	766	932	2	5	223	240	2	72	160	132	–	96	280	1,208
06	979	749	3	9	191	170	2	75	140	82		77	243	1,374

2009년도에 법원에 접수된 전체 민사본안 사건 중에서 의료과실로 인한 손해배상의 청구비율이 약 0.9%의 비율을 차지한다. 아

204) 정미영, 「의료분쟁조정법 제정관련 동향」, 소비자정책동향 제9호 p.13. 한국소비자원.

205) 사법연감(대법원)

마도 피해구제기관이 여러 군데에 있고 상당수가 당사자 사이의 합의에 의하여 종결하거나 형사문제로 비화되기 때문으로 보인다.

3. 진료과목별 피해구제 현황

2010년 전체 접수건을 진료과목별로 분석하면 '정형외과'가 118건으로 가장 많았으며, '치과' 107건, '내과' 87건, '성형외과' 71건, '일반외과' 66건의 순으로 나타나고 있다. 정형외과는 고령화에 따른 척추질환의 증가로 치과는 보철, 임플란트 등 치아 관련 진료가 증가했기 때문으로 보인다.

〈진료과목별 피해구제 현황〉206)

(단위 : 건, %)

	정형외과	내과	치과	성형외과	외과	신경외과	산부인과
2010	118 (15.5)	87 (11.4)	107 (14.1)	71 (9.3)	66 (8.7)	63 (8.3)	36 (4.7)
2009	100 (14.1)	94 (13.2)	91 (1228)	71 (10.0)	68 (9.6)	67 (9.4)	48 (6.8)
2008	89 (14.8)	88 (14.6)	69 (11.4)	42 (6.9)	56 (9.3)	55 (9.1)	49 (6.9)

2006년 한국소비자원의 자료를 중심으로 진료과목별 의료사고의 내용을 보면, 정형외과의 경우 의료사고의 내용은 감염 〉 진단지연 〉 신경손상 〉 부정(불)유합 〉 운동범위 제한 등이고, 내과의 경우 의료사고의 내용은 암 진단지연 〉 암을 제외한 다른 질환의 진단지연 또는 오진 〉 오투약 또는 약해 〉 출혈 〉 감

206) 소비자 피해구조 연보 및 사례집(소비자원).

염, 장기천공, 신경손상, 조영제 부작용의 순서이다. 치과의 경우에는 효과미흡 〉 감염 〉 통증 등 이상감각 〉 신경손상과 발치 〉 악관절 장애와 치아파절의 순서이다.[207]

진료과목과 상관없이 전체적으로 가장 많이 발생하는 의료사고는 감염이다. 병원에는 수많은 환자들이 온갖 종류의 질병으로 입원해 있고 질병으로 인해 면역력이 약화되어 쉽게 감염이 된다는 점에서 의료기관은 2차적인 질병의 전이가 이루어지지 않도록 유의할 필요성이 있다.

4. 의료분쟁의 형사적 해결

의료인의 형사책임으로 먼저 형법 제268조(업무상 과실치사상죄)가 문제된다. 형사상 범죄가 성립하기 위해서는 구성요건 해당성, 위법성 책임이라는 요건을 갖추어야 한다. 의료인의 의료행위 과정에서 의료사고가 발생한 경우 환자 측은 의료인을 업무상과실치사상죄로 고소하지만 실제 형사처벌을 받은 경우는 그리 많지 않다. 이처럼 의료과오사범에 대해서 무죄나 무혐의 비율이 높은 이유는 먼저 과실인정 및 인과관계의 확정이 어렵기 때문이다. 특히 형사책임은 책임이 공평한 분산보다는 국가형벌권 실현을 위해 유무죄 여부를 판정하는 것을 중시하기 때문에 의심스러울 때에는 피고인에게 유리하게 해석된다.[208]

---

207) 신은하, 「의료분쟁 발생현황 및 진료과목별 분쟁특성 분석」(2006년 한국소비자원 자료를 중심으로), 한국의료법학회지 제16권 제1호, pp.82-85. 재구성.

208) 오영근, 김재봉, 『의료과실에 있어 형사처벌특례 인정 여부에 관한 연구』(2009) p.37.

〈형사판결 현황〉209)

(단위 : 건)

연도	업무상과실 중과실	의료법	보건범죄단속에 관한 특별조치법	합계
2004	790	480	1,051	2,321
2005	665	406	658	1,729
2006	730	353	346	1,429
2007	734	359	365	1,458
2008	782	584	366	1,732
합계	2,185	1,239	2,055	5,479

제5절 의료사고와 보험

1. 의사 및 병원배상책임보험

가. 의사 책임보험의 의의

의사가 의료 업무를 수행하는 중에 발생하는 의료사고로 수진자에게 신체장애를 입힘으로써 법률상 배상하여야 할 책임 있는 손해를 보상하는 것을 말한다.

나. 주요 보상하는 손해

① 피보험자의 피해자에 대한 법률상 손해배상금

② 피보험자가 손해방지의 방법을 강구하고 손해배상청구를

209) 오영근, 김재봉, 앞의 논문 p.38.

받을 경우 그 권리의 보전과 행사의 절차를 취하는데 비용

③ 피보험자가 미리 회사의 동의를 받아 지급한 소송비용, 변호사 비용, 중재, 화해 또는 조정에 관한 비용

④ 증권상 보상한도액내의 금액에 대한 공탁보증보험료

다. 주요 보상하지 않는 손해

① 보험계약자 또는 피보험자의 고의로 생긴 손해에 대한 배상책임

② 전쟁, 혁명, 내란, 사변, 폭동, 소요, 노동쟁의, 기타 이와 유사한 사태 및 지진, 분화, 홍수, 해일 등의 천재지변으로 생긴 손해에 대한 배상책임

③ 피보험자와 타인 간에 손해배상에 관한 약정이 있는 경우 그 약정에 의하여 가중된 손해배상책임. 그러나 약정이 없었더라도 법률규정에 의하여 피보험자가 부담하게 될 배상책임은 보상

④ 통상적이거나 급격한 사고에 의한 것인가의 여부에 관계없이 공해물질의 배출, 방출, 누출, 넘쳐흐름 또는 유출로 생긴 손해에 대한 배상책임 및 오염제거비용

⑤ 피보험자의 근로자가 피보험자의 업무에 종사 중 입은 신체장애에 대한 손해배상책임

⑥ 벌과금 및 징벌적 손해에 대한 배상책임

라. 특별약관의 보장내용

① 경호비용담보 특별약관
② 초빙의 및 마취의 담보 특별약관
③ 형사방어비용 특별약관
④ 관습상의 비용 및 형사합의금 담보 특별약관210)
⑤ 고용주배상책임담보 특별약관
⑥ 벌금담보 특별약관
⑦ 외래진료 휴업손해담보 특별약관
⑧ 의료사고로 인한 폭행 및 악의적인 파괴행위담보 특별약관

마. 의사 및 병원 배상책임보험의 특징

① 의료과실로 인한 배상청구 뿐만 아니라 의원 및 병원의 시설에서 일어나는 사고로 인한 배상책임, 음식물, 의약품 등의 생산물에 의한 사고의 배상청구도 보상
② 피해자의 손해배상청구에 따른 소송에 대하여 필요한 경우 소송업무를 대행하여 드리며, 그로 인해 발생한 제반 법률비용(소송·화해·중재·조정 비용)을 보상한도액 내에서 추가 보상
③ 경호비용 특약 가입 시 의료사고 피해자들의 영업방해, 폭력행위 등을 예방하기 위해 사용된 경호비용 보상

---

210) 의료행위의 결과로 환자가 사망하고 환자의 유족이 피보험자의 과실을 주장하고 의료분쟁을 제기하여 의료공제조합 또는 보험회사에 의료분쟁 조정이 접수되거나 사법기관에 고소, 고발이 이루어진 건에 한하여 피보험자의 배상책임 유무에 관계없이 관습상 유족에게 지급한 조의금이나 위로금 또는 형사합의금을 가입금액 내에서 보상.

2. 외국의 사례

미국 영국 등에서는 의사의 전문직업 배상책임보험을 병원배상 책임보험(Hospital Professional Liability Insurance)과 의사배상 책임보험(Physicians, Surgeons and Dentists Professional Liability Insurance)으로 구분하고 있다. 양자의 차이점은 전자의 경우는 의사의 고유의 전문직업상 과실에 의한 의료사고 외에 병원에서 환자에게 제공되는 음식물이나 의약품 기타 의료처리기구의 결함에 기인된 생산물 배상책임위험까지 담보하고 후자는 의사의 과실에 의한 의료사고만을 담보한다는 데 있다.

제6절 소결론

의료분쟁은 전문적인 영역으로 일반인들이 쉽게 접근하기 어려운 측면이 있고 소송을 통해 피해자가 권리를 행사할 경우에도 변호사 보수 및 감정료의 지출 등 권리행사에 따른 많은 비용이 소요되고 그 해결에 이르는 시간 역시 장기간이다.

이러한 이유로 대부분의 의료분쟁은 민법상 손해배상의 영역보다는 형사문제화하거나 집회와 시위 등 실력행사로 해결하는 경우가 많았다. 의료인의 입장에서는 의료인으로서의 명예와 평판으로 인해 제도권 내에 마련된 절차를 이용하는 것을 피하게 되는 경향도 있다.

그렇다면 이러한 문제들을 어떻게 해결할 것인가 하는 것이 주요한 과제이다. 이미 존재하고 있는 제도들은 이러한 문제점에 대해 속 시원한 해결책을 제시하지 못하게 되자 다시 의료분쟁조정법(의료사고 피해구제 및 의료분쟁 조정 등에 관한 법률)을 제정하기에 이르게 되었다.

제7절 「의료사고 피해구제 및 의료분쟁 조정 등에 관한 법률」(가칭 의료분쟁조정법)[211]의 주요내용

1. 제정취지

현행법상 의료사고로 인한 손해를 배상받기 위하여 「의료법」에 따라 설치된 의료심사조정위원회의 조정,「소비자보호법」에 따른 소비자분쟁조정위원회의 조정 등을 이용할 수 있으나, 전자의 역할은 거의 유명무실한 실정이고 후자는 충분한 전문성을 갖추지 못한 채 소액사건 위주로 기능을 발휘하고 있다는 문제점이 있다.

또한 의료분쟁의 전문성 및 장기화로 인해 피해자들이 합법적인 영역에서 해결책을 찾지 않고 형사문제화하거나 당사자 끼리 합의하는 경우가 많아 이를 제도권 내에서 신속히 해결할 필요성이 제기되었다. 의료분쟁조정법에 대한 입법논의는 20년 가까이 계속되었지만 팽팽한 입장차이 때문에 법률의 제정은 지연되다가 마침내 2011. 4. 7. 법률안이 국회를 통과하여 시행을 앞두고 있다.

의료분쟁을 신속·공정하고 효율적으로 해결하기 위하여 특수법인 형태로 한국의료분쟁조정중재원을 설립하고, 임의적 조

211) 제정 2011. 04. 07. 법률 제10566호 2012. 04. 08 시행 예정.

정전치주의를 채택하여 조정과 소송을 별개의 절차로 규율하며, 보건의료인이 업무상과실치상죄를 범한 경우에도 조정이 성립하거나 조정절차 중 합의로 조정조서가 작성된 경우 피해자의 명시한 의사에 반하여 공소를 제기할 수 없도록 하고, 의료사고로 인한 피해자의 미지급금에 대하여 조정중재원이 손해배상금을 대신 지불하는 제도를 마련하는 등 의료사고로 인한 피해를 신속·공정하게 구제하고 보건의료인에게 안정적인 진료환경을 조성하려는데 이 법의 제정 목적이 있다.

2. 의료사고의 정의

의료사고를 보건의료인이 환자에 대하여 실시하는 진단·검사·치료·의약품의 처방 및 조제 등의 행위로 인하여 사람의 생명·신체 및 재산에 대하여 피해가 발생한 경우를 말하고 의료분쟁은 의료사고로 인한 다툼으로 정의하였다(제2조 제1·2호).

3. 외국인에 대한 적용

대한민국 국민이 아닌 자도 보건의료기관에 대하여 의료사고로 인한 손해배상을 구하는 경우에도 이 법을 적용하도록 규정하여 외국인에 대하여도 적용된다(제3조).

4. 한국의료분쟁조정중재원 설립

의료분쟁을 신속·공정하고 효율적으로 해결하기 위하여 특수법인 형태로 한국의료분쟁조정중재원을 설립하고 필요한 곳에 그 지부를 설치할 수 있다(제6조 제1·3항). 의료분쟁중재원은 의료분쟁의 조정·중재 및 상담, 의료사고 감정, 손해배상금 代拂, 의료분쟁과 관련된 제도와 정책의 연구, 통계 작성, 교육 및 홍보, 그 밖에 의료분쟁과 관련하여 대통령령으로 정하는 업무를 담당한다.

5. 의료분쟁조정위원회

의료분쟁을 조정하거나 중재하기 위하여 조정중재원에 의료분쟁조정위원회를 두고 조정위원회의 업무를 효율적으로 수행하기 위하여 5명의 조정위원으로 구성된 분야별, 대상별 또는 지역별 조정부를 둘 수 있다(법 제23조). 조정부는 의료분쟁의 조정결정 및 중재판정, 의료사고로 인한 손해액 산정, 조정조서 작성, 그 밖에 대통령령으로 정하는 사항을 담당한다.

6. 의료사고 감정단

의료분쟁의 신속·공정한 해결을 지원하기 위하여 조정중재원에 의료사고감정단(제25조)을 두고 의료분쟁의 조정 또는 중재에 필요한 사실조사, 의료행위 등을 둘러싼 과실 유무 및 인과관계의 규명, 후유장애 발생 여부 등 확인, 다른 기관에서 의뢰한 의료사고에 대한 감정을 담당한다. 감정단의 업무를 효율적으로 수행하기 위하여 분야별, 대상별 또는 지역별 감정부를 둘 수 있다(제26조).

7. 조정의 신청

의료분쟁의 당사자 또는 그 대리인은 조정중재원에 분쟁의 조정을 신청할 수 있으나, 이미 해당 분쟁조정사항에 대하여 법원에 소(訴)가 제기된 경우, 이미 해당 분쟁조정사항에 대하여 「소비자기본법」 제60조에 따른 소비자분쟁조정위원회에 분쟁조정이 신청된 경우, 조정신청 자체로서 의료사고가 아닌 것이 명백한 경우에는 신청을 각하한다(제27조).

8. 중재

당사자는 분쟁에 관하여 조정부의 종국적 결정에 따르기로 서면으로 합의하고 중재를 신청할 수 있고 중재신청은 조정절차 계속 중에도 할 수 있다(제43조). 중재판정은 확정판결과 동일한 효력이 있다(제44조).

9. 의료배상공제조합 설립

가. 보건의료인단체 및 보건의료기관단체는 의료사고에 대한 배상을 목적으로 하는 의료배상공제조합을 보건복지부장관의 인가를 받아 설립・운영할 수 있도록 하였다(제45조제1항).

나. 국가가 보건의료인이 충분한 주의의무를 다하였음에도 불구하고 불가항력적으로 발생하였다고 의료사고보상심의위원회에서 결정한 분만에 따른 의료사고로 인한 피해를 보상하기

위한 사업을 실시한다.(제46조 제1항).

다. 조정이 성립되거나 중재판정이 내려진 경우에 해당함에도 불구하고 피해자가 손해배상금을 지급받지 못한 경우 조정중재원이 미지급금을 피해자에게 대신 지급하고 보건의료기관개설자 또는 보건의료인에게 구상할 수 있도록 代拂제도를 운영한다(제47조).

10. 불가항력 의료사고 보상

조정중재원은 보건의료인이 충분한 주의의무를 다하였음에도 불구하고 불가항력적으로 발생하였다고 의료사고보상심의위원회에서 결정한 분만(分娩)에 따른 의료사고로 인한 피해를 보상하기 위한 사업을 실시한다(제46조). 보건복지부장관은 의료사고 보상사업에 드는 비용의 일부를 예산의 범위에서 지원할 수 있으며 조정중재원은 의료사고 보상사업에 드는 비용의 일부를 보건의료기관개설자 등 대통령령으로 정하는 자에게 분담하게 할 수 있다.

11. 손해배상금 대불

의료사고로 인해 조정조서가 작성되었으나 그에 따른 금원을 지급받지 못하였을 경우 미지급금에 대하여 조정중재원에 대불을 청구할 수 있다(제47조).

12. 반의사불벌죄

의료사고로 인하여 업무상 과실치상죄를 범한 보건의료인에 대하여는 조정이 성립하거나 합의로 조정조서가 작성된 경우 피해자의 명시한 의사에 반하여 공소를 제기할 수 없으나 피해자가 신체의 상해로 인하여 생명에 대한 위험이 발생하거나 장애 또는 불치나 난치의 질병에 이르게 된 경우에는 그러하지 아니하다(제51조). 「중재법」제31조에 따른 화해중재판정서가 작성된 경우에도 같다.

13. 의료분쟁조정법에 대한 주관적 평가

가. 제정논의에서 제정까지 과정

의료분쟁조정법은 그 논의의 시작에서부터 법률의 제정까지 20여년이 소요되었다. 의료단체에서는 조정전치주의, 형사처벌 특례를 환자단체에서는 입증책임의 전환을 요구하면서 팽팽히 맞서면서 입법논의에서 제정까지 지나치게 긴 시간이 소요되었다. 국민은 안중에 없고 업계의 이익에 따라 제정논의에서 제정까지 너무 많은 시간과 비용이 들었다. 제발 이런 일이 다시 없었으면 한다.

나. 신속한 분쟁의 해결도모

감정단에서 조정신청일로부터 60일 이내에 감정서를 작성하여 조정부에 송부하여야 하고 조정부는 신청이 있은 날로부터 90일 이내에 조정결정을 하여야 한다는 점에서 신속한 분쟁의 해결을 위해 제도를 마련한 점은 높이 살만하다. 그러나 감정서가 얼마나 객관적이고 중립적일 것인지, 이 감정서를 기초로 한 조정결정을 양 당사자가 수긍할 수 있는지는 제도가 자리 잡기 위한 또 하나의 과제이다.

다. 절차 간 연계

의료분쟁조정법은 조정신청과 중재를 임의로 선택할 수 있도록 정하고 있다. 의사단체가 조정전치주의를 주장하던 것에서 양보하여 법률이 정하고 있다. 그러나 조정결정에 대해서 당사자가 동의하지 않는 경우에는 법원에 소송을 제기하거나 다른 분쟁조정기관에 별도의 분쟁조정 신청하는 것을 금지하지 않고 있어 오히려 절차의 진행이 지연될 소지도 있어 보인다.

라. 대불금 제도

의료사고로 인한 조정이 성립하거나 중재판정이 내려진 경우 및 법원에서 집행권원이 작성되었으나 금원을 지급받지 못한 경우에는 조정중재원에 대불을 청구할 수 있도록 정하고 있다. 국민의 권리보호에는 필요하고도 적절한 조치로 환영할 만한 일이다.

그러나 이 대불금은 보건의료기관 개설자가 부담하여야 하는 비용이고 보건의료기관이 피해보상에 관한 보험가입을 강제하면 간단히 해결할 수 있는 문제라고 생각된다. 국민의 세금으로

운영이 될 조정중재원이 대불금 제도를 만드는 이유는 납득하기 어렵다. 특히 이 대불금을 국민의 세금으로 재원을 조성하는 것은 반대한다.

마. 불가항력에 의한 의료사고 보상

불가항력에 의한 의료사고는 발생하고 있는 것이 현실이다. 그러나 분만에 따른 의료사고에 대해서만 피해를 보상하는 사업을 실시한다는 점에서 범위가 지나치게 좁다는 점은 문제라고 본다. 그러나 제도의 운영과정에서 불가항력에 의한 의료사고의 보상범위는 점점 넓어질 것이다. 의료인과 피해자의 이해관계가 일치하여 불가항력으로 판정이 되는 의료사고도 증가할 것이다. 보험으로 해결할 부담을 국민에게 전가시키는 결과를 초래하게 될 것이다. 심히 우려스러운 대목이다.

바. 조직과 제도

이 법률이 제정되어 국민의 세금으로 한국의료분쟁조정중재원과 의료배상공제조합이 생긴다. 국가에서는 의료사고의 신속한 해결이라는 명분을 내세워 또 하나의 자리와 조직을 만든다. 의료사고에 대한 손해배상의 문제점은 의료인과 의료기관이 보험으로 처리해야 할 문제이다.

또한 한국소비자원 및 법원의 조정이나 판결 등 기존 제도들이 왜 활용되지 않는지에 대한 연구와 검토가 있어야 한다. 그러한 후에 제도를 개선하고 그래도 이용이 저조할 경우에 기존의 제도를 아우르는 새로운 제도를 마련하는 것이 타당하다. 이러한 점에 대해서는 아무런 노력도 없이 기존의 제도가 이용되지 않는다고 해서 무턱대고 새로운 조직과 제도를 만드는 것이 잘하는 일인가? 새로운 제도가 과연 국민들로부터 선택을 받을 수 있을까? 선택을 받지 못한다면 그 조직과 인력 및 투입된 비용은 어떻게 할 것인가? 국민들의 주머니 터는 일을 너무 쉽게 생각한다.

제8절 맺는말

1. 의사의 책임

의료서비스는 공공재적 성격이 강하여 영리법인에 의한 설립이 허용되지 않고, 의료서비스 시장에 국가가 개입하여 생산·분배 등에 규제를 가하고 있다. 또한 의사의 의료독점권을 인정하고 있다. 즉, 「의료법」 제27조 제1항에서 '의료인이 아니면 누구든지 의료행위를 할 수 없다'고 정하고 의료인 아닌 자가 의료행위를 할 경우 「보건범죄 단속에 관한 특별조치법」 위반으로 처벌을 받게 된다.

국가가 법률에 의하여 업역을 엄격히 보호받고 있는 의료인은 공익에 대한 책임감이나 소명의식을 가져야 한다. 유례가 없는 파업과 폐업을 보면 그러하다. 의사가 환자를 떠나면 환자도 의사를 떠날 것이다. 의료인은 사회에 대한 기본적인 인프라로서 사회적 기대를 도외시하지 않아야 한다.

2. 의료독점과 의료법

의료행위도 그것을 이용하는 국민을 위해 존재하는 것이고 의료 그 자체가 목적일 수 없다. 그러나 이 나라의 입법자는 국민은 무겁게 여기지 않고 이해관계자들의 업역을 보호하기에만 급급하다. 의사와 한의사 면허를 가진 자는 한의원과 양방병원 중 하나의 병원만 개원해야 하는 이런 법이 어디 있나[212]? 한의대와 의과대학을 졸업하여 의사자격을 각각 취득해도 한방과 양방을 겸영할 수 없다는 대법원 판결은 코미디이다. 한의사가 엑스레이를 사용할 수 없다거나 청진기를 사용할 수 없다는 것 역시 난센스이다. 주사기를 한방병원이 사용하면 의료법위반이 되는 이런 나라가 어디에 있나?

의료법은 하루 빨리 개정되어야 한다. 국민이 의사와 약사의 업역을 위해 존재하는 것이 아니다. 의사와 약사도 국민이다.

3. 사람중심의 법률

특별법들은 대부분이 업역을 보호하기 위하여 만들어졌다고 보아도 크게 잘못된 것이 아니다. 이것은 우리나라의 법률체계가 일본법을 참고하여 만들어지고 있다는 것에 근본적인 문제점이 있다고 생각한다. 일본에 있어서 사회를 유지하는 가장 중요한 가치 중 하나가 '和'이다. 일본이라는 섬나라에서 서로 '和'하지 않고 싸움을 벌일 경우 피할 곳이 없어 모두가 共滅한다는 것이 그 이유이다. '和'를 실현하기 위해 각각 자기의 역

212) 헌법재판소 2007. 12. 27. 선고 2004헌마1021 판결.

할을 구분 짓고 서로 영역을 침범하지 않아야 한다. 이를 제도적으로 뒷받침하기 위하여 법률을 만든다. 이러한 문화적 가치 차이에 기인한 법률체계를 사고방식과 가치관이 다른 우리나라가 무비판적으로 도입한 것에 그 이유가 있다고 생각한다.

법률은 인간을 위해 만들어야 한다. 법을 위해 존재하는 인간도 없고 업역을 위해 존재하는 인간은 더욱 없다. 의료법을 지키기 위해 존재하는 사람은 아무도 없다.[213)]

---

213) 몇 년 전부터 한의학을 공부하고 있다. 둔재라 별로 성취는 없다. 그러나 음양과 오행의 기본적인 원리와 섭생만 알아도 일상생활에서 많은 도움을 받을 수 있다. 필자도 알레르기 비염으로 거의 10년을 고생하였다. 이제 거의 해방되었다. 코로 숨 쉬는 것이 얼마나 행복한 것인지 모른다. 코가 항상 막혀 있어서 음식을 먹어도 그 맛을 잘 몰랐었다. 불행히도 병원에서는 못 고친다. 돈도 많이 든다. 어느 날 어떤 책을 읽다가 치료법을 알게 되었다. '寒包熱' 이 말을 명심하시라. 찬 기운이 더운 기운을 포위하면 비염이 생긴다. 몸을 따뜻하게 하시라. 찬물은 절대 드시지 마시라. 차가운 음료도 마찬가지이다. 항상 따뜻한 물을 마시고 몸을 따뜻하게 하면 비염은 사라진다. 실천해 보시라. 내 말이 거짓말인지 진짜인지.

제2장 살아가면서 느끼는 불합리한 법들

1. 권리금을 제도권에서 인정하지 않는 이유

자영업자간의 거래에 있어서 보편화되어 있지만 임대차보호법에서 정의하지 않고 판례에 의존하고 있는 것 중의 하나가 권리금이다. 권리금에 대하여 대법원은, '권리금이라 함은 영업용 건물의 임대차에 수반되어 행하여지는 권리금의 지급은 임대차계약의 내용을 이루는 것은 아니고 권리금 자체는 영업시설・비품 등 유형물이나 거래처, 신용, 영업상의 노하우(know-how) 혹은 점포 위치에 따른 영업상의 이점 등 무형의 재산적 가치의 양도 또는 일정기간 동안의 이용대가'라고 정의한다.[214]

이 권리금의 수수관행은 일본에서는, 우리나라는 해방이후 귀속재산의 사용권양도를 둘러싸고 나타났다고 하기도 하고, 또는 6.25.전쟁 이후 도심상가의 파괴와 인구집중으로 인한 점포의 수급불균형에서 비롯되었다고 하는 등 역사가 오래 되지 않았다. 권리금 수수의 관행은 현재에 이르기까지 매우 광범위하게 이용되고 있지만, 민법 및 관련 법령에서는 권리금이라는 용어나 개념은 전혀 없다. 이에 비하여 세법에서는 규정을 두고 있다고 한다.[215]

---

214) 대법원 2008. 04. 10. 선고 2007다76986,76993 판결
215) 배병일, 상가임대차의 권리금, 민사법학, 제26호(2004.9) p.144.

상가임대차보호법과는 달리 권리금에 대해 정하고 있는 법률은 소득세법이다.

소득세법 제21조 제7호에서는 기타소득으로 '광업권 · 어업권 · 산업재산권 · 산업정보, 산업상 비밀, 상표권 · 영업권(대통령령으로 정하는 점포 임차권을 포함한다), 토사석(토사석)의 채취허가에 따른 권리, 지하수의 개발 · 이용권, 그 밖에 이와 유사한 자산이나 권리를 양도하거나 대여하고 그 대가로 받는 금품'으로 한다고 정하고 있다.

같은 법 시행령 제41조 제4항에서는 '대통령령으로 정하는 점포 임차권'이란 거주자가 사업소득(기획재정부령으로 정하는 사업소득을 제외한다)이 발생하는 점포를 임차하여 점포 임차인으로서의 지위를 양도함으로써 얻는 경제적 이익(점포임차권과 함께 양도하는 다른 영업권을 포함한다)을 말한다고 정하고, 같은 법 시행규칙 제16조의 2에서는 다시 구체적인 내용을 정하고 있다. 따라서 권리금에 대해서도 과세할 근거는 소득세법에 있다.

소득세법에서 권리금을 기타소득으로 인정하고 있으므로 이에 대한 과세는 권리금이 1억인 경우에 필요경비가 80% 인정된다. 따라서 기타소득 금액은 2천만 원이 되고 소득세율은 20%가 적용되어 4백만 원의 소득세가 부과되고 이 소득세에 주민세가 10% 부과된다. 결국 440만 원 세금의 세금을 납부하여야 한다. 또한 무신고로 세무당국에 적발되었을 경우에 본세에 신고불성실 납부불성실 가산세가 부과된다고 법에서 정하고 있다.[216)]

---

216) 법률의 내용과 과세의 근거에 대해 같이 근무하는 최준성회계사로부터 많은 도움을 받았다. 감사드린다.

여기서 의문스러운 것은 자영업자가 영업을 양도하면서 권리금 받은 것을 기타 소득으로 신고하는 사람이 있을 것인가 하는 점이고 두 번째로는 상가임대차보호법 등 법률에서 인정하지도 않으면서 소득세법에서만 이를 기타소득으로 정의하여 세금을 부과하는 것이 정당한 것인지 하는 점이다.

시장의 잡배들도 상인에게 영업보호비 명목으로 금전을 받을 경우 영업권을 인정하고 보호해 주는데 국가는 세금은 걷어 가면서 권리금은 상가임대차보호법에서 보호해 주지 않는다니. 어찌 이런 거짓말 같은 믿어지지 않는 일이 버젓이 법전에 기재되어 있을 수가 있는가?217)

오래 전부터 관행상 인정되고 있는 권리금의 문제는 임대인과 임차인의 분쟁해결 측면에서나 도심상가의 재개발과 같은 공공의 이익 측면에서 볼 때, 더 이상 방치해서는 안 된다고 본다. 이 땅의 백성 누구나 장사가 잘되는 곳에는 권리금이 있다는 것은 상식으로 알고 있는데 법에서는 이를 인정하지 않고 있다. 한동안 우리나라를 떠들썩하게 했던 용산참사라고 하는 사건도 결국은 이것 때문이 아닌가?

어떻게 이 문제를 해결할 것인가? 권리금을 인정하지 않을 것이면 소득세법의 기타소득에서 삭제해야 한다. 세금을 부과할 것이라면 그 권리는 보호해야 한다. 세금은 걷지만 권리는 보호하지 않는 이런 일은 국가가 할 정당한 행동이 아니다.

---

217) 권리금의 인정여부에 대해서도 일본에서는 이 제도가 폐지되었네, 폐지되지 않았네 하는 비교법이 등장한다. 국제화시대에 법률도 자국만의 독특한 제도가 유지되기 어렵다는 점은 이해하지만 그것은 기업의 문제이고 백성들이 국제화되지 않고 한국인과 일본인의 사고방식과 생활방식이 같지 않은데 어찌 일본을 참고하여 우리 법률을 제정할 수 있나?

2. 소액사건 재판제도

소액사건이 열리는 재판정은 그야 말로 백성들의 보편적 법 관념이 있는 그대로 표현되어 보이는 장소이다. 변론주의와 당사자 처분권주의가 지배하는 민사소송법의 영역에서 법원은 백성들에게 어느 선까지 엄정한 중립자의 지위를 지킬 것인지에 대한 진지한 고민이 있어야 한다.

이길 사람이 당연히 이기는 재판이 구현되도록 제도를 마련하는 것이 중요하다. 영악한 일방당사자의 주장과 증거에 의해 심하게 말하자면 法術에 의해 옳고 그름이 판결되어서는 안 된다. 특히나 소액사건에 있어서는 더욱 그러하다.

그렇다면 법관은 이길 사람이 당연히 이기도록 어디까지 재판에 관여할 것인가? 조선시대 '원님재판'을 재현해야 할까? 절차의 공정과 정의 관념에 부합하는 판결사이의 간극을 어떻게 메울 것인가? 거래의 관행과 채증법칙을 어떻게 조화시킬 것인가?[218] 외국인이 내국인을 상대로 소송을 제기할 경우에 한국어로 소장을 작성하거나 구술로 진술할 실력이 안 될 텐데 어떻게 할 것인가?[219]

예전에 보증채무금 청구소송에서 패소한 어떤 노인이 법정에

---

218) 수 년 동안 전화주문에 의해 거래관계가 유지되다가 관계가 나빠져 분쟁이 생겼다. 파는 사람은 전화 받고 물건을 보냈다고 하고 산 사람은 물건이 신통치 않아 반송했다고 하고. 누구의 말이 맞을까? 증거는 일방적으로 작성된 장부가 있을 뿐인데.

219) 서울중앙지방법원에서는 외국인 소송구조 지정변호사 제도를 만들어 운영하고 있다. 외국인에게 소송구조를 제공할 변호사를 미리 지정해 두고 소송구조신청 의사가 있는 외국인에게 법원이 안내하여 줌으로써 소송구조 결정 후 변호사 선임의 어려움을 방지하는 것이 목적이다. 또한 소송구조 지정변호사 안내 신청 시 통역지원을 희망하는지 여부를 표시하도록 하여 소송구조 상담 시에도 통역서비스를 이용할 수 있도록 하였다.

서 큰소리로 판사에게 항의하자 판사는 법정 경관에게 노인을 밖으로 끌어 낼 것을 명했다. 이 광경에 법정에 있던 사람들은 모두 어리둥절했었는데 판사가 사실관계를 설명해 주었다.

즉, 노인의 아들이 어떤 회사와 대리점 계약을 체결하고 아버지 몰래 인감도장과 인감증명서를 가지고 가서 물품대금에 대한 연대보증인으로 자신의 아버지를 입보시켰다. 그 후 아들이 부도로 잠적하자 회사에서는 아들과 노인을 상대로 소송을 제기했다. 아들은 물론 패소판결이 당연한 결과였지만 노인은 법정에서 그 회사를 알지 못하고 연대보증한 사실이 없다고 억울함을 하소연을 하였다. 판사는 노인의 딱한 사정을 듣고 연대보증한 사실이 없다는 취지의 구체적인 답변서를 제출하라 권유하고 변론기일도 2회나 속행했다. 그러나 노인은 억울하다고만 할 뿐 아무런 조치도 취하지 않았다. 결국 소장을 송달받고도 아무런 조치를 취하지 않은 노인에게 패소판결이 선고되었다. 노인은 세상에 이런 법이 어디 있냐고 판사에게 거칠게 항의하였다.

여기에서 몇 가지 쟁점이 현출될 수 있는데, 범위를 변론주의에만 한정시켜 생각해 보자. 이 경우에 재판장인 판사의 재판지휘권의 범위는 어떻게 되어야 하는가? 위의 사례에서처럼 노인에게 연대보증한 사실이 없다는 취지의 답변서 제출을 권유한 판사의 재판진행은 변론주의에 위반되는가? 물품대금을 회수할 길이 없는 회사의 입장에서 재력이 있는 노인에게 물품대금을 받고 싶은데 판사가 답변서 제출을 권유했다면 회사는 편파적으로 재판이 진행된다고 재판부 기피신청을 한다면 어떨까? 만약 노인이 판사가 말한 대로 답변서를 제출하여 그 회사가 패소하였는데 소송에서 패소한 회사가 변론주의 위반을 이유로 항소할 경우 항소심 법원의 판단은 어떠해야 하는가?

로스쿨이 도입되어 1년에 변호사가 몇천 명씩 쏟아진다는데 수업의 과정으로 소액사건 수행을 봉사활동으로 의무화하여 1년에 몇 시간 이상 혹은 몇 건 이상씩 수임하게 하면 어떨까? 돈벌이를 뺏는다고 변호사단체에서 반대할까?

소액사건은 힘이 들고 지루하다. 인내심이 강한 사람들도 1시간 이상을 법정에서 기다리면 판사나 국가의 재판권에 대해 예의를 갖추기 힘들다. 판사 또한 그 많은 기록들을 일일이 살펴보고 법정에 나온다는 것은 참으로 많은 정신적 노동과 집중력을 요한다.[220] 언제까지 국가는 선량한 백성과 부지런한 판사를 법정에서 지치게 할 것인가? 국가의 사법권에 대한 권위를 언제까지 국가 스스로 실추시킬 것인가?

3. 부동산매매 · 임대차계약서

부동산매매·임대차계약서는 임차인과 임대인의 법률관계를 위하여 작성하는 계약서가 아니라 부동산업자의 중개수수료를

220) 판사는 만능이 아니다. 재판에 있어서 진실을 아는 사람은 판사가 아니라 당사자 본인들이다. 자신들이 가장 잘 알면서 왜 판사에게 판단해 달라고 하는지 한심한 생각이 든다. 판사는 의심하는 직업이며, 심지어 아내와 부모님 말마저 의심하게 한다. 참으로 한심하고 끔찍한 직업병이다. 판사는 승진할수록 업무량이 더 많아지는 참으로 묘한 직업이다. 대법관의 사무실을 방문해 보면 응접실 소파에까지 소송기록이 가득 들어차 있다. 노안으로 침침한 눈을 비비며 대법관들은 밤새워서 사건기록과 씨름을 한다. 오직 명에 하나만을 드시기 위해 고된 정식적 육체적 노동을 감수한다. 몇 년 전 모 지방법원 부장판사가 우울증으로 자살하면서 남긴 유서 중 일부 재구성.

보장하기 위하여 작성하는 것이다. 부동산을 임대하여 2년을 살다보면 허다하게 많은 일들이 벌어질 텐데 임차인과 임대인의 관심사는 오로지 계약금과 잔금 및 그 지급하는 날짜뿐인가?

예를 들어, 전세보증금 1억 원에 임차한 집에서 집안 내에 있던 물건을 파손한 경우 10만 원 정도의 수리비는 누가 부담해야 하는가? 그것이 100만 원이면 어떠한가? 아니면 5만 원은 어찌할 것인가? 임차인과 임대인이 수리비와 원상회복 비용에 대한 구체적인 합의가 이루어지지 않으면 얼굴을 붉히면서 싸워야 하나? 그런 것 하나도 정하지 않는 계약서는 왜 작성하나? 왜 이런 사소하지만 꼭 필요한 문제에 대해서 계약서는 아무 말이 없는가? 그것도 국가로부터 자격증을 받은 사람들이 만든 계약서인데 분쟁해결에는 왜 아무런 도움이 되지 못하나?

매매계약서 역시 마찬가지이다. 매매계약이라는 것도 결국은 계약금과 중도금 날짜 그리고 잔금 날짜를 적는 것이 전부인데 그것으로 공인중개사의 역할은 끝인가? 매매계약의 과정에서 발생하는 문제점은 계약금의 몰취로서 전부해결이 되고 해결되지 않는 문제점은 법정으로 가면 되는 것인가?

부동산 임대차 계약을 체결하면서 먼저 임대차목적물을 표시하는 것, 임대차 기간을 정하는 것, 임대차 보증금을 정하고 그 보증금의 반환방법 및 보증금이 담보하는 손해의 범위를 정하는 것, 임대료가 있을 경우에는 임대료와 납부방법 및 인상이나 인하에 대해 정하는 것, 관리비가 있는 경우에는 관리비의 부담 주체를 정하는 것, 양도나 전대의 허용이나 금지 및 허용일 경우 그 범위에 대해 정하는 것, 수선사항 및 그 범위에 대해 정하는 것, 임차인의 행위 중 금지하는 행위와 이로 인한 손해배상의 문제를 정하는 것, 임대차 해지와 그 사유에 대해 정하는 것, 명도와 원상회복에 대해 정하는 것 마지막으로 특약사항 등 최소한 이 정도는 정하고 있어야 한다.

4. 로스쿨

법조인이 되기 위해서는 대학을 졸업하고 로스쿨(법학전문대학원)에 입학하여 3년간 공부를 배우고 다시 시험을 봐서 합격을 해야 비로소 법조인이 된다. 왜 이렇게 제도를 어렵게 만들었을까? 변호사 숫자가 부족해서 국민들이 양질의 법률서비스를 제대로 받지 못하기 때문인가? 그렇다면 간단하게 사법고시 합격자 숫자를 늘리면 될 것을, 왜 이렇게 복잡한 제도를 만들어서 고비용 저효율의 구조를 국가가 조장을 하는가? 이제 대학을 졸업하지 않는 한 변호사가 될 수 있는 길은 막혔고, 부잣집 자제이거나 엄청난 학비를 감당할 정도로 무모하고 과감하지 않으면 판·검사나 변호사가 될 수 없다. 왜 그래야만 했을까? 왜 국가는 신분상승의 사다리 하나를 없애 버렸을까? 개천에서 더 이상 용은 나올 수 없는 것인가? 로스쿨이라는 제도가 미국제도라면 미국처럼 무한 경쟁을 통해 법률소비자인 국민들의 편익을 제고하는 방안을 마련하면 안 되었을까? 도대체 왜 그랬을까? 왜 이런 잡탕을 만들었을까? 백성들이 이런 제도를 만들어 달라고 했을까? 사법고시보다 로스쿨이 백성들의 편익에 보탬이 되기 때문인가?

로스쿨의 선정부터 시작해서 교수임용, 학생선발 등 진행과정은 과연 로스쿨을 도입한 의도가 무엇이었나 하는 심각한 회의를 불러일으키고 있다. 지금이라도 로스쿨 체제를 근본적으로 개선하려는 고민이 있어야 한다. 정원을 국가가 통제하고 일종의 특허주의적 사고에 기반해 선정되고 고부담시험으로 마무리되는 현 로스쿨 체제는 최악의 조합이다. 법률가가 되는 교육이, 국가로부터 특허를 받은 제한된 수의 교육기관이 2,000명이라는 제한된 학생에게 그것도 수익자부담으로 최고가의 등록금을 받으면서 이루어지는 지금의 체제는 글로벌시대의 법조인 양성체제 치고는 너무나 유치하고 원시적이고 국가주의적인 것이라고 할 수 밖에 없다. 이번의 로스쿨 전형결과는 그 태생적 모순을 또 한 번 적나라하게 드러낸 것뿐이다.[221]

말이 나온 김에, 변호사단체에서는 시험합격자 수를 늘리자고 하면 거의 항상 '법률서비스의 질적 저하'를 거론한다. 20년 전에도 그랬고 지금도 그렇다. 좀 솔직해지자.

변호사 중에서 자기 손으로 준비서면을 작성하지 않는 분, 의뢰인과 직접 충분히 상담하지 않는 분, 증거를 일일이 살펴보고 직접 증거번호와 증거설명서를 만들지 않는 분을 소송대리인으로 선임한 의뢰인은 불행하다. 변호사를 선임해본 경험이 있는 분들의 이야기를 들어 보라. 운 좋은 분이 많은지 운 없는 분이 많은지.

필자가 존경하는 변호사님 이야기를 드리고자 한다. 80을 이미 넘기신 P변호사님께서는 지금도 본인은 검사라고 착각을 하시고 법질서 확립과 사회기강을 걱정 하신다. 역시나 비슷하신 연배의 판사출신 K변호사님께서는 일일이 갱지에 준비서면을 손으로 써서 여비서에게 건네시고 준비서면에는 꼼꼼히 관련

---

221) 김동훈, 「학벌주의에 묻혀버린 로스쿨 전형」, 고시계(2009. 1) p.272.

판례를 기재하신다. 하시는 말씀이 현직 판사들 공부시킬 겸 판례를 많이 인용하신다고 한다. 변호사로 첫발을 디딘 분들은 이런 변호사님들을 본받았으면 좋겠다.

말이 나온 김에 변호사단체에서 말하는 '양질의 법률서비스'는 어떤 것을 말하는 것인가? 또 '질적 저하'는 또 무슨 말인가? 우수한 인재들이 합격을 해야 되는데 합격자 숫자가 많아지면 합격권에 포함되지 않을 사람까지 합격을 하고 변호사 개업을 하게 되므로 수준이 안 되는 사람으로 인해 '질적 저하'가 있다는 말인가?

숫자가 제한되어 있으면 국민은 양질의 법률서비스를 받을 수 있을까? 숫자가 많아지고 경쟁이 치열해 져야 양질의 서비스를 제공하고 법률수요자로부터 선택받기 위해 더 노력하는 것이 아닐까? 위에서 언급한 K변호사님은 고령임에도 불구하고 사무실에는 변호사님을 기다리는 의뢰인들이 줄을 서 있다. 이 분의 경쟁력은 무엇일까? 옆에서 지켜본 바에 의하면 성실성과 전문성이라고 감히 말씀드리고 싶다.

5. 도덕적 해이를 부추기는 법

법률이 도덕적 해이를 부추기고 있다. 나라가 도덕적 해이를 부추기고 있다. 빚을 갚는 자는 바보가 되고 빚진 자가 채권자를 윽박지르고 있다. 시민 없는 시민단체는 채권자를 마치 '샤일록'이라도 되는 것처럼 성토하고 저주한다. 성실하게 식구를 부양하고 꼬박꼬박 세금을 내는 자는 어리석은 자이다. 악의적인 채무자에 대해서는 채무노비제도를 도입해야 할 시점에 가까워진 것 같다. 그런데 문제가 있다. 악의적인 채무자를 선량한 자와 어떻게 구별할 것인가이다. 독심술이 가능한 기계는 언제 나올까?

〈신용회복위원회 워크아웃 및 PRE-워크아웃 신청실적〉222)

구분	2006	2007	2008	2009	2010. 5	누계
개인워크아웃	85,826	63,706	79,144	93,283	25,875	347,834
프리워크아웃	-	-	-	8,431	1,340	9,771
합계	85,826	63,706	79,144	95,292	27,885	351,853

〈면책신청 및 개인채무자 회생신청 현황〉223)

구분	2006	2007	2008	2009	누계
면책	130,579	205,425	118,571	110,890	565,465
개인채무자 회생	56,155	51,416	47,874	54,605	210,050
합계	132,585	207,432	120,579	112,899	565,465

신용회복위원회에 워크아웃을 신청한 사람들과 법원에 파산 및 면책 그리고 개인채무자 회생을 신청한 사람들의 누계가 백만 명을 넘어섰다. 경제활동인구의 상당수가 신용불량이라더니 여기서 바로 확인할 수 있다. 무엇 때문에 우리국민의 상당수가 신용불량으로 고통 받게 되었을까? 낭비자가 이렇게 많았나? 단순히 그 이유인가?

아래의 표에서 확인할 수 있는 바와 같이 법원에 면책을 신청

222) 신용회복위원회 홈페이지
223) 대법원 사법연감

할 경우 평균 96%가 인용된다. 면책을 신청한 거의 대부분이 채무로부터 해방이 된다. 이러한 제도가 있는데 누가 채무를 상환할 것인가? 채무를 성실히 상환하는 그 사람이 이상한 사람이다.

〈면책 인용률〉

(단위 : %)

구분	2006	2007	2008	2009	평균
면책 인용률	98.76	98.19	96.68	93.17	96.70

이 통계를 볼 때 정상적으로 채무를 상환하는 자는 참 어리석다는 생각이다. 또한 빚 때문에 일가족이 자살하는 사람은 더 어리석은 사람이다. 백성들이 빚지도록 판을 짜고 틀을 만든 자들은 아무런 책임이 없고 오로지 백성들이 무지몽매하기 때문에 벌어진 일인가? 나라가 백성들 죽이기를 우습게 알다가 이제는 다시 무분별하게 채무를 탕감시켜 주고 있으니 이게 과연 나라가 할 정당한 행동인가? 채무를 면제받은 채무자는 웃겠지만 채권이 하루아침에 없어져 버린 채권자는 어디 가서 하소연을 해야 하나?[224] 금융회사들에 쌓이는 부실채권과 충당금 등 각종 부담은 성실한 자들에게 전가되고 있다.

---

224) 우세나, 「채무자회생법상 파산면책의 정당화 근거」, 영남법학 제24호(2007. 4) pp.182-183. 재구성, '채무자회생법상 파산면책은 법철학·법경제학·헌법의 측면에서 정당화될 수 있다. 파산면책 제도는 사법이 천명하는 채무이행 원칙에 반하는 것이긴 하지만, 이것은 우리 사회의 경제체계를 지탱하는데 아주 유용한 제도라고 말할 수 있다. 그런데도 여전히 남는 문제는, 이 파산면책이 일반채권자의 법 감정에 합치하지 않을 수 있다는 점이다. 잭슨 교수가 적정하게 지적한 것처럼 파산면책 제도는 우리가 현대금융자본주의 체계를 유지하기 위해 어쩔 수 없이 지불해야 하는 일종의 '보험료'로 파악해야 하지 않을까 한다.' 이 논문을 읽고 많은 것을 알게 되었지만 그 내용에 있어서 전혀 수긍되지 않았다.

6. 경제사범에 관대한 법률

경제사범에 대해서는 국가의 형벌권이 너무나 관대하다. 누군가 배고픔을 참지 못해 가게에서 빵을 훔쳐 먹은 경우에 이 사람은 당연히 절도죄로 형사처벌을 받게 된다. 그러나 기업을 경영하는 과정에서 부도로 다른 거래처에 피해를 준 사람이 형사처벌을 받는 경우는 극히 예외적이다. 그 금액의 다과에 불구하고 犯意와 변제할 의사나 능력이 없었다는 점을 입증하지 못하는 한 그렇다. 나아가 부도로 피해를 입은 거래처의 사장이 아무런 희망이 보이지 않아 자살을 했다고 해도 피해를 입힌 사업가에게 살인죄의 책임은 물론이고 형사상의 책임도 물을 수 없다. 만 원짜리 식료품을 훔쳐도 처벌을 받게 되는데 어찌 수억 원에서 수십억 원까지 피해를 준 자는 왜 처벌을 받지 않는가?[225]

요즘 기업가 정신이 없다고 한다. 그 이유는 실패를 용납하지 않는 문화도 그 원인중 하나라고 한다. 그렇다면 자기가 한 일에 대해 책임을 묻지 않는 무책임한 사회를 만들면 기업가 정신은 살아날 것인가? 실패를 용납하지 않는다는 것의 사전적 의미는 알겠지만 그 말속에 숨은 깊은 뜻은 짐작하기 어렵다. 이미 기업을 하다가 도산했다는 이유로 다른 범죄에 비해 관대하게 처리되고 개인회생, 파산·면책 등으로 재기의 길은 열려 있다. 기업가 정신이 넘친다고 해서 무모한 도전까지 허용할 수는 없는 것이다.

---

225) 이 경우에 피해를 준 사람들은 흔히 피해를 줄 의사는 없었고 사업을 하는 과정에서 영업부진으로 혹은 자신도 다른 사람에 의해 피해를 받다가 보니 유동성이 고갈되어 부도를 낸 것뿐이라고 변명한다. 사기죄라는 것이 흔히 쉽게 말하지만 실제로 사기죄는 범의를 입증하거나 형사처벌을 받게 하기가 정말 어려운 범죄 중 하나라고 생각한다.

철저한 준비 없이 시작해서 말아 먹는 사람을 많이 보았다. 이로 인해 주위의 사람들에게 씻을 수 없는 상처를 남긴 사람도 많다. 또 좋은 머리를 작전으로 한탕을 꿈꾸는 인간들이 너무 많다. 이런 자들에게 이 나라의 국법은 너무 관용을 베풀고 있다. 형법을 다시 개정할 때가 왔다고 생각한다.

패자부활이 가능한 사회가 실현되어야 한다는 것에는 공감을 한다. 패자부활과 무책임은 전혀 다른 이야기이다.

이동헌

영남대학교 법학과

고려대학교 법무대학원(민사소송·민사집행법 전공)

연세대학교 KSCFC-MBA 과정

현) 청주대학교 대학원 법학과 박사과정 재학(채무자회생법 전공)

전문건설공제조합 근무

『건설판례의 정리와 의문의 제기』(2006)

haemoseub@naver.com

회사법입문

초판인쇄 | 2012년 1월 16일
초판발행 | 2012년 1월 16일

지 은 이 | 이동헌
펴 낸 이 | 채종준
펴 낸 곳 | 한국학술정보(주)
주 소 | 경기도 파주시 문발동 파주출판문화정보산업단지 513-5
전 화 | 031)908-3181(대표)
팩 스 | 031)908-3189
홈페이지 | http://ebook.kstudy.com
E-mail | 출판사업부 publish@kstudy.com
등 록 | 제일산-115호(2000. 6. 19)

ISBN 978-89-268-3003-1 93360 (Paper Book)
978-89-268-3004-8 98360 (e-Book)

책에 대한 더 나은 생각, 끊임없는 고민, 독자를 생각하는 마음으로 보다 좋은 책을 만들어갑니다.